JN022364

現代建築宣言文集

［1960－2020］

五十嵐太郎＋菊地尊也 編

カバーデザイン　TAKAIYAMA inc.
本文デザイン　蔭山大輔

はじめに

言葉が牽引した現代建築の歴史

五十嵐太郎

なぜ日本現代建築のアンソロジーなのか

学生のとき、建築学科の図書室で好んで読んでいた本がある。彰国社から刊行された『日本建築宣言文集』（一九七三年）と『世界建築宣言文集』（一九七〇年）だ。前者は藤井正一郎と山口廣の編著、後者はウルリヒ・コンラーツ編による一九六四年の書籍を翻訳したものである。いずれもタイトル通り、名だたる建築家の勇ましいマニフェストが続く。

例えば、以下の言葉が収録されている。「未来派の都市（中略）――それは、巨大な、そうぞうしい造船所にも似て、どの部分をとってみても、すばやく、動きやすく、ダイナミックなものでなければならない。未来派の住宅は、巨大な機械のごときものでなければならない」（アントニオ・サン・テリア／フィリッポ・トマーソ・マリネッティ「未来派建築」一九一四年）、「すべての造形活動の最終目標は建築である！」（ヴァルター・グロピウス「ヴァイマル国立バウハウスの綱領」一九一九年）、「構造は変更可能で、交換可能のものでなければならない。（中略）空間単位もまた変更可能で、その使用にあたっては交換可能となるのでなければならない」（GEAM「動く建築のための綱領」一九六〇年）、「建築作品はそれ自身なのだ。建築は目的をもたない。われわれが建てるものが、その使いみちをみいだすだろう。形態は機能にしたがうのではない」（ハンス・ホライン「絶対建築」一九六二年）。新しい時代を切り開いたモダニズムから一九六〇年代初頭のラディカリズムの息吹が伝わるだろう。こうしたアジテーションに世界各地の若者が惹きつけられ、ル・コルビュジエの事務所やバウハウスに集まった。渡航は容易ではなく、きれいな建築写真も流通していなかった時代ゆえに、言葉の力が重要だったのである。

『日本建築宣言文集』では、明治時代から戦後の一九五〇年代までが対象になっている。具体的には「建築」という訳語を普及させた伊東忠太の論文「アーキテクチュールの本義」（一八九四年）に始まり、日本における自発的な近代建築運動の始まりとされる「分離派建築会宣言」（一九二〇年）ほか、各種の団体の声明、そして昭和の日本的なものをめぐる議論（前川國男、丹下健三、浜口隆一、白井晟一）などを含む。ほとんど図版はなく、言説の流れを通じて、日本の近代を振り返っている。しかし、『日本建築宣言文集』の刊行からおよそ半世紀になるが、一九六〇年代以降の日本の現代建築の言説をたどる本がいまだ刊行されていない。これが本書を企画した最大の動機である。なお、『建築への思索』（ＩＮＡＸ出版、一九九二年）は、建築批評の歴史を振り返るものだったが、八四頁のブックレットでは物足りない。『現代建築の軌跡』（新建築社、一九九五年）も便利なインデックスとして使える。これまでに筆者も二冊のブックガイドを企画したが（『READINGS:1　建築の書物／都市の書物』ＩＮＡＸ出版、一九九九年／『建築・都市ブックガイド21世紀』彰国社、二〇一〇年）、原文の再録はなく、書籍ベースの選定だった。

欧米に目を向けると、すでに二〇世紀の後半を対象とする建築のアンソロジー本が刊行されている。例えば、ジョアン・オクマン（Joan Ockman）『Architecture Culture 1943–1968』（Rizzoli, 1993）、マイケル・ヘイズ（K. Michael Hays）『Architecture Theory Since 1968』（MIT Press, 1998）、ケイト・ネスビット（Kate Nesbitt）『Theorizing a New Agenda for Architecture; An Anthology of Architectural Theory 1965–1995』

(Princeton Architectural Press, 1996) などだ。重要な論考の一部は、『10+1』『建築文化』『a+u』などの雑誌で翻訳されたり、八束はじめ編『建築の文脈　都市の文脈』(彰国社、一九七九年) のようにテーマを絞った翻訳のアンソロジー本が企画されている。近年、翻訳本の出版事情は厳しくなっているが、これまでの翻訳文化は日本の建築を支えてきたように思う。以前、インドネシアからの留学生に対し、ル・コルビュジエの本が母国でどれくらい読まれているのかを質問したら、そもそも一冊も訳されていないという返事に驚いたことがあった。一方、日本ではル・コルビュジエのほとんどの本が訳されている。これに限らず、母国語で先端的な建築思考を享受できるのは、幸せなことなのだ。ゆえに、『世界建築宣言文集』の続編のような書籍も欲しいところだが、その前にまずは日本の現代建築のアンソロジーが必要だろう。ところで、すでに英語訳による戦後日本美術のアンソロジー本は存在するが (*From Postwar to Postmodern; Art in Japan 1945–1989*, Duke Univ. Press, 2012)、残念ながら日本語では刊行されていない。ただし、二〇二一年に一〇年間を対象とした『美術批評集成 一九五五—一九六四』(藝華書院) が登場した。

なぜ建築にとって言葉は大事なのか

すぐれた建築は直感だけでデザインされるものではない。『窓と建築の格言学』(フィルムアート社、二〇一四年) でも論じたが、ただ与えられた条件に従い、設計するだけなら、ただのハコになってしまう。建築とは何かを問い、いかに空間を構想するかを思考すること。そうした思索を経て、「建築」が誕生する。このとき言葉というツールが重要になるだろう。スケッチやドローイングだけでは、手クセやイメージの先入観に縛られるが、抽象性をもつ言葉によるコミュニケーションは、形態の模倣や反復に陥ることなく、深いレベルで新しい考えを切り開く。そしてコンペ、アワード、講評を通じて、議論する文化を育成し、互いに切磋琢磨している。なお、欧米では教育機関や研究所の出版局やジャーナル、あるいは新聞が建築の批評を牽引したのに対し、日本では『新建築』『都市住宅』『SD』など、民間の雑誌や出版社によるメディアが建築の言説にとって主要な舞台となった。GAのシリーズのように、早くからバイリンガルで海外に日本建築の情報を発信したことも興味深い。ジャンルは違うが、『アニメージュとジブリ』展（二〇二一年）において、アニメの専門誌がさまざまなクリエイターを育成し、『風の谷のナウシカ』のような名作も生みだすプロセスを振り返っていたが、建築も同じだろう。

さて、前述したように、モダニズムの建築家は力強い言葉によって、新しい社会を築くデザインの方向性を示した。「メタボリズム」（一九六〇年、二〇頁）や丹下健三研究室の「東京計画――1960」（一九六一年、二四頁）も、こうした態度の延長線上に位置づけられるだろう。もっとも、篠原一男は、誇大妄想的なプロジェクトと距離をおいて、同時代にあえて孤高の住宅論（一九六二年、三四頁）を展開した。また鈴木博之の「建物は兵士ではない」（一九七四年、一一六頁）は前衛主義を批判的に論じ、槇文彦の「漂うモダニズム」（二〇一二年、四一二頁）はモダニズムを大きな船になぞらえて指摘している。

一九六〇年代に入り、世界中に流布したモダニズムを批判的に乗り越えようとする言説が登場した。特にアメリカでは、ケヴィン・リンチの『都市のイメージ』（一九六〇年）をはじめとして、ジェーン・ジェイコブスやクリストファー・アレグザンダーなど、いかに作るかという制作者の方法論よりも、むしろ空間を受容する使用者の視点を組み込んだ理論が目立つ。ロバート・ヴェンチューリの『建築の多様性と対立性』（一九六六年）や、彼とデニス・スコット・ブラウンらとの共著『ラスベガス』（一九七二年）も、いわば読解の技法や記号論でもある。前者の冒頭における言いまわし、すなわち私は純粋なものよりも混成品を好む、というパターンを近代のマニフェストと比較すると興味深い。モダニズムの言説は、基本的にわれわれは〜をすべきだ、であり、違いが際立つ。

後に一九六〇年代以降の近代を批判するさまざまな理論は、ポストモダンと総称され、とりわけ欧米では一九六八年が重要な転回点だと考えられるようになった。日本においてマッチョな近代主義に対する抵抗がはっきりとかたちになったのは、東京オリンピックと大阪万博を終えた後の一九七〇年代だろう。鈴木のほか、国家建築を批判した長谷川堯、セルフビルドを掲げた高山建築学校、巨大建築への違和感を表明した神代雄一郎、保存をテーマに据えた『都市住宅』などである。一九八〇年代には、日本建築を含む、過去を再読する試みが注目された。例えば、大江宏、石井和紘、陣内秀信、藤森照信、井上章一らだが、ポストモダンの時代における建築史家の活躍が注目されるだろう。一方で当時は、バブル経済によって激しいスクラップ・アンド・ビルドが進行し、凄まじい勢いで建築が消費される状況を迎えていた。いわば建築の危機において、嘆いて撤退するでもなく、好景気と戯れるのでもなく、新しい都市生活のリアリティの発見に賭けたぎりぎりのマニフェストとして提出されたのが、伊東豊雄の「消費の海に浸らずして新しい建築はない」（一九八九年、二四八頁）である。

いかにして建築は社会と関わるのか

一九九〇年代は、磯崎新が参加した「Any」会議のシリーズが、ディコンストラクティビズムから続く、建築と哲学の対話を推進し、『10＋1』や『建築文化』が、社会学、表象文化論、欧米の新しい批評理論（ジェンダーやポストコロニアルなど）と横断する建築・都市の言説を紹介した。また日本では、バブル経済と同期したポストモダン建築の非日常的かつ派手な造形が終焉すると、「メイド・イン・トーキョー」

（一九九六年、二九〇頁）や、みかんぐみの『非作家性の時代に』（一九九八年、三〇二頁）など、日常性や普通であることが主題となる。ともに坂本・成の門下生だったのは興味深い。ちなみに、当時、筆者は現代美術家の村上隆が提唱した「スーパーフラット」の概念を応用し、ヒエラルキーの解体や表層への関心など、新しい建築の動向を論じた（拙著『終わりの建築／始まりの建築』ＩＮＡＸ出版、二〇〇一年）。そして阪神・淡路大震災や東日本大震災による激烈な都市破壊の発生を契機に、坂茂（一九九八年、三〇八頁）やアーキエイド（二〇一一年、三九八頁）など、建築と社会をつなぐ活動が始まった。二〇一〇年代に急速に広がったコミュニティ・デザインも、そのひとつだろう。筆者は、こうした一連の動きに対し、現代美術における造形よりも関係性の構築をめざした新しい傾向「リレーショナル・アート」になぞらえて、「リレーショナル・アーキテクチャー」と命名した（「特集 建てない建築家とつなぎ直す未来」『美術手帖』二〇一五年一月号）。別の視点としては、宮本佳明のリノベーション（一九九八年、二九四頁）や鈴木了二の廃墟論（二〇一一年、四〇二頁）など、壊れたものに対する独特のまなざしも生まれた。

建築と社会の接点としては、プログラム論も挙げられるだろう。例えば、小嶋一浩「アクティビティと空間」（二〇〇〇年、三一八頁）や、反機能主義としての青木淳『原っぱ』と『遊園地』（二〇〇一年、三三八頁）、そして住宅や集合住宅の実験を経由し、街のモデルを構想した山本理顕「地域社会圏」（二〇一〇年、三七八頁）などである。また隈研吾の反オブジェクト論や建築業界論（二〇〇〇年、三二八頁／二〇〇六年、三四八頁）、難波和彦による「建築の四層構造」（二〇〇六年、三五四頁）、藤村龍至の「批判的工学主義」（二〇〇九年、三六八頁）の言説からは、二一世紀において建築をどのようにとらえるかについて状況の分析と提言が読みとれるだろう。本書の最後に選んだ磯崎新の声明（二〇一六年、四二二頁）は、「〈建築〉が暗殺された」という不穏な一文で始まるように、ザハ・ハディドの新国立競技場案が白紙撤回された後、彼女が急逝したことを受けて発表された。おそらく、今後の日本建築界に禍根を残す出来事だったと思われるが、浜口隆一の「新宮殿問題」（一九六五年、四八頁）、前川國男の『美観条例』は不毛である」（一九六七年、五八頁）、神代雄一郎の巨大建築批判（一九七四年、一二六頁）とあわせて読むと、実は古くて新しい問題だったことがわかるだろう。

一九七〇年代生まれの藤本壮介（二〇〇八年、三六四頁）、平田晃久（二〇一一年、三八八頁）、石上純也らは、既存のデザインとの差異による相対的な価値ではなく、かつてのモダニズムのように、新しい建築の原理を根本から探求している。

さて、本書は紙の印刷物ということで、テキストを無制限に収録できない。そこで一九六〇年から二〇一〇年代までのおよそ六〇年間から、五〇の論考を選ぶことにした。選定を終えて、改めて気づいたのは、やはり女性の建築家が少ないことである。一九九〇年代以降に登場するが、長谷川逸子、貝島桃代、妹島和世の三名しかいない。女性を含むユニットや組織も対象にするならば、象設計集団、みかんぐみ、アーキエイドなどが追加できる。もっとも、筆者が学生のときから比べても、建築学科の女性は明らかに増え、女性の建築家もめずらしくなくなった。ゆえに、もし半世紀後、本書と同じような企画が再びなされたら、おそらく男女比は大きく変わるだろう。もっとも、その頃は紙の本がどれくらい生き残っているかは疑問である。インターネットの普及によって、簡単に視覚情報を得られる時代を迎え、すでにいくつかの建築雑誌が休刊になる一方、ウェブ・マガジン、音声や動画の配信などが登場した。メディアの状況が大きく変動している。近年、出版社の企画する全集などが、これで最後と言われるように、本書も印刷物としては最後の建築アンソロジーになるかもしれない。

本書の構成と経緯について

本書の企画は、彰国社の編集者、神中智子さんとのやりとりから始まった。半世紀以上にわたる言説の流れを振り返るという壮大なプロジェクトのため、これまでになく長い時間がかかったが、彼女がいなければ、実現できなかっただろう。ありかとうございます。選定にあたっては、数年かけて大学院の講義やゼミの枠などを使い、さまざまな論考を検討しつつ、学生の発表や討議を経て、五〇に絞り込んだ。この場を借りて、関わった学生に感謝したい。とくに博士課程の菊地尊也は、一連の作業において中心的な役割を果たした。彼がいなければ、刊行がもっと遅れていただろう。限られた本数のため、なるべく同じ建築家が何度も登場しないように配慮したが、磯崎新と槇文彦のみは活動期間が長く、重要な論考を数多く発表しているため、例外的な扱いとなっている。ほかにも重要な言説がある場合は、なるべく解説で補足したり、関連文献として拾うことに努めた。五〇の言説は、時系列に従い、並べており、一〇年ごとのディケイドによって分節されている。テキストが短い場合は、全文を収録しているが、長いものは中略によって重要な部分を残しながら、抜粋した。

それぞれの解説は、研究室で分担しながら執筆している。ほとんど外出できないコロナ禍の期間を利用して、一気に仕上げることができたが、ゼミで繰り返し、ダメ出しをしたり、文章にも直接、加筆・修正をした。したがって、文責が当時の学生になっている解説も、最終的にはかなり筆者や菊地が手を入れたものになっている。なお、担当が「A＋B」という風に、連名で表記された文章は、かなりの大手術を行ったものだ。

現在、誰もがスマートフォンをもち、いつもSNSにアクセスし、あらゆる情報が流れている。しかも一カ月単位で刊行される雑誌とは比べものにならない速度だ。Twitterは一四〇文字の短いテキストで事象を切り取り、ときには瞬時に拡散される。だが、次々と別の新しい情報が投稿され、あっという間に過去のものになっていく。いや、もはや過去が消え、刹那的な現在だけの世界というべきか。しかし、建築の抱える時間は、もっと遅い。パソコンと違い、最新のものが常にベストとは限らないし（だからこそ、建築史という学問が存在する）、一度完成したら、最低でも数十年は存在する。高く評価される建築に至っては、一〇〇年、あるいは数百年以上の生命をもつ。長く持続する建築を考えるのには、最新の情報だけでは不十分だろう。そして先人の築いてきた言説の蓄積が、日本の建築家を鍛え、現在の状況をもたらした。実際、本書が再録したテキスト群は、すぐに忘れられていく言葉とは違い、時を経たいま読んでも瑞々しく、ダイナミックな思考を伴う。こうした残された財産を再読し、現在の位置を確かめ、未来につなげること。そのために、アンソロジーが必要である。もちろん、個別に関心をもったテキストは、ぜひ原典となる書籍や雑誌をあたって欲しい。『日本建築宣言文集』の冒頭において、戦後の言説は「やがて企画されるべき『続編』にでも譲りたい」と記されていたが、本書がそれにふさわしいものになっていれば、幸いである。

目次

一九七〇年代　立ち止まって内省する社会　91

二〇〇〇年代 グローバリゼーションの到来 317

＊本書で再録した文章は原作者や当時の社会背景を尊重し、明らかな誤字・脱字を除き変更しておりません。そのため現在では不適切とされる用語や表現もあるかと思いますが、ご理解くださるようお願いいたします。

＊紙幅の都合で略した箇所は次のように示しました。

（……）　段落内での省略

（前略）（中略）（後略）　段落単位での省略

＊図番号は原文通りの番号で示しました。

＊註番号は抜粋文に対応した通し番号としました。

1960s

一九六〇年代

未来都市を構想する建築家

何もかもが若かった。スクラップ・アンド・ビルドを加速する高度経済成長の波を受けて、丹下健三の研究室が、入念なリサーチにもとづく「東京計画１９６０」を発表し、メタボリズムも期待された熱い時代である。建築家は未来的な都市や巨大プロジェクトを構想し、ダイナミックなデザインの方法論を宣言した。しかし、丸の内の超高層ビルは皇居前ゆえに批判される。一方でこうした動向と距離を置き、孤高の立場をとったのが、篠原一男の住宅論だった。

（五十嵐）

1960

メタボリズム――未来の都市

川添 登・菊竹清訓・大高正人
槇 文彦・黒川紀章

解説

おそらく日本から世界に向けて発信された建築論として、もっとも有名なのは、メタボリズムの思想だろう。今から振り返ると、これは絶妙のタイミングで登場している。チームXの突き上げによって、モダニズムの動向を長く牽引していたCIAM（近代建築国際会議）が一九五九年に解体し、一九六〇年五月に東京で開催された世界デザイン会議において発表されたからだ。

このとき、菊竹清訓の「海洋都市」や黒川紀章の「空間都市」などの未来的なプロジェクト、川添登の論考「物質と人間」、大高正人と槇文彦の「群造形へ」を収録した『メタボリズム――未来の都市』と題する小冊子が二〇〇〇部制作され、会場で販売されている。著者としては以上の五名がクレジットされており、扉のデザインなどを粟津潔が担当した。短い宣言文は、編集を担当した川添が出張校正で印刷所に出向いたら、総扉にかなりの余白が残っていたため、その場で書いたものだという。

メタボリズムは「来たるべき社会の姿を、具体的に提案するグループ」であり、「新陳代謝」という「生物学上の用語を用いるのは、デザインや技術を、人間の生命力の外延と考えるからに他ならない」という。そして「歴史の新陳代謝を、自然的に受入れるのではなく、積極的に促進させようとするものである」と宣言した。すなわち、彼らは前衛的な建築によって、明るい未来をつくることを信じていたのである。川添は、一九五〇年代に『新建築』の編集長をつとめ、伝統論争を仕掛けたり、伊勢神宮論をライフワークとしたように、日本の古建築に関心をもっていた。解体や増改築が自由にできる日本建築の方法は、変化が激しくなる都市や建築にふさわしい基本原理を含むのではないかと考えたと、後に述懐している。そして彼は菊竹、黒川らと、それぞれの個性が強い四名の建築家をひとつのイメージにまとめるのに必要なグループ名を議論し、生命の原理と関わるメタボリズムを選んだ。

結果的にこの名前は大成功だった。一九六〇年代はアーキグラムなど、部分の交換や変化を提唱したデザインは海外でも認められるが、高度経済成長期のスクラップ・アンド・ビルド社会ゆえに、メタボリズムのメンバーは早くから実作のチャンスを獲得し、一九七〇年の大阪万博では複数のパヴィリオンを手がけた。また一九六〇年代は、明治以降、西洋を追いかけていた日本の建築が世界と並ぶ水準になった時代でもあった。しかし、メタボリズムの作品は、実際にはあまり部分が新陳代謝されることなく、かなり消えている。もっとも、その後もメンバーは個性的な建築論を発表し、デザインの動向を牽引する役割を果たした。

（五十嵐太郎）

関連文献

大高正人・川添登編『メタボリズムとメタボリストたち』美術出版社、二〇〇五年
『メタボリズムの未来都市展――戦後日本・今甦る復興の夢とビジョン』新建築社、二〇一一年
レム・コールハースほか『プロジェクト・ジャパン――メタボリズムは語る…』平凡社、二〇一二年

メタボリズム――未来の都市

川添 登・菊竹清訓・大高正人
槇 文彦・黒川紀章

「メタボリズム」とは、来たるべき社会の姿を、具体的に提案するグループの名称である。

われわれは、人間社会を、原子から大星雲にいたる宇宙の生成発展する一過程と考えているが、とくにメタボリズム（新陳代謝）という生物学上の用語を用いるのは、デザインや技術を、人間の生命力の外延と考えるからに他ならない。したがってわれわれは、歴史の新陳代謝を、自然的に受入れるのではなく、積極的に促進させようとするものである。

今回は、建築家による都市の提案でまとめられたが、今後は、各分野のデザイナーや美術家、技術者、科学者、また政治家など、多分野からの参加が予定され、すでにその一部は準備を始めている。われわれのグループそのものも、たえまない新陳代謝を続けていくであろう。

出典
川添登・菊竹清訓・大高正人・槇文彦・黒川紀章
『メタボリズム――未来の都市』美術出版社、一九六〇年

黒川紀章「中銀カプセルタワービル」1972年

菊竹清訓「スカイハウス」1958年

大高建築設計事務所「坂出市人工土地」1968年

1961

東京計画――1960

丹下健三研究室

丹下健三　神谷宏治
磯崎新　渡辺定夫
黒川紀章　康炳基

解説

戦後、モニュメンタルな国家プロジェクトを手がけた丹下健三は、画期的な都市デザインを発表した建築家でもあった。彼と神谷宏治、磯崎新、渡辺定夫、黒川紀章、康炳基の五名の研究室メンバーが、『新建築』一九六一年三月号にて四二ページにわたり発表した「東京計画――1960」は、一〇年あまり続けてきたリサーチに基づく膨大なデータを三六もの図表とともに掲載し、人口増加による都市機能の混乱と麻痺の渦中であった「一〇〇〇万都市・東京」の実態をとらえ、新しい都市構造の方向を示した。いつも実現された建築の写真が飾る『新建築』表紙に模型写真が採用されたことは極めて異例であり、そのインパクトがうかがえる。未来都市の提案は、NHKでも紹介され、社会の反響を呼んだ。

テキストは、膨張する東京を肯定したうえで、その混乱の根源がむしろ、旧来の求心型放射状の都市構造が、現代社会に対応できずに生じる矛盾と限界にあると指摘した。そこで丹下研究室はこれに代わる都市構造として、東京湾を超えて木更津方面へと延びる「線型平行射状システム」の海上都市を提案した。先行する海上都市計画には、日本住宅公団総裁の加納久朗による「加納構想」（一九五八年）、大高正人の「海上帯状都市」、菊竹清訓の「海上都市」などさまざまな提案があったが、「東京計画――

1960」は、「都心」に代わる「都市軸」の概念の導入に加え、都市・交通・建築の有機的統一を可能にする「サイクル・トランスポーテイション・システム」や、コアー・システムとピロティの統一による新しいオフィスの提案など、画期的なアイデアが数多く盛り込まれた最も密度の濃い計画だった。と同時に戦前から認められる丹下の軸線好みが反映されている。

興味深いのは、『新建築』一九六一年五月号に「東京計画——1960」批判が掲載されたこと。その偉業を讃えるとともに、建築家が素朴に建築を拡大し都市をつくる問題点が指摘された。批判文を寄せた八人のうちの一人、評論家の浜口隆一は「建築家は都市計画のコンダクターではない」と題して、「デザイナー的な」建築家の集団である丹下研究室が、なぜ土木技師や政治家、交通、経済、構造それぞれのエキスパートを計画立案に加えなかったのかと疑問を投げかけた。高度経済成長期の大規模な構想につい目を奪われてしまうが、その動機において、技術革新がもたらす目に見えないネットワークが結ぶ「開かれた組織」として一〇〇〇万都市を捉え、情報化社会の到来を予見していることは特筆すべき点である。携帯電話にも言及している先見性は評価できるだろう。もっとも、情報が直接的なコミュニケーションを誘発するとして、交通システムの問題に置き換えられたが、当時の限界だった。その後、情報化社会への意識は、黒川紀章や磯崎新へと受け継がれていくこととなる。

（中谷圭佑）

関連文献

浜口隆一ほか「〈東京計画1960〉批判」『新建築』一九六一年五月号
丹下健三『建築と都市——デザインおぼえがき』彰国社、一九七〇年／復刻版、二〇一一年
豊川斎赫編『丹下健三都市論集』岩波文庫、二〇二一年

東京計画──1960（抜粋）

丹下健三研究室
丹下健三　神谷宏治
磯崎　新　渡辺定夫
黒川紀章　康　炳基

序

私たちの研究室は一九六〇年の時点にたって、東京計画1960──その構造改革の提案をする。

二〇世紀の文明の進歩と経済の成長は、全世界にわたって、大中枢地区、一〇〇〇万都市を作りだした。まず、私たちはその発展の必然性とその存在の重要性を認識したいと思う。そうして、この新しく生まれてきた一〇〇〇万都市の本質的な機能はなんであるかを考えるべきであると思う。（……）

ここでは、問題を一〇〇〇万都市、とくに東京にしぼっている。それは、一〇万都市、一〇〇万都市とは、そのあるべき本質と形態とを異にしているからにほかならない。それらを同一の立場と方法によって考察してゆくことができないからである。現在、世界の一〇〇〇万都市、そして東京も、混乱と麻痺を経験している。その矛盾の根元は、ますます発展しようとするこの生命と、老化した都市の物的構造とのあいだにある。一〇〇〇万都市の本質を貫徹するために、ますます活潑になってゆく流動的活動にたいして、この硬化した都市のシステムが耐えられなくなったことにある。

（中略）

私たちは、古い東京のシステムをそのままにして、新しく生まれつつある生命活動に、なんとか辻褄をあわせることによっては、この矛盾は克復しえないと考えている。しかし、またこの古い東京から逃避して、湾上に海上都市の建設をいっているのでもない。私たちは古い東京の都市構造を、新しい生命活動を可能にするシステムに変革していくことを提案する。それによって、東京の再開発と湾上への開発が、相互に促進しあうような、新しいシステムを提案しようとしているのである。

（中略）

Ⅰ　一〇〇〇万都市・東京の本質
──その存在の重要性・その発展の必然性──

（中略）

二〇世紀、とくにその後半の技術革新は、経済構造、社会体制、そうして生活環境を革命的に変貌させつつある。原子エネルギーを含む巨大なエネルギー、電子操作による自動制御、そうした技術体系は、まず産業構造の高度化、組織化を急速に促している。それは経済循環における生産過程そのものよりも、それ以前と以後の領域、流通過程の重要性をますますたかめている。資本主義社会における景気変動を制御し、経済を間断ない成長に導くためには、この流通過程の計画化、組織化が、ますます要求されてくる。（……）

またいかなる産業計画も、技術の研究と開発とは無関係ではありえないし、また需要にたいする計画的予測なしには不可能である。消費革命とよばれる需要促進はこの経済流通における不可避の過程である。需要促進のマス・コミュニケーションなしに、マスプロダクションはありえない。そうしてこの過程は、国民の生活形態とその意識をも支配しはじめる。政治、行政、金融、生産・消費管理、技術開発、コミュニケーション、これらはすべて相互に緊密に結びあうことによって、一国の経済の流通過程を形成している。（……）

（……）二〇世紀の一〇〇〇万都市形成の原動力は、あくまで生産的第三次機能である。ここでオーガニゼイションというのは、一つの企業などを意味しているのではない。これは固定したものでも、閉されたものでもない。この組織は、技術革新がもたらしつつあるコミュニケーションの、目に見えないネットワークによって結ばれている組織である。（……）

ひとは、オーガニゼイション・マンは孤独であると訴える。しかしこのネットワークから見放されるとき、さらに孤独である。人々はそれに結びつこうとして結集する。電話、ラジオ、テレビ、さらに携帯電話、テレビ電話などの間接的コミュニケーションの手段も、直接的接触の要求と必要性をますます誘発するだけである。人々はメッセージを運搬し、機能相互を連絡しようし、流動する。この流動こそ、この組織を組織ならしめている紐帯である。一〇〇〇万都市はこの流動的人口集団である。

　一〇〇〇万都市・東京の本質は、そこに機能と人口が集中しているところにあるのではない。これらの機能中枢が相互にコミュニケイトし、綜合機能を創造しうる可能性をもった一つの開かれた組織である、という点にある。この開かれた組織に有機的生命を与えるものは、機能中枢相互をコミュニケイトする一〇〇〇万人口の流動である。

II　一〇〇〇万都市・東京の地域構造

——求心型・放射状構造の矛盾と限界——

　一〇〇〇万都市・東京のオーガニゼイションを有機的生命たらしめているものの、本質的は、コミュニケーションである。一〇〇〇万都市は、このコミュニケーション・ネットワークによって結ばれている一つの開いた組織である。

　これらのコミュニケーションの技術的手段が豊富になればなるほど、人は本質的に、そうして本能的に、直接的コミュニケーションの欲求をより強く誘発される。この直接的コミュニケーションの手段として、交通は一〇〇〇万都市の機能活動の基本的な物的基礎である。

(中略)

(……)社会組織の高度化、機能の分化と比例して、諸機能相互を結び、人と人とを結ぶ自由な自発性にもとづく動きが、ますます激しくなってゆく。これを流動流とよぶことができるだろうが、この流動流こそ、開かれた組織を一つの有機的生命たらしめる紐帯である。（……）

あらゆる機能中枢の集結した都心では、この流動流のはげしさは、ますます加速度的に高まってゆく。都心における自動車交通の麻痺状態は、このはげしさを物語っている。（……）

（……）この激しさが混乱と矛盾を出現させたのではない。この激しいモビリティに耐えない都市の構造――求心型放射状の交通パターンとそれにそって建ち並ぶ建築形態――の欠陥が、この矛盾の根元をなしているのである。

求心型・放射状の交通システムは、一〇〇〇万都市が必要としている流動に耐えることができなくなった。それは一〇万都市、せいぜい一〇〇万都市のシステムでありえても、一〇〇〇万都市の交通システムとしては限界に達したのである。しかも、この流動的活動は日に日にその激しさを加えてゆくであろう。この要請に応える新しい交通のシステムを建設してゆくことこそ、緊急事である。また自動車交通は、道路と建築との関連を一変させた。これにたいして、現在、都市・交通・建築を有機的に統一するシステムが、必要になっているのである。さらに、これらの流動性がもつスピードとスケールは都市の空間秩序を破壊しつつある。これにたいして、現在、新しい空間秩序の回復が要請されているのである。

III　東京計画――1960
――その構造改革の提案――

（中略）

私たちは、東京の発展の必然性、その存在の重要性、そうして東京が果すべき機能の本質の重大さを、認めたいと思う。

（中略）

一〇〇〇万都市は、二〇世紀後半にいたって、はじめて史上に出現した新しい有機的生命である。その生命を維持し、成長させてゆくためには、二〇世紀的都市の骨組を必要としているのである。しかし、その発展を放任してきた世界の一〇〇〇万都市は、中世以来、変ることなく、求心型放射状の交通システムと、道路にそってたつ建築形態を、そのままにして膨張した。

そうして、一〇〇〇万に達した都市は、それが必要とする流動的活動と、この硬化した都市構造とのあいだに、決定的な矛盾を示しはじめた。この古い肉体は、新しい生命の活動には耐ええなくなったのである。閉された中世都市社会の反映であった求心型都市構造は、二〇世紀、一〇〇〇万都市の開いた組織とその流動性に対応しきれなくなったのである。

東京を混乱にみちびいた矛盾の根元は、ここにある、と私たちは考える。

この東京を救う道は、ただ一つしかない。それは、東京が必要としている本質的な機能を発揮しうる新しい都市の構造をつくり出すことである。

しかし私たちは、東京を回避して、新しい都市を建設しようとは考えない。私たちは、東京を新生にみちびくために、その構造の改革が必要である、と考える。(……)

私たちは、東京の構造改革の方向をつぎのように提案する。

一　求心型放射状システムから線型平行射状システムへの改革

二　都市・交通・建築の有機的統一を可能にするシステムの探求

三　現代文明社会の、その開かれた組織、その流動活動に対応する都市の空間体系の探求

Ⅳ　求心型構造から線型構造への改革
――サイクル・トランスポーテイションの提案――

(中略)

私たちは、都心という概念を否定して、都市軸という新しい概念を導入する。これは、求心的パターンの「閉じた系」そのものを否定することである。そうして線型発展を可能にする「開いた系」の軸を設定することである。そうして私たち

は東京の構造を求心型放射状から線型平行射状に変革してゆくことを提案する。

（中略）

「閉じた系」の静的な中心であった教会が、中世都市のシンボルであったように、現代の「開いた系」の一〇〇〇万都市にとっては、この――動く――軸こそ、その都市活動の動脈となり、その象徴となるであらう。

私たちは、この――動く軸――にたいして、サイクル・トランスポーテイション・システム（鎖状交通系統）を提案する。

（中略）

私たちの提案する三層式サイクル・トランスポーテイションは、一つの長い糸をねじったときできるような鎖状の道路であり、自動車はその環の上を一方交通で蛇行しながら走るので、糸の重なりのところ――インターチェンジ――では互いに同一方向で交差することができる。またここから、この軸と直角方向に射線をはりだしてゆくこともできる。（……）これは軸上のあらゆる機能を迅速に結びつけ、それらの活動を統一する――動く都市軸――である。

（中略）

サイクルトランスポーテイションは、終点のない環の連結であり、それぞれの環は、定常的な交通流のサイクルをなし、またいくつつながっても常に完結した体系をなしている。この「単位性」は段階的線型発展を可能にする。この都市軸上の諸機能、ここで流動する五〇〇万の人々は快適に、迅速に、そうして容易にあらゆる自由な活動を展開してゆくであろう。

V　都市・交通・建築の有機的統一
――コアー・システムとピロッティを統一する一つの提案――

現代の交通は、都市、交通、建築の関連を変貌させつつある。とくに自動車交通は、この関係を根本からくつがえしたのである。かって、道は、人が歩き、人が目的地に向かい、そうして目標とするドアーに達することを可能にするものであった。これが大古以来、都市の交通・建築のシステムを決定してきたのである。(……)

しかし自動車の出現は、この道路と建築との関係を一変させた。しかし依然として、古いシステムがそのまま残っている。そうして自動車と、この古いシステムとのあいだに大きな矛盾が現われてきた。現在の都市の混乱の多くは、ここから発生している。

自動車が鉄道や、電車のような大量輸送と本質的に異っているのは、それが、個人の自由な意志によって、しかもドアから目的のドアに達することができるという点である。個人輸送であるという点にある。

歩行者と自動車の分離がはじまった。そうするとハイウエイと建築との関係は、いままでの道と建築との関係とはまったく違ったものになってしまった。(……)

都市・交通・建築を有機的に統一する新しいシステムが必要になってきたのである。

(中略)

私たちはここで、「ピロッティ」と「コアー」とを統一したシステムを提案している。それは、「コアー」を柱として、建築をつくり、いわゆる柱というもののないピロッティを作ってゆくシステムである。

そうして、このシステムは、「サイクル・トランスポーテイション」と有機的に統一されるようになっている。

(中略)

結び

私たちは東京を救う道は、それ自身の構造を変革させてゆくこと以外にはないと信じている。この東京計画――1960年は、その改革の方向を示したものである。これは決して、固定した未来像をえがいたものではない。ひとは、具体的な像をみると、その形にこだわって、それがもっている本質的問題を見失ないがちである。

（中略）

私たちは、建設的な批判と関心が、この提案によせられることを希望している。

国民の広い層からの東京への関心が、一つの統一された建設的提案にもり上ってゆくことを、私たちは願っている。そうして、この提案が、それへの一つの礎石になれば、私たちの希望はみたされる。

出典
丹下健三研究室「東京計画――1960」『新建築』一九六一年三月号

丹下健三研究室「東京計画――1960」

1962

住宅は芸術である

篠原一男

解説

清家清に始まる東京工業大学のプロフェッサー・アーキテクトの系譜のなかでも、篠原一男は特に強い作家性を有する建築家である。確固たる美意識にもとづく住空間に定評があり、一九八〇年代以降は公共建築にも着手した。研究室の内外を超えて影響された者は多く、シノハラ・スクールと呼ばれる一派を成したことでも知られる。門下生の坂本一成や長谷川逸子をはじめ、伊東豊雄も薫陶を受けたひとりだ。「住まいというものは広ければ広いほどいい」「空間には響きがなければいけない」などの断定調の名文句をふくんだ言説の数々も、篠原のカリスマ性を強化する要因となっている。とりわけ「住宅は芸術である」はマニフェストとしての認知度が高く、一種の「聖典」として今日なお読み継がれている。発表されたのは東京オリンピック開催の二年前であり、丹下健三やメタボリストたちが都市の大規模プロジェクトに取り組んでいた時期である。彼らの活躍に背を向けるかたちで、住宅にこそ絵画や彫刻と同等の文化的な領野があるのだと篠原は言い切った。

高度な生成をとげた日本経済が要請する建築生産は、ここ数年の間にめざましい発展をとげた。奔流のように活動をつづける建築生産の主流からみると、住宅設計などは流れに浮かんだ泡沫のように思われても当然のようだ。ひとりの建築家がどのように頑張ってみたところで、それによってこの社会の生活活動が変化するとは考えられない。

（……）建築家の参加する住宅設計はたしかに現代建築生産の泡沫かもしれないが、生産の上の泡沫を設計活動の上での泡沫ととり違えるのはまったくおかしな話だ。（……）

住宅が、そして住宅設計がもっている本質を真正面から照明し、正確に位置測定をすることがまさに現在の時点で必要なのである。そのとき、わたしは住宅は芸術になったという座標と方向の設定を主張するのである。これは泡沫意識につきまとわれた現実逃避ではなく、その逆に、現代社会が必然的につくりだしていく現実を逆手にとって、その内部に奥深く踏み込んでいこうとするものである。

（「住宅は芸術である」『住宅論』鹿島出版会）


空襲による焼野原から始まった戦後の都市部では、狭小の敷地にいかに機能的な住宅をつくるかが目下の課題であった。持ち家制度の確立や住宅公団の設立によって住宅の大量生産が図られ、一九五九年には初の産業化プレファブ住宅であるミゼットハウスが登場する。住まいの工業化が本格的に進むなか、住宅設計を主戦場とする建築家としての地歩を固めるため、篠原はその芸術性を標榜したのである。とはいえ、ひとりよがりな造形遊びに没頭することを意味していない。個性的なクライアントとのやりとりのなかで、自身の美学を曲げずに設計を推し進めていくことで、その住宅には一転して普遍性がもたらされるのだという。

カリスマの惹句には常に実践が伴う。「白の家」（一九六六年）では一〇メートル四方の正方形平面を分節してつくられた大空間に一本の丸太柱を屹立させ、「上原通りの住宅」（一九七六年）では鉄筋コンクリートの矢印形の柱がリビングを占拠する。合理性や使い心地よりもまず、シンボリックで非日常的な内部とすることを第一義におく。

住宅と芸術の交錯は、実作以外の場でも生じていた。一九六四年に小田急百貨店で開催された「デパートのなかに建った二つの家」展において、篠原は舞台美術家の朝倉摂と協働し、後に彼女の自邸を手掛けている。また展評を書いた無名時代の多木浩二とは、これが縁で思想的な蜜月関係を築いていく。百貨店で住宅の販売促進を目的とした展示を行うという、当時は常套的だった消費形態に乗じつつ、売買だけを目的とするのではない文化的なフィールドを創出してみせた。

冒頭で触れたシノハラ・スクールの建築家のなかでも、とくに初期から篠原とは別の方向性を探究していたのが坂本一成である。「代田の家」（一九七六年）では家型という素朴なファサードを採用しつつ、内部の各室の配置関係やヴォリュームの構成を慎重にコントロールすることで、日常性を感じさせる住宅を実現した。多木浩二が指摘しているように、篠原一男がロマン主義的なクライマックスを目指したのに対し、坂本の作品はアンチクライマックスの状態を指向する。やがて東京工業大学の坂本一成研究室は、アトリエ・ワンの塚本由晴やみかんぐみなどユニット派の建築家らを多数輩出することとなるが、彼らもまた「アンチ・モニュメント」や「普通」であることを重視した。

かくして戦後建築界に刻まれたカリスマの足跡は、後続者らによって多様に受け継がれ、今なおその領土を広げ続けている。

（菊地尊也）

関連文献

坂本一成・多木浩二『対話・建築の思考』住まいの図書館出版局、一九九六年
多木浩二『建築家・篠原一男——幾何学的想像力』青土社、二〇〇七年

＊編者註　「住宅は芸術である」全文転載の許諾が得られなかったため解説のみ。本論は、『住宅論』（篠原一男著、鹿島出版会、一九七〇年）に収録されています（初出：『新建築』一九六二年五月号）。

1962

都市破壊業ＫＫ

磯崎 新

解説

圧倒的な知識と歴史への造詣を背景に膨大な著作を刊行し、六〇年以上に及ぶ言説の活動を展開した磯崎新だが、意外に最初の単著は遅く、一九七一年の『空間へ』だった。同書は激動の時代、すなわち一九六〇年から一九六八年までの数字を記しながら、時系列に論文を並べ、最後の「年代記ノート」では、一九七〇年の大阪万博の現場でぶっ倒れたことに触れている。

当時、『美術手帖』において、彼はアーキグラムやハンス・ホラインなど、同時代の西欧のラディカリズムを紹介する連載を執筆していたが（後に『建築の解体』として刊行）、『空間へ』は彼自身の重要なマニフェストの著作となった。「未来都市は廃墟そのものである」と述べた「孵化過程」（一九六二年）、将来の全体像を決定不能とする成長する建築としての「プロセス・プランニング論」（一九六三年）、都市デザインを段階的に論じ、「見えない都市」という予言的なイメージを抽出した「日本の都市空間」（一九六三年）など、珠玉の論考から構成されているが、異彩を放つのが、巻頭に独立して配置された奇妙なテクスト「都市破壊業ＫＫ」（一九六二年）である。

磯崎によれば、本来は『新建築』の巻頭論文として書かれたものの、編集部がふざけた内容と思ったのか、不適当と判断し、巻末の広告の中に小さい文字で差し込まれたらしい。

この文章は、安部公房などを想起させる不条理な小説風の体裁をとりながら、友人Ｓが「殺し屋」を廃業し、新しく創立した都市破壊業を紹介する。すなわち、大量殺人を繰り返す大都市を徹底的に破壊すること。「人力、だいなまいと、原爆、水爆」など、あらゆる手段を用いて、建築やインフラを解体することが、会社の設立趣旨に記されている。またＳは、「東京湾海上都市計画」（磯崎も担当した、丹下健三研究室の「東京計画――１９６０」）について、東京を破滅させるのに役立つから素晴らしいという。一方、語り手は、アーバン・デザインをめざす建築家であり、Ｓと議論し、都市の破壊は可能なのかを問う。彼の名はＳＩＮであり（英語なら「罪」）、私はＡＲＡＴＡである。つまり、磯崎の「新」が、音読みと訓読みによって分裂した主体として表現されている。スクラップ・アンド・ビルドの激しい日本で、輝かしい未来都市の構想に関わりながら、同時に批判的なまなざしをもつ、引き裂かれた建築家。それは磯崎において認められる構築的なデザインと反構築のアイデア（孵化過程、電子的迷宮、コンピュータ・エイデッド・シティ、モンローカーブ、海市など）の相反する傾向にも重なるだろう。

（五十嵐太郎）

関連文献

磯崎新『建築の解体』美術出版社、一九七五年／鹿島出版会、一九九七年
横手義洋ほか編『磯崎新建築論集』全八巻、岩波書店、二〇一三・一五年

都市破壊業ＫＫ

磯崎　新

あなたはこの奇妙なビジネスを笑ってはいけない。この会社は大真面目で存在している。この東京のどまんなかに、そう空中にただよいながら、この都市にいきるあなたの生活の裂け目にしのびこもうとしているのだ。

この名前を私は友人Ｓの肩書で知った。彼はかつてはその方面で名の通った《殺し屋》だったのだが、いまは廃業した。都市破壊業、この会社の創立者になったのである。彼が何故《殺し屋》をやっていたか、理由は知らない。いちばん手っとり早い商売だからというのが彼の口ぐせだった。私もそれ以上深く知ろうとはしなかった。いやそれより残念だったのは、都市計画や都市デザインにまったく臆病なほど手をだしたがらぬこの国の建築雑誌のエディターたちを、一人のこらず《消し》てしまったら、よほど物事はすすむはずだという相談を彼にもちかけようとしたときに、彼がゆっくり首をすくめて私にさし出したのがこの名刺だったのだ。そして彼は私にこの会社——どうも私には結社のように思えるのだが——に入社するようすすめた。

彼が《殺し屋》を廃業したのには深いわけがある。というより、彼の職業的良心を日夜傷つける怪物が出現したという方がいい。彼にはいわば芸術家、いやいちじるしく職人気質がある。たとえば子分十数名の小ボスであろうが大臣級の実力者であろうが、一たん引受けたとなると彼らを《消す》ときには手を抜くということがなかった。長期にわたる綿密な計画策定、実施、死体処理のみごとさ、それはデザインそのものであり、ライトほどのスノビズムもコルビュジエほどのハッタリもなく《消滅》を《実在》と重複させる複雑なヴィジョンをもたせ、《空》という概念を行為のただなかにとらえた数少い人間の一人かも知れなかった。その彼が転向したのである。

私には興味深い疑問であった。彼にとっては、彼の職業の陥った相対的状況にはげしく絶望し、それ以上のきずつけられた誇りのにがさを味わいながら、新しい仕事へ脱皮したというのである。

その契機はなにか？　彼はたまたま横にある新聞をひろげて私に示す。

“昨日の交通事故、死者五名、負傷者八九名”

つまり、もはや殺人業においては現代文明が個人企業にとってかわったのである。交通事故をはじめとする無数の非意図的殺人の増加、とくにその時の人命の百万円に満たぬ評価は、彼の職業を相対的に圧迫し価格を下落させ、自尊心をきずつけたのである。彼の分析によるとそのような職業簒奪者の元凶は、現代文明の必然的な生産物であり、それを物理的にささえる機構、すなわち《**都市**》なのである。都市こそは《殺し屋》以上の《殺し屋》であり、悪いことにはアノニマスであり、責任のまったく介在しない不思議な企業である。彼はふたたび《殺し屋》業を芸術的にし、人間的な行為が喜びとともに遂行される時代を創出するために、この非人間的な都市の破壊こそが急務であると感じたという。彼の会社の意図は、それ故可能なあらゆる手段を通じて都市を破壊することにある。そしてとくに東京などは崩壊寸前ではないか。建物にたとえると、土台が朽ち、壁は落ち、水道管が細り、無数のつっかい棒でかすかに建っており、もはや当初のエレガントな容姿はなく、ジャングルのようなそえ柱にバットレス、つぎはぎだらけ、雨もりのしみだらけ、そういった廃屋を想像するがいい。その廃屋がきらびやかに飾られ、《殺人》し、むんむんするエネルギーを発散している。巨大な滅亡寸前の怪物、豚の丸焼き、最大の悪たる非意図的・不可避的大量殺人。このような都市は一刻も早く破壊すべきだというのである。

　死の重みを忘れさせていくこの都市、それを不満に思い、いや実は自らの職業上の不如意からなのだが、その都市の破壊をくわだてるSは、あるいはオールド・ヒューマニストかもしれない。芸術的かつ人間的な殺人の賛美者S。彼はわれわれのこの都市に挑戦しようと志したのである。

　私には奇妙に思われたのだが、Sのしめした会社設立趣意書には、私たちの概念でいう方法しかしめされてなく、目的は破壊であり、方法の探究と実行組織の結成だけがある。いやSは詩人であり、彼の真意を理解するのも詩人という人種だけだという自負からかもしれない。それとも、現代は方法しか問題にする意味がなく、その方法に身を投げた時にはじめて存在証明がなされるのだとすれば、目的とか趣意とかは虚像でしかない。実像は方法のなかにのみあるといえる。いやそれよりも《殺し屋》は手段にしか関心をしめさない。もっとはっきり言うと行為だけしかない。他の付属物はすべて捨て去らねばならないからだ。

都市破壊業ＫＫ設立趣意書および事業内容書

　本社ハ悪質ナル大量殺人ヲ繰リカヘシテヤマザル大都市ヲ、徹底的ニ破壊シツクシ、優美デ快適ナル人間的殺人ノ容易ニ行ナハレウル文明ノ建設ヲ目標トシ、コノ趣旨ノ遂行ニ必要ナルアラユル事業ヲ行ナフ、事業内容ノ概略以下ノ如シ

(壱) 物理的破壊

人力、だいなまいと、原爆、水爆ナド、アラユル手段ヲ用ヒテ、建造物・道路・都市施設ナドヲ破壊ス

(弐) 機能的破壊

交通標識ノ組織的撤廃ナドニヨル交通混乱ノ助長、違反建築ノ奨励、水源ヘノ毒物ノ投入、通信施設ノ攪乱、区町名、地番制完

全廃止、法定都市計画ノ即時完全実施

(参) いめーじノ破壊

ゆーとぴあ的未来都市ノ提案捉進、公団すたいる住宅、大量建設ニヨル都市改造ノ実施ト住宅難ノ解消、交通事故ヲ含ムアラユル都市災害ノ絶滅

以上ノ破壊ヲ精力的ニ行ナフトトモニ、新シイあいであヲ順次付加スルモノトスル。

あなたはこのSの決意を笑っていい。あなたはこの都市になじみ、親しい微笑に酔い、美しい建築を矢つぎばやに生産する。Sの悲壮な意図とは無縁である。Sはあなたの美しい作品に詩を感じないというだろう。それよりもSはこの奇妙な会社の事業をつづけようとする。Sとあなたは《関係ない》のだ。

私はアーバン・デザインをこころざしているからというわけではなくて、Sと友人であるが故に、この会社の方法とイメージについて分析し討論することになった。討論のさなかで、Sと私の意見はいりまじり、どちらの意見だかわからなくなり、そしていくつかの結論にたっした。

はたして現代都市を物理的に破壊することは可能だろうか。それには一七年前の東京、いやヒロシマを思い浮かべればいい。それは廃墟よりひどかった。完全な無に近かった。おそらく七〇年は人類は住めぬといわれた土地が、すでに戦前以上の物理的実体を所有したという事実は認めねばなるまい。ノーモア・ヒロシマ、不死鳥のような再生。よかろう、誰もが都市を破壊しようなどとはいわなかった。今もいわない。物理的実体としての都市など、そもそも当初からなかったのだ。

都市は抽象化された観念であり、市民が相互の契約と実用のためにきずきあげてしまった**虚像**なのではないか。この虚像が伝承される。その伝承の過程だけが都市の実体としてあり、それを断ちきるのは、破壊ではない。文明の断絶だけがそれ

を可能にするのではないか。こころみにあなたは自分の家を焼き、土地を掘りおこしてみたまえ。あなたはその光景を記憶し、誰かが記録するだろう。あなたはやはり家の細部を所有している。忘却と死と文明の断絶が起きないかぎり、とはいっても私は水爆戦争を正当化しようとするのではない。水爆は実体と観念とを同時に葬る実力をもっているとおもわれるのだ。これは消滅を惹起する。

Ｓの都市機構のイメージはあまりに単純かもしれない。この都市はまさに市民が自衛のためにつくりあげた複雑な**フィード・バック機構**によって維持されているともいえる。このフィード・バックの機構は微妙にからみあっていて、彼が第二項にあげた機能的な破壊は完全に修復されることになろう。

しかし現在日本の諸都市に対して作製され、かつ法的に認められた法定都市計画を、その条文と地図表示を即時完全に実施したならば、これは一大変革が起こるかもしれない。それは空文になる運命を常に保っていたから、これらの諸都市を生きのびさせたのだが、その絵が、絵のように実体化したならば、市長は失脚し議会は混乱するであろう。これらの諸都市は法定都市計画が革新的であるから拒否したのではなくて、それが非現実的で旧式だから拒否しているといった方がいい。それを実施してみたまえ、もっとも都市を混乱させ早急にエネルギーを枯渇させ硬直させるだろう、もっともいい手段だといわねばなるまい。それにしてもＳの意見は常識的すぎる気配がある。日本においては、この法定都市計画案の作製者たちは、本気でそれが実施されるなどと思ったこともなく、それ故に気軽にさっさと法制化させているのだから。

Ｓは、《東京湾海上都市》も四人委員会による《首都富士山麓移転計画》も、どちらもすばらしいという。彼がすばらしいということは、すなわち彼のペースにのせうることであり、東京を破壊し死滅させるのに役立つだろうというのだ。あなたは進化の学説のなかに**《定向進化》**という法則があるのをご存知だろう。生物は環境に対応しながら、いわばダイナミックに形態の変化をとげて進化していくのだが、ときに環境とは無関係に、生物体内の内的な原因によって一定の方向に進化するというわけで、彼にいわせるとこのところの大東京改造計画は、およそ定向進化を起こすに違いないパターンをもっているという。たとえば象だ。象の鼻は最初長くはなかった。それが体がやたらと大きくなり、鼻もそれにつれて長くなった。東京湾上につきだした都市軸は、彼にいわせると脊椎への進化ではなくて、象の鼻ののび方に近いという。この形態学上のアナロジーはいささか強引すぎる。いやもっと激しい断定になると恐竜は体長二〇メートルにおよんだのだが、この動物は頭と腰あたりの二ヵ所に脳があった。富士山に都市の中枢機能を分化させることは、一億五千万年前の恐竜のたぐいで、しばらくはその身体のデカさで支配するかもしれないが、結局絶滅の道をたどるのだという。象の鼻にせよ二つの脳にせよ、いずれが採用されても東京はオダブツであり、ユートピア的な提案にいたっては、ますます滅亡の道を早く歩むであろうというのである。

いわば、彼の判定によると私も参加したこれらの改造計画案はすべて滅亡へとみちびかれることになる。すくなくともフィジカルなパターンを通じて提案するからには、その案の消滅はかならず起ることだし、**消滅を十分にイメージできることだけが、この都市をダイナミックにうごかすことができる**のだという私の意見については、彼は皮肉に笑いながら、それでは手ぬるすぎる、君は提案してすぐに実行にうつすべきだという。それにもかかわらずユートピア的と思われているような案しかできないのは、職業的な良心としてゆるされるべきではないとＳはいう。私にとっては、逆に彼の《都市破壊業》は性急にそれを実行する限りにおいては、逆に都市の繁栄をもたらし、消滅して、彼本来の芸術家的意図が満足しうるような条件がくると思えないのだが、逆に、いま都市を建設し更新し、改造しようというスローガンの空虚な響きを考えてみると、そして現実には東京に対する政治的テコいれの行なわれかけている状況、それはますます東京をハリボテと化し、くもの巣のような網がかぶせられていくのだが、そういう状況の下では、破壊だけを考えることのリアリティもまた存在すると思われるのである。

すくなくともＳは職業的に都市計画家ではなく、アーバン・デザイナーでなく、建築家でなく、やはり《殺し屋》であるために、この都市の状況に対してアクティブとなり、**抽象的で非現実的な操作が可能であるが故に具体的な発想をし**、私は職業的に実体の生産と結びついているが故に、具体的に提案をし、具体的な対策を立て、それを深めて行きながら、ますます実行の不能を感じとらされているといっていい。私の友人のＳはそれ故におそらく彼の会社を発足させるだろうというし、そうすることによって、彼はふたたび都市とかかわり合いをもち、具体的計画の不能感を知り、私は彼の会社にスタッフとして加わることによって、私の具体的提案に非現実的なヴェールをかぶせていくことになるかもしれない。それにもかかわらず、われわれの議論は究極の点で分裂した。

彼は私を臆病なスターリニストだと呼び、私は彼を世間知らずのトロツキストと呼び、それぞれすぎ去った時代のレッテルをはり合うことでいささか満足したのである。

彼の名前はＳＩＮであり、私は署名にあるようにＡＲＡＴＡである。この会社の経営がうまくいくかどうか、私にもわからない。

附記

この「都市破壊業ＫＫ」は一九六二年十一月号の「新建築」誌の巻頭論文として執筆した。しかし、編集部が、ふざけた文章と思ったか、危険と思ったか、正確な判断はきそこねたけど、巻頭には不適当だと判断されたらしく、巻末の膨大な広告頁のなかに小さい活字でさしこまれて、印刷された。あるいは苦肉の策であったかも知れないこの編集部のユーモアあふれた処置は、おそらく職業的自己規制が、優先的に作用する日本建築界で、最大の発行部数をもつ雑誌としては、当然の処置であっただろう。

いずれにせよ、この文章はさまざまな広告の間に埋って、ほとんど人目につかぬ有様だった。ところが、数年以内で、世界的に都市の内側に発生する事件に対して、このときの発想はより現実性を帯びてきた気配がある。公害問題も、大学解体も、ターミナル占拠もなかったけど、都市はその予感に満ち溢れていたのである。そんな情況にたいする個人的な記録として成立させたこの本にとって、広告頁から掘りだすだけでなく、あらためて巻頭に置いてもいいように思われる。

出典

磯崎新『空間へ』鹿島出版会、一九九七年（初出：『新建築』一九六二年九月号）

1965

新宮殿問題——その経過と展望

浜口隆一

解説

一九六五年六月、太平洋戦争で焼失した明治宮殿に代わる新宮殿の設計者だった吉村順三が、「宮内庁当局によって建築家としての芸術的良心を無視された」とし、当時の宮内庁長官に辞表を提出した。これを契機として、メディアでは「新宮殿問題」がさまざまに議論されることになった。

本テクストは『新建築』誌上に掲載されたもの。建築評論家である浜口隆一が、新建築社と行った調査をもとにしたルポルタージュである。掲載号には臨時皇居造営部長である高尾亮一の主張メモ、さらに次号にはこの問題をめぐる座談会や公開質問が掲載されるなど、異なる立場からの意見や情報を公平に伝えようとするメディアの姿勢がうかがえる。

吉村が辞表を出したのは基本設計後の実施設計段階であり、その理由は、設計上のいくつかの点で起こった宮内庁側との意見衝突が解決されなかったためである。具体的な対立点は鉄骨柱の位置や仕上材の寸法などがあった。浜口はこれらの対立点を、両者の立場に理解を示しながら、ていねいに紹介している。吉村からすれば、基本設計から実施設計、施工監理までの建築デザインの全体を司る「アーキテクト」として理解できる主張であり、逆にマネージングする宮内庁からすれば、予算やスケジュールの観点から現実的な落とし所を探るのは当然だ、というように。

むしろ、浜口が問題の根幹として指摘するのは設計開始前の手続き的な不備である。新宮殿造営に際して、民間の著名建築家一〇名への意見聴取などが行われていたが、吉村に設計が委嘱された最終的なプロセスは不明瞭であった。国家的な意味を持つ記念建築であるからには、オープンコンペや指名コンペが行われるべきであり、特命式にしても、設計の内容やプロセスを監督・調整する第三者委員会（コミッティ）の設立が必要だったのではないか。こうした手続きが整備されなかったために、新宮殿は独断的な「お上」とそれに従う「おやとい大工」という古い受発注関係に閉じてしまい、それが双方の意見の硬直化を招いたのではないかと、浜口は指摘する。一九六〇年代は、一等が決められず、二つの組織が共同設計することになったNHKテレビセンターのコンペ（一九六一年）、その公開性が問題視された国立京都国際会館のコンペ（一九六三年）など、設計選出の透明性や正当性に関する議論が建築ジャーナリズム上で活発に交わされており、新宮殿問題もそうした文脈のなかにあった。

結果として、新宮殿は設計から施工までのプロセス全体を総合する「アーキテクト不在」で進められる事態となった。浜口は、これではデザインの質が低下し、また国際的な感覚からは日本の建築界が「後進的、非常識」と見なされてしまうだろうと、危機感を表明する。残念ながら、浜口の提言は現在なおアクチュアルな意味をもつ。新宮殿問題から約半世紀が経った東京では、やはり国家的プロジェクトである国立競技場において、コンペで選ばれたはずの設計者が降ろされた。建築家の職能をめぐる問題は未だ解答が出ないまま残されていると言えるだろう。

（渡邉航介）

関連文献

宮内嘉久「コンペ問題再検討の契機」『建築文化』一九六二年二月号

新宮殿問題——その経過と展望（抜粋）

浜口隆一

　このルポルタージュをまとめるために、私たちは、宮殿造営に関係している多くの人びとに会った。そこでわかったことを、できるだけ公正に分析し、今日の時点で報告したいとおもう。

　ご承知のように、設計委嘱の辞表を提出したのは六月中旬のことであった。それからすでに二カ月近く、事態は癒着したままになっている。現在、問題になっている実施設計は、チーフ・アーキテクト不在のまま、じわじわと行なわれ、また施工のほうも写真でみるように、現場では鉄骨が組み立てられ、コンクリートが打たれ、建設労働者が働いている。

このような状態のままで進行してゆくとすると、新宮殿の行方はどうなるだろう

　目下、実施設計に当っているのは、宮内庁営繕部の人たちである。同部には、小畑課長以下、各方面の専門スタッフたちがいるが、これは以前からこの営繕部に勤めていた人たちのほかに、小畑氏のように建設省から派遣されてきた人たち、建設会社の設計部から出向してきた人たちなどで組織されたもので、総員約三五名の設計スタッフである。

　この人たちは、いってみれば混成旅団のようなものだが、新宮殿の実施設計は、チーフ・アーキテクト不在のまま、この混成旅団によってすすめられている。かれらがなんとか図面を書いているとはいえ、チーフ・アーキテクトがいないために、当然いろいろな点で困難にぶつかっているようだ。この場合宮内庁営繕部が、吉村氏の基本設計から逸脱しないように実施設計を進めるとはいっても、もともと基本設計というものの性質上ディテールまで煮詰まっていたわけではないから、暗い闇を手さぐりですすんでいるような恰好で、とくにインテリアや屋根の形、表面仕上げなどに気にかかるところが少なくない。

吉村順三氏は、日本におけるもっともすぐれた建築家のひとりであり、こんどの宮殿の設計案に関していえば、その精魂をかたむけた、きわめてオリジナルなものである。それだけに、あとに残った人たちだけでなんとかしようとしても、無理なことは明らかであり、作品としては統一を欠かざるをえない。いわば、ただひとり、船の進路を知っている船長が船をおりたあとで、船員たちがああだこうだと憶測しながら船を進めているようなものである。これでは作品として終了したとき、どうしても弥縫的なものになるよりほかはない。これは決して宮内庁営繕の設計スタッフを非難しているわけではなく、チーフ・アーキテクト不在のまま、実施設計をやらなくてはならなくなった彼らの立場に、むしろ同情しているのだが……。

（中略）

国際的常識からみて、アーキテクト不在ということは、きわめて変則的である

以上のこととならんで、もうひとつ見逃せぬ問題がある。いうまでもなく欧米では、アーキテクトの職能を一貫したものと考えている。ことに宮殿（Palace）のようなモニュメンタルな建築に、設計者の名前がはっきりしないのは、どう考えてもおかしい。こんどの宮殿の場合、国内的には、アーキテクト不在は基本設計・吉村順三、実施設計・宮内庁営繕部という形で、なんとかすまされるかもしれないが、世界に対してはそうはゆくまい。「タイム」誌（一九六五年七月九日）に載った記事などをみてもそれを痛感させる。

さらに注意してほしいのは、宮殿というものは、国内的に重要な建物であることはもちろんだが、対外的にはよりいっそう重要な建物だという

ことである。というのは、宮殿とは海外から日本に訪れる重要人物の公式なレセプションなどが行なわれるところであり、むしろ国際的な雰囲気で、機能する施設だからである。宮殿を天皇と結びつけて考えるのは、あまりに日本国内的な感覚である。そのような宮殿がアーキテクト不在で造られ、しかも作品としては質的に低下するということは、ひじょうに不幸なことといわなければなるまい。

しかし事態は、そういう不幸な方向へ刻々と進んでいる。その方向のままで事柄が終ってしまうということは、日本の現代建築の歴史に、ひとつの傷痕を残すことになる、といわねばならないだろう。それは同時に、アーキテクトの職能問題における日本の後進性が、そのまま定着される、ということでもある。

(中略)

吉村順三氏が選ばれるまでの経緯

吉村さんが宮殿の設計者として選ばれるまでの経過はどのようなものだったか、はじめ、宮内庁に宮殿をつくろうという企画があり、それにそなえて、造営部ではスタッフを集めていた。数年前の話である。

故大野伴睦氏を会長に、ほとんど政治家からなる皇居造営審議会というものが発足した。この中に建築家としては東大名誉教授内田祥三博士が顧問として加わっていただけだった。そして、内田博士の指導で、そのころの造営部のスタッフたちが一応新宮殿の図面をつくった。ところが宮内庁のクライアント側としては、この案に対してかならずしも満足しなかった。

そこで、宮内庁は民間の知名建築家一〇人——岸田日出刀、前川国男、村野藤吾、今井兼次、谷口吉郎、丹下健三、小坂秀雄、堀口捨己、吉田五十八、吉村順三の諸氏——を選んで、その人たちに個別的に、新宮殿はどうあるべきかといったことを聞いている。このとき、岸田博士を除いては、みんな宮内庁原案については賛成できなかった。

そして新らしい宮殿をつくるためには、ひとりの建築家を選んで、その人に全部最後までまかせてやるべきだというのが、ほとんど全員の一致した意見であった。宮内庁はこれに従うことにした。ではその建築家として誰を選ぶか。

吉村氏を特命で

結局、吉村さんが新宮殿の設計者として決ったことはいうまでもない。しかし、その吉村さんがどうして選ばれたのか、その間の事情については、さきの一〇人の建築家たちも知らないということである。つまり、宮内庁が自分たちで選び、決定し、委嘱したわけである。このことに関して建築界はまったくつんぼ桟敷におかれていた。実は、このあたりに重大な手続上の欠陥があるわけで、そこにこんどのトラブルがおこってくる根本的な要因のひとつが胚胎していた。これについては、後でもっと詳しく述べよう。

（中略）

予算面の矛盾

吉村さんは、「朝日ジャーナル」に書いた文章の中で、辞表を提出した前後の心情を吐露している。私どもはその後も吉村さんに何回か会っていろいろ伺った。彼はいう。宮殿の本当の施主はネーション〈国民〉である。自分はネーションに対して、いい建築を捧げることを義務と考えた。ところが官僚機構としての宮内庁は、なかなか話がわからなくて、ブロックするような形になった。ここでいう吉村氏の宮殿の本当の施主についての考え方は正しいと思う。もともと宮殿 palace というものはどのような社会体制にあるにせよ、一国の元首が対外的なレセプションを行なうための施設である。したがって、それを直接に所管するものは宮内庁であっても、本当の施主はネーションである。

こうした考え方からすると、吉村さんがトラブルの興奮のなかで、宮内庁のいってきた予算その他にしたがう気がしないといってしまったこともわからないではない。しかし、これはかなり大きな誤解を外に対して生んだようだ。新聞記者たちは、このあたりをとらえて、「建築家の横暴」ということまでいっている。しかし実は、予算面には、はじめから矛盾がはらまれていたのである。最初に基本設計ができてきたとき、それが概算であるにせよ、見積られた金額は一〇〇億を超えていた。そのことは、吉村さん自身はもちろん知っていたし、宮内庁の営繕部もある意味では知っていたはずである。しかもそのころ、大蔵省との折衝では八〇億ないし九〇億というグット減らした話が進行していたことも事実だ。

これには国民感情に対する慮かりとして天皇に結びつく宮殿にあまりに多額の金が使われてはどうかという、国会などへの政治的な考慮も働らいていたようだ。また官庁予算の複雑な形式主義的メカニズムに対する手のこんだ駈引きもあったろう。

さらにまた、このころの社会的な背景として、オリンピック前の建築ブームが進行しつつあったという事情もあり、なんとかなるだろう、という楽観的なムードが流れていたこともあったろう。しかしオリンピックも終って、建設ブームは去り、社会経済全体も不況に突入した。すべての環境条件がシビアーになってしまった。

マネージング・ディレクター側とアーキテクト側の衝突

こうした状況の変化のなかで、吉村氏と宮内庁とのトラブルはいっそう硬化し、ついに表面化してきた。その代表的なものが、例の三つの争点である。鉄骨柱の位置変更のこと、柱の面に貼るブロンズ板の寸法のこと、それから天井板のことなどをめぐる対立である。

これらは一方からいえば、建築デザインの問題であり、他方からいえば費用や工期にかかわってくる問題である。結局、宮内庁側が強引に押しきり、吉村さんはもはや我慢できぬとして、辞表をだすことになった。

考えてみると、これらはどの建築の仕事にもつねにつきまとうことであり、これだけで破局になることはおかしいともいえる。これについては宮内庁側も、もしこの三つだけのことならば、それによる費用の増加や工期の遅れは、それほど決定的というわけではないが、一事が万事になりつつあるのが恐いというわけであり、吉村氏側からも逆にいって同じことで、要するに両者にとっては譲れぬギリギリの線だったのである。つまり、この争点の根にあるのは、アーキテクト側の管掌の限界とマネージング・ディレクター側の管掌の限界の衝突であり、それは体制的な、したがって、もしいったんまずくなれば、喰うか喰われるかになってしまう深刻なものである。

しかし、ある意味では、両者の限界はわかりきったものであるはずなのに、なぜそれが喰いこんで激突するようなハメになったのか。それは、ズバリいうと、吉村順三氏と宮内庁の関係の、そもそもの端緒における手抜かりと組織の不備にある。いってみれば、建物の基礎工事をしっかりしないで、その上に層を積重ねていったために歪んでしまったようなもので、禍根は深いのである。

理想的にはオープン・コンペで宮殿の設計者は決められるべきだった

いみじくも吉村氏がいっているように、宮殿のほんとうの施主はネーション（国民・国家）である。これは、宮殿に限らず国家的記念造営物の本質的性格である。

そうであるならば、それの建築家は、どのようにして選ばれ、決められるべきだろうか。もっとも理想的なやり方がオープン・コンペであることはいうまでもない。宮殿の場合も、できればそうすべきだった。実際には、いろいろの事情があって、できなかったのはやむをえなかったかもしれない。

次善としては、実力ありと認められている建築家たち数人を集めての指名コンクールのやり方があった。それならば、こんどの場合でも十分可能だったろう。それを宮内庁はやろうとしなかったし、建築界もまた、それをやるように説得することができなかった。前記のように一〇人の経験ある建築家たちが招かれたときが絶好の機会だった。

スタンディング・コミッティの欠除

ところでコンペをやるには、当然のことだが審査員団を中心とするスタンディング・コミッティが設立される。このことは、とくに注目すべき大切なポイントである。というのは、国家的記念造営物のように、その建築家の選定を、あくまで公平に、すべての人びとが納得できるようにしなければならないものにおいては、よしんばコンペといった競技方法がとれず、特命による場合でも、最少限、スタンディング・コミッティーの設立は必要なのである。オリンピックの競技施設でもそうなっていた〈岸田・高山・中山委員〉。

スタンディング・コミッティの主な役割りは、適切な建築家を選考し、それを官庁側に答申することと、もうひとつは設計と建設の進行のなかで、もし官庁側と建築家側にトラブルがおきた場合、いいかえるとマネージング・ディレクター側とアーキテクト側の衝突がおきたときに、両者の裁定をすることとである。こんどの宮殿の場合には、こうした役目をするスタンディング・コミッティが欠けていた。

宮内庁は、自分たちだけで建築家を選び、決め、委嘱してしまった。これはふるい封建社会以来の「お上（かみ）」的やり方の踏襲である。そのことから宮内庁は、すくなくとも心理的には建築家・吉村順三を「おやとい大工」とみなしがちになる。マネージング・ディレクターとしての限界をこえて、アーキテクト側に強権をもって臨みがちだということである。建築家・吉村順三としては抵抗せざるをえない。これが氏のいう「建築家の良心」であり、その限りでは正しい態度といわざるをえない。

（中略）

契約の不備について

これはすでによく知られたことだが、吉村氏が宮内庁との間にかわされた設計の契約の不備が指摘され、こんな弱い立場であまんじたことについて、吉村氏のプロ建築家としての姿勢の甘さが批判されている。たしかに、その通りだと思う。もっともこれについては、支払い手続き上の便法的とりきめといった事情もあったし、そのこまかいところまで契約でしばることもできにくかっただろう。そして上記のスタンディング・コミッティ的な組織がしっかりと設けてあれば、それが生きた証人、裁定者として機能するからある程度の契約不備はおぎなえるはずである。

ひとくちにいって、宮殿造営という桧舞台における吉村さんの役柄は、「芸術家の魂をもった、お雇い大工」といったところから始まり、紆余曲折があって、ついに決然として辞職を表明するにいたってからは、鮮烈に輝く近代的なアーキテクト像が打ちだされることになった。いわば悲劇のなかの人物といった趣きである。

およそ、以上で宮殿問題がどのようにして起きたかということは語られたかと思う。ある意味で、それは起こるべくして起きたのである。建築家の辞職表明というショッキングな事件によって生じた裂け目をとうして、日本の建築界の社会的あり方の地殻構造的矛盾が白熱した溶岩のように噴出してきたとみられなくはない。

（後略）

出典
『新建築』一九六五年九月号

1967

「美観条例」は不毛である

前川國男

解説

前川國男は、怒れる建築家だった。攻撃的ではないデザインとは裏腹に、理不尽な状況や安直な和風に対して黙らなかった。初期の文章「3＋3＋3＝3×3」（一九三〇年）では、和風の鉄道車両「日光式展望車」が西洋受けする日本イメージであり、「漫遊客の懐目当ての乞食根性」だと手厳しい。また日本趣味が推奨された一九三一年の国立博物館のコンペでは、「似而非日本建築をつくって光栄の三千年を汚し民衆を欺瞞するか？」と糾弾した。戦後も前川の怒りは続く。例えば、設計料のダンピング（「白書」一九五五年）、コンペのルールに反した行い（「二段階競技をかえりみて」一九五八年）、ＮＨＫテレビセンターのコンペの参加報酬が低すぎること、そして設計施工の分離が軽んじられていることなどである（「私の考え」一九六九年）。いずれも建築家の職能にとって重要な問題だ。

とくに興味深いのは、東京海上ビルディング本館（一九七四年）が皇居を見下ろすことで、政治とメディアを巻き込む美観論争が起きたことだろう。「美観条例は不毛である」は、前川の態度表明だった。まず小説「チャタレイ夫人の恋人」の翻訳刊行をめぐる裁判に触れて、「芸術か猥褻か」の二項対立が語られたことで、法を遵守しない芸術家像が増幅されたことを問題視した。そして法に忠実に従った東京海上ビルも「美観か実利か」のレッテルが貼られ、「高層ビルが利己的で実利いってんばりの、資本家と建築家の特権意識の露骨な表現であり、東京都は崇高な美の守護神として美観条例」によってそれを押さえ込むイメージが流布されたことに怒る。

彼は、ル・コルビュジエ的な近代都市の考え方に基づき、高層ビルはむしろ足元に空き地をつくり、人々に太陽と緑のオープン・スペースをとり戻すと主張した。解放のモダニズムである。さらに東京都の知事が任命した諮問機関が個別に建築を審査すると、御用機関になると批判し、また行政側の美に対する「無知無感覚」にも不信感をあらわにした。彼は言う。「熾烈な自由な批判精神を、旧体制の推進に忠実な番犬をつとめた制度および組織に求めることは原理的に不可能ではないでしょうか」、と。

結局、施主側が高さを減じることで、このビルは完成した。また一九七〇年代以降、高層ビルはアトリエ系の建築家よりも、大手の組織が手がけるプロジェクトになっていく。二一世紀を迎えると、東京の丸の内は超高層ビルだらけの風景に変容したが、もはや反対の声はなかった。そして東京海上ビルは、建て替えによって、ひっそりと消えようとしている。しかし、日本橋と首都高、あるいは電柱の地中化など、景観論争はかたちを変えて起きている。

（五十嵐太郎）

関連文献

前川國男『建築の前夜──前川國男文集』而立書房、一九九六年
五十嵐太郎『美しい都市・醜い都市』中公新書ラクレ、二〇〇六年

「美観条例」は不毛である

前川國男

大分前のこと、「芸術か猥褻か」という問題で世間をさわがせたロレンスの小説「チャタレー夫人の恋人」が裁判のあげく、翻訳者の伊藤氏と出版者の小山氏とが有罪となるという事件がありました。当時この事件の特別弁護人となられた福田恒存氏が当時を回想されて、いわゆる「良識」というものの「たあいなさ」、ジャーナリズムの俗論的無責任さを痛烈に批判されています。（「良識家」の特権意識、中央公論昭和三二年五月号）福田氏はジャーナリズムの用いたキャッチフレーズ、「芸術か猥褻か」に、大いに迷惑をされたと述懐しておられます。つまりこのキャッチフレーズから、人びとは暗々裡に「芸術作品でありさえすれば猥褻ではあり得ない」ということを読みとり、それがひいては「芸術家は法の埒外にある」として芸術家の特権的意識に人びとの疑惑の眼を誘ったというのです。ところが、ここに似たような事件が建築界に起こってただいま世間を騒がしています。ご承知かもしれませんが、東京海上火災という保険会社が丸ノ内の旧社屋を高層ビルに建て替えようとしましたら、ちょうど「チャタレー夫人」と瓜ふたつのさわぎがもち上がりました。つまりこんどは「芸術か猥褻か」ではなくて、「美観か実利か」というキャッチフレーズではやしたてられた結果、東京海上の高層ビルが利己的で実利いってんばりの、資本家と建築家の特権意識の露骨な表現であり、東京都は崇高な美の守護神として美観条例をつくり、このビルをとって抑えるのだというまったく事実と正反対のイメージを人びとにうえつけかねない事態を生みだしました。

洋の東西を問わず昔の町はなぜ美しかったのでしょうか。それらの町まちは本質的には人工的な人間環境として原始自然に対する改変は行なわれましたが、それもせいぜい人力による改変で、その規模もまた人間的規模を超えない節度が自然に守られていました。生活の営なまれる建築物にしても、大工、石工の人力の限界内のものしかつくり得ませんでした。そこには何よりも自然の一員としての安定した人間の生活があり、職能階層による社会の連帯的な秩序が確立していました。こうして生まれる人びとの日常的な生活実感がいやでも生いきとした人間環境を生みださずにはいなかったのです。

こうした美しい町を破壊して、都市の猥雑化、醜悪化を生みだしたのは他ならぬ近代工業とそれに伴う経済組織、社会制度であることは周知のとおりであります。建築技術の進歩は魔天楼を可能にし、人工的な気候調節を可能にしました。昔の人間的な「自然制御」は暴力的になり、巨大都市はその偉容を誇っておりますが、かつての人びとの生いきとした生活実感は、砂のような大衆の疎外感のなかに埋もれてゆきました。西欧先進国に追いつき追い越せと東京は必死になって西欧の都市のあとを追いました。美しかった江戸の町はまた先進国近代巨大都市の轍をふむこととなりました。東京はいうならば近代経済の暴力によってつくられた町であり、人間によってつくられた町ではありません。人間を含めた自然に近い古典的な意味の都市および建築の美はもはや姿を消して、あるとすれば建築の実体ではなく、実体と実体とにはさまれた都市の空間でしかなくなったということを、まず確認しなければなりません。

明治一〇〇年、歴史は大きな曲り角にさしかかっています。都市も建築もいたずらな西欧追随を思い止まる時点にきています。かといって一度手に入れた近代技術文明はこれを手放すわけにはいきません。経済開発と人間尊重、掲げられたふたつの政策の柱は思えば矛盾にみちたものではありませんか。にもかかわらずこのふたつの調和こそ、現代の都市に与えられた基本的な命題であるに違いありません。

「現代の都市計画とはデガージュマン（取払うこと）である」という言葉があります。古代の都市は人口を維持するには骨が折れましたが、現代の都市では人びとはほっておいても集中してきます。黙っていてもつめ込まれてゆく都市空間をできるだけ取払って空地をつくり、風通しをよくして太陽と緑の空間を人間の手にとりもどすことが、つまり、現代の都市計画だという意味です。工業化した現代の建築に埋められた都市の中では、古典的な意味の美としてはこの都市空間、つまり建築物の壁面によってつくられる外部空間しかなくなるというのが実情でありましょう。高層ビルを建てることによる経済負担の増大をあえてしても、こうした建築の外部に空間をつくりだして、これを社会公共に役立てるということが、経済開発と人間尊重の二本の政策の柱にもっとも忠実な解決と考え、これを経済の暴力によって生まれた近代都市建築のアンチテーゼとして、太陽と緑の空間とを人間の手にとり戻すべきであるというのが東京海上高層ビルの基本的な主張です。したがって、これを資本家や建築家の特権意識の表白ないしは「実利」の露骨な表現とみるのがいかに見当違いであるかをまず理解していただきたいと思います。

　東京都が過去一年の間に二度までその提案に失敗しながら、まだそれに対する執念を捨てていない美観条例とはどんなものか、またなぜそれが建築界の五つの大きな団体の一致した猛反対によって潰されたか、そのあらましを申し上げてみたい。

　美観条例の骨子となっているところは、要するに知事の任命する諮問機関をつくって建築物の個別審査をやるというものです。外見はその名前からしても穏当なもっともらしいものにみえますが、明らかに御用諮問機関になるおそれがあるのと、議決権のないことで悪用される危険が大きいために、さきに述べたように猛烈な反対にあって日の目をみなかった代物であります。東京都の山田首都整備局長は「知事の任命した審査会に信用がおけぬならば知事をリコールしろ」と放言しています。これは責任ある立場の公務員としてその精神状態を疑わしめるような暴言であります。リコールさるべきはこのような暴言をあえてする公務員自身でありましょう。

彼は、「公衆の面前に、ピカソの絵をかけるか、ミレーをかけるかになると、それはやっぱり個人趣味じゃいけない」といっています。（朝日新聞、四二年六月二二日）彼が不思議な執念をもって守ろうとしている濠端の建築群こそ、実はルネッサンス以来近代的自我の覚醒にともなって祭り上げられた「個性」というものの極端な歪曲と経済の暴力との野合により生まれた、時代の宿命を負うたおとし子であります。いうなれば局長のいう「個人趣味」のパレードです。都市計画の最高責任者の建築に対するこのような無知無感覚が、首都一〇〇年の計画をあやまるというのでは善良な納税者たる都民にとってこの上の不幸はありません。

法規制は本質的に守勢に立つものでありましょう。盗みを禁じる法律はできても、「親孝行」を勧奨する法律は不可能です。いうまでもなく文明が「自然制御」の段階から、「自然制御によって生まれた文明自体の制御」の段階に入った現時点、都市でいえばひたむきな経済開発一本槍の段階から、人間尊重の新らしい段階に移ろうとしている時点において、求められる熾烈な自由な批判精神を、旧体制の推進に忠実な番犬をつとめた制度および組織に求めることは原理的に不可能ではないでしょうか。官製の「美観審査会」が原理的に不毛であると考えるゆえんです。そうして守勢にたった「美観条例」の守るべきものが濠端の建築群であるとしましたら、これはまた悲しむべき戯画ではないでしょうか。

（一九六七年七月一九日 国際文化会館にて）

出典
『新建築』一九六七年九月号

1968

個室群住居とは何か——その歴史的パースペクティブ

黒沢 隆

解説

黒沢隆は、住宅を中心に設計活動をする傍ら、日本大学で長らく教鞭をとった。一九六八年、彼が雑誌『都市住宅』の創刊号で発表した論考「個室群住居」は、住宅の社会背景や構造に目を向け、無批判的にそれを受け入れる建築家の姿に疑問を投げかけた。清家清や篠原一男らの「近代住居」が前提としたのは、「夫妻の一体的性格」「私生活の場」「単婚家族」の三点であり、そのバリエーションは伊藤ていじ、磯崎新、川上秀光による「小住宅設計ばんざい」(一九五八年)で指摘されたように、nLDKという一般解に還元できてしまう。メタボリズムの理念を実現した菊竹清訓の「スカイハウス」(一九五八年)も、大きなワンルームの夫妻の寝室と、それにぶら下がる子供部屋であり、「夫妻の一体的性格」を暗黙の裡に了承している。これでは表現的には新しくても、構造的に近代住居の枠を超え出るような作品にはなりえず、現代社会が抱える問題にも対応できないという。

黒沢の念頭にあったのは当時の社会情勢である。女性の社会進出、第三次産業化による仕事の家庭への侵入、結婚形態の多様化などを取り上げ、近代住居の与条件が失われていく様子を論証する。六〇年代後半は、学生運動が激化し、黒川紀章が「カプセル宣言」(一九六九年)を発表するなど、イデオロギーの多様化と共に個人の自立が叫び始められた時代であった。現在のＬＧＢＴＱを想起させるような社会問題と向き合った黒沢の先見性には驚かされる。こうして黒沢は、「個人の影」としての個室から構成された「個室群住居」のアイデアに到達する。その後個室群住居の思想は、夫、妻、子供の各個室が無性格なホールでつながる「武田先生の個室群住居」（一九七〇年）や、個室の経済、設備性能を追求した「ホシカワ・キュービクルズ」（一九七七年）などの実作につながった。

日本大学の後輩である山本理顕の「熊本県営保田窪第一団地」（一九九一年）や「岡山の住宅」（一九九二年）は、黒沢の思想をプログラム的に徹底化した試みといえる。外部と直接つながった個室が、共用部である中庭やリビングに対する「閾」として機能するからだ。伊東豊雄は「東京遊牧少女の包」（一九八五年）で都市のインフラを利用した最小限の個室を考えた。キッチンやリビングなどの住居機能が都市の中に溶け出したといえるこの作品は、個室の外部にコミュニティを想定した黒沢と共通する。このように建築学者の花田佳明は「拡張された住宅」（一九九五年）において、個室群住居から連なる流れを整理し、住宅の概念を拡大することが社会を変える可能性があると論じた。

黒沢は「現代住居」の一般解を問い続けた。彼自身は、ユートピア社会主義の流れから「コミュニティ」をキーワードとしたが、多様化する現代において状況は複雑化している。しかし、意欲的な住宅作品が多い日本だからこそ、黒沢の問いに立ち返り、建築家は社会と向き合うべきではないか。

（一色智仁）

関連文献

花田佳明「拡張された住宅」『新建築住宅特集』新建築社、一九九五年一月号
黒沢隆著、黒沢隆研究会編『個室の計画学』鹿島出版会、二〇一六年

個室群住居とは何か
——その歴史的パースペクティブ（抜粋）

黒沢 隆

（前略）

近代住居の展開

単婚家族と私生活の場という近代の住生活は近代住居にいかなる家屋構造を与えたのか。（……）近代住居一般では「LR＋ΣBR」なる数式をもって家屋構造を現わす。つまり、居間（LR）ひとつと寝室（BR）いくつかから住居の基本構成がなされる、という意味である。（……）

部屋の名前が機能別についていることからもそれは明らかだが、ほんとうにそれで正しいだろうか。

では子供部屋はどうだろうか、それがただの寝室でないことは明らかである。それは個人用の部屋すなわち個室である。したがってこの部屋に関しては機能別の室名ではない。それによく考えれば「寝室」とよばれる部屋は「夫婦の寝室」しかない。したがって「LR＋ΣBR」は「LR＋BR＋Σ子供部屋」と書かなければならない。たとえば「ニュー・ハウス」という雑誌を開けば、ほとんどすべての住宅がこの平面型をもっている。

さて、この平面型のなかで、LR＋BRという要素だけを考えると、この両室は互に単独では成り立たない。あたかもコーヒーとミルクのような補完作用がある。そこで前の一般解を「(LR＋BR)＋Σ子供部屋」と書き直そう。この平面型は、日本では、居間と寝室とが襖のような移動間仕切で仕切られる場合が典型的である。篠原一男の住宅はほとんどこの平面型をもっている。和室の寝室を洋間の居間に面してとった中年好みの住宅、そして公団住宅もすべてこの平面型に含まれる。[1]

襖ぐらいで仕切るなら仕切らない方がいいという考え方もある。たとえば清家清と生田勉の住宅にこの型が多い。この場合、夫妻の部屋といくつかの子供部屋という構成であって、子供のない場合、完全な一室住居となる。この傾向は作家的でいささか特殊な建築家のドグマティズムではなく、近代住居に収容される近代住様式の基本的な性格の端的な表現ではないのか。なぜなら、単婚家族といい私生活の場の性格といい、それは夫と妻との一体的な性格に収斂するからなのだ。

そして、この性格がもっとも端的に表現された住宅が菊竹清訓の自宅「スカイハウス」である。菊竹は家庭が家庭であるためには「夫妻愛の空間」がもっとも大切であるととなえた。それはまことに民主的で近代的な夫妻像である。愛情のみが夫と妻をつなぐ、そして夫は妻の分まで働らき、妻は夫の分まで家事にいそしみ、「二人自身」という雑誌の名前のように、二人は合して一体となってひとつの完結した人格を形成する。

(中略)

(……)したがって二人で一人だから、一個の人格が住む家には居間と寝室の分離すらいらない。独り者の住むアパートが一部屋で充分なように、これも一室の住居でなければおかしい。ただ空間の容量が一人の倍いるだけだ。

こうして、完全な一室住居「スカイハウス」が誕生する。子供が生まれればピロティにぶらさげて住まわせればいい。——ここに至って「LR+ΣBR」の一般解が初めて崩れ去る。そして新しく打ちたてられた一般解は、「夫婦の部屋+Σ子供部屋」であった。しかしあたかも「LR+ΣBR」を否定するかにみえるこの新たな一般解は、期せずして近代住居そのものに内在する人間の生活様式の本質を、実にあざやかに増幅してみせる結果をもたらした。それは「夫婦の一体性」という「スカイハウス」そのものの理念だったのである。

思えば単婚家族に対応する「核家族」なることばが、もっとも基本的な親族の構造であり、かつ社会的な単位の終局である、とした一九五〇年代のアメリカ社会学は、はやくも数年後にその思想を絵にかいたような住宅「スカイハウス」を日本に生んだのである。

近代住居の崩壊

（中略）

（……）まずこういう社会情勢がある。それは女性の職場への進出である。

一九六四年の統計(2)によれば、男性の労働力率（一五歳以上の人口に占める労働力人口の比率）の八二・一パーセントに対して、女性のそれは五一・一パーセントにまで達し、その就業率は実に五〇・六パーセントである。そのうち有配偶者は四九・三パーセントに達する。しかも女性の就業者の平均年齢は二八・二才（男性は三一・九才）であり、平均勤続年数は男性の七・八年に対して三・八年にまで上昇している。しかも総理大臣官房広報室の「婦人の就業に関する世論調査」では、就業を希望する婦人のうち「できるだけ長く」つとめたいと答えた婦人は五六・一パーセントもある。つまり、日本中の夫婦のうち推定四分の一が共稼ぎ所帯であり、その三分の一が「できるだけ長く」働らこうとしているのである。しかも、その数は年々増加の傾向にある。

それはいったい何を意味するのか。夫が妻の分まで働らき、妻が夫の分まで家事をする、という条件がなくなった。すなわち、夫婦が合して一体となってひとつの社会的単位を形成しなくなった、ということである。それは近代住居が収斂する特性「夫妻の一体性」の崩壊いがいの何ものであろうか。

またつぎのような社会情勢も近代住居をめぐっておしよせつつある。それは産業構造の変化が人間にもたらしたのである。すなわち、第三次産業の産業構造のなかに占める比重は日一日と増加しつつある。いまや国民生産所得の五〇パーセントを突破する所得が第三次産業を通じて得られている。それは何を意味しているのか。労働の意味をあるいはその質を根本的に変えつつある、そのことなのだ。いまや、労働あるいは勤労とは、ただ単純に時間で労力を売ることではない。（……）

たとえば家に帰って晩酌をしてテレビを見て寝るだけならば近代住居でいいが、考えごとを始めようとなると、夫妻一体の原則につらぬかれた近代住居ではプライバシィがもはや不足である。こうして近代住居の重要な柱はまたしても失われていく。（……）

本質的な問題として、賃金労働の定着と重大なかかわりのもとに誕生した近代住居は、やはり第二次産業を基幹産業とする社会にのみ有効なのであって、第三次産業を基幹産業とする現代社会にとってその意味をもたない。やはり黒々と煙をはきだすノコギリ屋根の工場の対比として、芝にかこまれた郊外の近代住居があったのだ。そしてその第二次産業自身も煙突とノコギリ屋根のイメージを脱しつつある今日、もはや近代住居の必然性は根こそぎ失われつつある。そして形骸化した近代住居には、あいかわらず「愛の不毛」がつぶやかれ、「マイホーム」の見はてぬ夢がまつわりつづける。

現代住居としての個室群住居

幾度もいいつづけてきたように、近代住居の特質は「単婚家族」「私生活の場としての住居」およびそれらの収斂する「夫妻の一体的性格」だった。

そして共稼ぎ世帯の一般化によって「夫妻の一体的性格」はまず失われ、つづいて産業構造の変化は「私生活の場」としての性格を近代住居からうばった。だが、近代住居の特質はもうひとつ残っている、それは「単婚家族」の家族像である。

このようにさまざまの性格をつぎつぎに剝ぎとられた近代住居にあって、それでも「単婚家族」だけは残りつづけるだろうか。こんどは逆にこう設問しなければならない。

否である。近代住居における「社会―家庭―個人」という段階構成が、いまや「社会―個人」

という直接の関係に転化してしまった。「一体的性格」のある夫婦は夫婦ふたりで社会的一単位を構成するが、いまや、夫もそして妻も共に社会的な一単位であり、夫婦あわせれば社会的には二単位の生活となる。それはふたつのパブリックな生活と、ふたつのプライベートな生活の共存である。こうして「家族」ということそのものの意味が失われる。あきらかに「家庭」は消滅したというべきであろう。そして「単婚家族」も意味を喪失していく。

家庭のない生活、それはあらゆる人々が自からを糊する職業をもち、自分のことは自分で処理し、他人をたよらず黙々とそして堂々と生きる社会である。そして他方では、社会そのものが巨大な家族であるかのように構成されずにはすまない。それは近代建築家の憧れつづけた「コミュニュティ」であるかもしれない、またコミュニストのいう「階級」かもしれない、すくなくとも「家族」の枠をこえた、さまざま断層のゲマインシャフトが形成されてゆくのである。

そして、結婚という形態にしろ、それだけが唯一の公認された性関係でありつづけはしない。それはほとんど同棲と同義であろうし、まして恋愛とどんなささやかな意味でも違うことはない。要するに両性にとって、愛情以外の拘束がない関係が築かれよう。それはプレイボーイ達が追求に余念のないフリーセックスのモラルかもしれない、それは決して将来のモラルではなく、もはや今日のモラルであるともいえる。あるいは、しいて両生の関係でなくても、ホモセクシャルでもレスビアンでもこのモラルは差別をするものではない。

また、今後ますます分離するであろう、性愛と生殖との分離の傾向は、子弟の養育および教育問題にも近代とは異なるモラルをもたらさずにはおかない。いまさら聞きあきたにもかかわらず、いっこう改善のあとがみえない婦人問題も、この問題を経ずして決して達成されることはない。

それでは、近代住居が近代家族にもっとも適合すべく構成され、その一般解説を「LR＋ΣBR」としたように、この現実と将来の展望にもっとも適した住居、すなわち現代住居とは何か。そしてその一般解は何であろうか。

近代住居がそうであったように、現代住居も現代家族以外を軸として成立しはしないのだが——、しかし現代では「家族」は名も実もない。あるものは個人だけである、あるいは社会全体が家族であり、その構成単位が個人である。そしてその住居を考えれば、この構成単位がそのまま住居単位となる以外はない。それは一人の個人によって占められる住居単位である。そのような個人単位の空間は、一般に「個室」と呼ばれる。それは寝室や居間などの機能単位の部屋ではなく、一人の人間が一日の生活を営める場である。そして男も女もそれぞれの個室に住む、また子供も専用の個室をもつ、とりたてて居間がある必要はない。その機能はコミュニティによってになわれる。

そしてこの住居の一般解は、〈Σ個室〉あるいは〈ΣIR〉であって、その住様式は「個室群住居」とよばれる。

それはあたかも独身寮かアパートであって、いうまでもなく、独立家屋で建てられることを自己矛盾とする。どこまでが一軒かということに意味がないのだ。そして最初の「個室群住居」は、普通のアパートが「個室群住居」として住まわれることに始まる。アパートをひとりで一部屋借りている夫妻は、いまではもの珍らしいことではない。もちろん、それが立派な「個室群住居」であることはいうまでもないが、他方、独立家屋においても、夫婦の寝室が分離されおのおのが個室化した例はよく聞くようになった。

（中略）

しかし、他方では現実をユートピアに近づけた高度消費水準の社会が、沈澱層を残していることも見のがすことのできない問題である。先に少し触れた近代住居にとりのこされた中小零細企業についても、とくに社会福祉の方向についても考えるべき問題が多い。さらに、両親の子弟の育児・養育について、われわれは何の解答ももっていない。それがはたして両親とどのようなかかわりをもってなされるべきか、その正しい解答が与えられないかぎり、マイホームの悪夢からなかなか脱することはできない。それは、「個室群住居」の世界が現実そのものであり、しかも人間にとってそれはユートピアでありながら、生物としての人間がなかなか追いつけない現実として理解されるのである。

（後略）

註

（1）アメリカの住様式には、DENと呼ばれる部屋を欠かすことができない。ときにfamily roomともT. V. roomともそれは呼ばれるが、居間（living room）が夫婦単位の社交に使われることの多いアメリカでは、家族の集まるプライベートな部屋が別に用意されるのである。その一般解は「(LR＋BR)＋Σ子供部屋＋DEN」であって、いっそう「夫妻の一体的性格」は強調され、一方部屋割りが機能単位にかたよっている。これも決して近代住居の一般解を逸脱するものではなく、「(LR＋BR)＋Σ子供部屋」の一種と考えられ、一室住居への発展段階であるといえる。DENはさしずめ応接間と対比された茶の間でもあろうか。なお日本における一室住居の系譜については拙稿「現代住居の問題」、「正系の挫折」は本書三〇～四五頁に所収

（2）『婦人労働の実状』労働省、一九六四年
『婦人は何を考えているか』労働省婦人少年局、一九六六年
『労働力調査』総理府統計局、一九六五年。その他から引用した。
拙稿「現代住居の問題性2――家庭の消滅」『建築』、一九六六年九月号参照

（3）六六年版「民力」朝日新聞社刊の「産業別国民所得表」から算定すると、六三年度で四八・六パーセントである。

出典

黒沢隆『個室群住居――崩壊する近代家族と建築的課題』住まいの図書館出版局、一九九七年（初出：『都市住宅』一九六八年五月号）

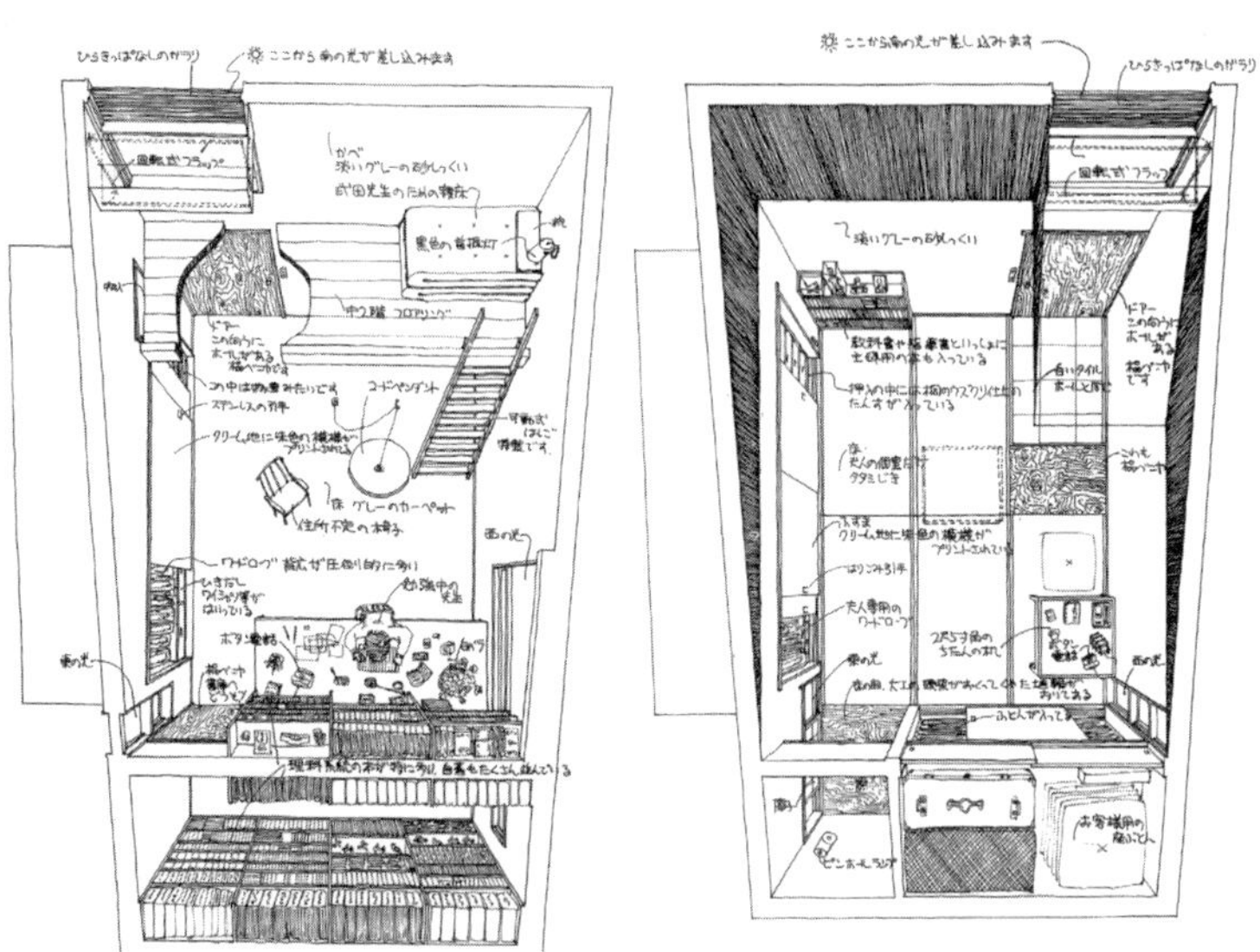

「武田先生の個室群住居」スケッチ
（左：武田先生の個室／右：奥さんの個室）
共に教員として働く武田夫妻と大学生の息子が住まう。仕上げは個室ごとに異なり、白く無機質なホールとドア1枚を隔て、三者三様の世界が広がっている（出典：『都市住宅 臨時増刊　住宅第1集』1971年9月号）

1969

代謝建築論──か・かた・かたち

菊竹清訓

解説

菊竹清訓の三〇代は、建築設計と理論探究の両面で成果を出し続けた、精力的な一〇年間であった。設計活動においては、三〇歳の一九五八年に竣工した自邸「スカイハウス」から始まり、「出雲大社庁の舎」や京都の「国立国際会館設計競技応募案」（ともに一九六三年）、「東光園」（一九六四年）、「徳雲寺納骨堂」（一九六五年）、「都城市民会館」（一九六六年）、そして四〇歳となる一九六八年に竣工の「島根県立図書館」や「萩市民館」など、菊竹の代表作と称される建築の数々を、この時期に相次いで世に送り出している。

一方、理論的取り組みとしては、世界デザイン会議（一九六〇年）における川添登や黒川紀章らとの「メタボリズム」提唱を経て、建築の「デザインの方法論」の検討と、その方法論の建築設計における展開とを積み重ね、複数の論文を雑誌に発表している。この一〇年間の思索をまとめる形で、『代謝建築論』は一九六九年に刊行された。

菊竹は〈か・かた・かたち〉という三段階で「デザインの方法論」を論じるが、これは理論物理学者の武谷三男が提唱した自然認識の「三段階論」を参考にした方法論だと述べている。武谷は一九四二年の論文「ニュートン力学の形成について」(『弁証法の諸問題』所収、理学社、一九四六年)の中で、自然認識の発展プロセスを「現象論的段階」「実体論的段階」「本質論的段階」の三段階で論じた。菊竹はデザインの認識のプロセスでも同様の三段階構造が成立するという考えのもと、上記それぞれの段階を〈かたち〉、〈かた〉、〈か〉と呼び、この順に認識が進むと説明する。これに対して、デザインの実践のプロセスは逆の順序をたどり、構想的段階〈か〉から技術的段階〈かた〉、さらに形態的段階〈かたち〉へと進むものとする。認識の三段階〈かたち・かた・か〉と実践の三段階〈か・かた・かたち〉のいずれの場合も、三段階目から最初の段階へと再び戻る環状のプロセスを為しており、したがって三角構造をもつ。

いずれの段階も固定化されたものではなく、自然環境や社会の変化に応じた建築の代謝更新の媒体と考えられる。すなわち、〈か〉の「構想の段階での興味ある問題は、新しい普遍的機能の発見」であり、技術的段階の「〈かた〉はけっしてスタティックに固定化されて理解されるべきではない」とする。また、「〈かたち〉は人間の感覚器官の延長であると同時に、社会の環境秩序の外皮であり、そして自然の運動のシンボルともなるというような形で環境を構成」し、環境の代謝作用の媒体となる。

(柳井良文)

関連文献

「特集2 著書の解題――5『代謝建築論』菊竹清訓」『INAX REPORT』一七一号、二〇〇七年

代謝建築論——か・かた・かたち（抜粋）

菊竹清訓

設計の論理

設計の論理は、建築学において機能主義理論・伝統論・創造論、あるいは原論という形で断片的にはあっても、そこに一つの体系をもったものとして成り立ってはいない。

この理由は、建築学の研究者と実践者としての建築家との間に設計を中心とする正しい関係が出来上がっていないという事実がまずあげられる。

また建築家が、現実の場面で設計を単なる建築学の応用と考えてきたこと、そう考えることで設計そのものを、つきつめて問題にすることを故意に避け、責任を建築学にすりかえてきたことがあげられよう。わたくしは、ここに建築学が社会から遊離していく一つの原因があることを指摘しないわけにはいかない。建築を現実化するのは、設計をとおしてであることを改めて認識し直さなければならないという問題がここにある。

設計を問題にすることなしに、建築学は、社会とともに進み貢献することはできないと考えられる。建築学は設計から、みずみずしい栄養を吸収していかないかぎり、成長も発展もしえないものであって、さらにひからびた形而上学的学問に終わってしまうおそれがある。本来建築学のもっとも主要な基盤の一つは、あくまで設計におかれねばならないものである。

建築学が成立するためには、設計の論理がいかに重要なものであるかは言うまでもない。にもかかわらず、建築学は設計を、実技技能という形で組み込むことで、体裁をとりつくろっている。しかし、設計を単なる技能として見るかぎり、建築学の前進は望みえないものであろう。設計は、建築学の現実適用の手段ではない。

建築は設計によって、社会と接触し、社会的矛盾を発見し、そのなかから建築はいかにあるべきかを学びとり、建築学の進むべき道を明らかにしていくべきものなのである。

設計がいかに建築学に基礎づけられているかはいうまでもないが、建築学が、このようにして設計の上にはじめて成立するものであるという認識は、正当に評価されねばならない。

このことは、超高層建築の例をあげるまでもない。社会的要請によって、超高層建築の設計が求められ、超高層建築の設計に必要な研究が、建築学の諸部門に始まったのであって、建築学の進歩によって超高層建築の実現が可能となったのではない。設計のみが、技術を媒介として超高層建築の可能性を提案しえたのである。そして設計によって、建築学ははじめて体系化され、独自の領域をそこに完成することができたといえる。建築学が設計というものをいかに理解すべきかは、建築学の自己完成にとって、いまほど重大な課題となっているときはない。

では、設計の実践者としての建築家に、設計（デザインdesign）が正しく追究されているかといえば、十分な成果が得られているとは言い難い。しかし、つねに建築家が設計の問題に当面していることは事実である。

そして現実の設計にあたって、これをどこまで深く追究し、そこにあらわれる諸現象のなかから普遍的法則をどのように探り出すか、そしてさらにそのなかに本質的な問題をどのように見いだすか。それは建築家によって、かなりの相違があるであろうが、すべての建築家の課題としなければならないところのものである。

そこで、秩序ある建築を設計するにあたって、設計において相互に矛盾のないなんらかの方法が必要となる。

でなければ設計は、あるときはうまくゆき、あるときは失敗して、その成果をつねに高めていくという訳にはいかないからである。ここに建築家が設計の方法論を問題にする理由がある。設計を正しく発展させるため、デザインの方法論が必要とされるのである。

わたくしは方法論を求めるにあたって、まずデザインの認識の構造からはじめたいと考えた。そして認識の構造のうえに、一つの設計仮説を組み立てたのである。それが〈かたち・かた・か〉の三段階論である。

設計仮説では、デザインを認識するのは、まずデザインの終局的形態としての〈かたち〉であるとする。そしてその基礎となっているところの〈かた〉を理解し、さらに認識は、本質的なものにまで進む、これを〈か〉とすることで、〈かたち〉、〈かた〉、〈か〉という三段階のデザイン認識のプロセスをえ、これを仮説としたのである。

つぎにこの三つの段階は、それぞれ現実の建築において、どのような認識のプロセスをたどり、それが建築形態の解釈にどのような妥当かつ有効性をもつものであるか。そうしたことを検討していったのである。同時に〈かたち〉、〈かた〉、〈か〉という言葉の意味についても考えてみた。

こうしてわたくしは、デザインの三段階構造による設計仮説を考えることによって、空間と機能との関係について、そこに一つの立場を獲得することができたように思う。〈空間は機能をすてる〉がそれである。

しかし設計自体、認識のみでは成立しない概念である。すなわち設計仮説にいうところの〈かたち・かた・か〉は、矛盾なく自由に解釈できるだけで、それが力を真に発揮できるかどうかは、現実の設計という実践において検証されなければ判断できえないものであろう。

そこで、設計仮説に実践のプロセスを加え、一体化した構造としてこれを考えることにした。〈か・かた・かたち〉という方法論にこれを述べている。

実践における問題を組み入れて考えた場合、三段階のプロセスは、〈か〉から〈かた〉をとおして〈かたち〉へ、そして再び〈か〉に戻っていくので、プロセスは環に結ばれるという考えが、妥当であることがわかってきた。そこで三段階を三角構造としたのである。デザインの三角構造はこうして構築されてきたものである。

この三角構造は〈かたち〉を問題にする、すべてのデザインに、適用しうるものと考える。引例は建築が主となっているが、他のデザインの領域に当然拡張して考えることのできるもののように思われる。

それは、建築にすべてのデザインが深く関与していること、またデザインのすべてが最終的な〈かたち〉を問題にすることからである。このような〈かたち〉を媒体とするデザインは社会性、同時代性という、人間および社会との結びつきを獲得し環境という全体に連なっているのである。

したがって、環境デザインの全領域にわたって、デザインの方法論は有効性を発揮することができ、デザインの三角形にもとづいて、問題を正しくとらえることができるように思われる。

なお、(1)〈かたち・かた・か〉は設計仮説として発表したⅠ・Ⅱを一つにまとめて、認識論としたものであり、(2)〈か・かた・かたち〉は、現代建築をつくるためにという原稿を中心とした実践論であった。

この認識論・実践論でとらえようとしたものは究極的に設計の論理にほかならない。

かたち・かた・か——認識のプロセス

われわれは、〈かたち〉をもつあらゆるものに対して、人間の五感によって、それがどんなものであるかを直ちに感覚することができる。

これは人間に共通してそなわっている感覚で、〈かたち〉をとらえることができるからである。五感をもった人間は、子供や老人であろうと、男女にかかわりなく、感覚器官の障害者でないかぎり、すべての人間がほとんど同じように感じとることのできるものであるといえる。

この感覚のもつ特徴は、総合的であり直感的であるという点にあろう。〈かたち〉をこのように、総合的に直感的に受け入れることができるということは、人間の脳の構造がそういう受け入れかたができるようになっていることを示すものである。すなわち、かたちを媒体とするパターン認識という固有の能力である。

ここに〈かたち〉の重要な意味があるといえる。好ましいものか、どんな機能のものであるか、が〈かたち〉をとおして、五感で受けとめることですぐに了解でき、ばく然とではあっても総合的にわかってしまうというところに〈かたち〉の独特の特徴があり、特別の意味があるといえる。

それは単純な物質の存在形態から、建築や都市のように複雑な存在の〈かたち〉まで含めて、すべての形ある〈かたち〉に共通に認められる性質である。

ところが、〈かたち〉をより正しく知ろうとするには、かりに、感覚で〈かたち〉をとらえたとしても、それだけでは不十分である。少なくとも〈かたち〉を理解するには感覚したことを裏付ける知識がそこに必要であり、知識を組み立てたうえにたって、〈かたち〉をみることがなければならない。〈かたち〉を知ることが必要である。

なぜなら感覚は、総合的に、直感的につかむことができる反面、しばしば誤って感覚するからである。したがって感覚が正しかったか、誤っていたかは、普遍的知識によって矛盾がないかどうかをあとづけし、〈かたち〉を理解するということがなければならない。

そうした理解は、おそらくさらに〈かたち〉についての興味を通じて、そのもつ本質的な意味を考えるというところまで拡大深化せずにはおかないであろう。

このようにして〈かたち〉の認識は、一般に感覚の段階から理解の段階へ、そして思考の段階へと、三つの段階を経て深められるようにわたくしには思われる。認識の三段階論である。

　たとえば、ここにガラスのコップがある。われわれは、それが手ごろの大きさをもつ透明な円筒状のもので、軽く堅い容器であることを感覚し、その〈かたち〉から機能を直ちに全体としてつかむことができる。しかしガラスコップの〈かたち〉が、どうして丸く、透明であるかについては、ガラスという素材の性質や生産方法についての技術的知識がなければ、それ以上の理解をもつことはできえないに違いない。知識を媒介として〈かたち〉を理解する段階が、〈かたち〉を感覚する段階の次にあるというのはこのためである。

　しかし、かりにコップの機能やガラスの製法が正しく理解されたとしても、それらがガラスコップの示す〈かたち〉のすべてではない。この〈かたち〉が、どういう意味をもち、人間生活とどういう関係をつくりだしているかについて問いかけていくことが必要であろう。それは〈かたち〉についてより深く思考するところから生まれてくるものである。

　〈かたち〉についてのこのような三段階を次に示せば、

感　覚	→	理　解	→	思　考
(1)		(2)		(3)
現　象		法則性		原　理

となり、〈かたち〉の認識のプロセスは、このような段階を経て、三段階ですすむと言える。言い換えれば、〈かたち〉を現象として感覚する段階から、〈かたち〉のなかにある普遍的技術あるいは法則性を理解する第二の段階に、そして最後に〈かたち〉の原理ともいうべき本質的問題をあつかう第三の思考の段階へという三段階である。

（後略）

出典
菊竹清訓『代謝建築論——か・かた・かたち』彰国社、一九六九年（復刻版、二〇〇八年）

1969

カプセル宣言

黒川紀章

解説

黒川紀章は二〇代の頃から最年少のメタボリストとして活躍し、メディア露出や政界人との交流なども旺盛に取り組んだことで知られる。まさに一般人もその名を知るスター建築家だった。

三五歳の時に発表されたこのテキストでは、「カプセル」と呼ばれる最小単位でつくられる新たな都市・建築の未来像が、八つの条文によって提示されている。ここで黒川は、当時のアメリカでトレーラー・ハウスが急増している事態に着目し、日本でも近い将来、ひとつの土地に定住するのではなく、移動を前提とした生活に特化した空間が求められるだろうと予見する。そして新たな現代人のライフスタイルを言い表すため、「ホモ・サピエンス（知恵ある人）」をもじった「ホモ・モーベンス（移動する人）」なる造語を設定し、本論文を収めている著作のタイトルに掲げた。ちなみに、この著作はビジネスマンでも手にとりやすい新書の形式をとっており、建築界のみならず社会全般に向けたマニフェストとしてパッケージされている。

カプセルの着想の背景は他にもあり、一九五八年にレニングラード（現サンクトペテルブルク）の世界建築学生会議に出席するためにソ連（現ロシア）を訪れた際、住宅のプレハブ工場を見学したこともそのひとつだ。プレハブ住宅は部材が規格化されているためパーツのみの交換が難しい。この点を克服するかたちで、カプセル住居ではトイレや個室といった空間単位でのカスタマイズをめざし、代表作「中銀カプセルタワービル」（一九七二年）では実際に、個別のユニットごとに部品の交換ができるシステムを盛り込んだ。部位の交換という点では、同じメタボリストの菊竹清訓による「スカイハウス」（一九五八年）にその先例が見られるが、菊竹の住宅が核家族を中心とする暮らしを前提としていたのに対し、黒川のカプセル住居は生活の単位が個人にまで細分化された社会を想定し、各々の空間が生物の細胞のように連なり、時間とともに変動し続ける都市像へと結びつく。

後年も、「グレーの文化」「利休鼠」「道の建築」「ノマドの時代」「アブストラクト・シンボリズム」など、黒川は数多のマニフェストを打ち出し続けていくこととなるが、なかでも一九八〇年代に強く提唱した「共生」のコンセプトでは、メタボリズムを踏襲しつつ仏教思想とも紐づけ、ながらくメインテーマとしてあり続けた。急逝の半年前、二〇〇七年の東京都知事選に出馬した際の党名も「共生新党」であった。デビュー当時から追求した都市デザインと彼の思想を現実化する手段として政治に向かい、最期まで自らの指針を示した。

（奥山晃平）

関連文献

黒川紀章『共生の思想――未来を生きぬくライフスタイル』徳間書店、一九八七年
曲沼美恵『メディア・モンスター――誰が「黒川紀章」を殺したのか？』草思社、二〇一五年

カプセル宣言（抜粋）

黒川紀章

第一条

カプセルとは、サイボーグ・アーキテクチュアである。人間と機械と空間が、対立関係をこえて新しい有機体をつくる。人工内臓をとりつけた人間が、機械でもなく、人間でもない、新しい秩序をつくるように、カプセルは人間と装置をこえる。建築は、これからますます装置化の道をたどるであろう。この精巧な装置は、道具としての装置ではなく、生命型に組み込まれる部分であり、それ自身が目的的存在となる。

（中略）

産業革命以来、人間社会に出てきた装置というのは、ほとんどの場合、道具という役割しかはたしていなかった。たとえば自動車は、最初の発想は、馬のかわりにできた運搬機械にすぎなかった。あるいは電気は、太陽のかわりに光を人間にあたえる〝文明の利器〟であった。すべてが人間の生活をより便利にするための補助手段であり、道具であった。

しかしサイボーグ・アーキテクチュアにあっては、それ自体がすでに目的的な存在である。つまりカプセルの中に住んでいる人間と、その人間が生命を保つためにつくられている皮膜とは、それ自体がまったくいままでになかった新しい存在であることを意味する。

たとえばマン・テクノロジーということばで説明したように、これからの社会をつくり上げていくエリートのほとんどは、多かれ少なかれ改造人間になるだろう。肉体的に改造されるということばかりでなく、精神的な改造に耐えられる人間しか社会的なリーダーシップをとれないだろう。

いや、その場合、人間はそれほどの改造を加えられなくてもすむかもしれない。そのかわり、いろいろな装置を身につけて、生物としての人間の能力以上の複雑な機能をはたしていこうとするだろう。しかしそのとき彼は、まさにその装置を除いてはその社会で仕事をしてはいけなくなるだろう。彼はそこでしか生活できないという意味で、生活空間そのものになった装置——それがカプセルである。（……）

第二条

カプセルとは、ホモ・モーベンスのためのすまいである。アメリカでは都市部の住民の転居率・移動率は、年間二五パーセントをこえた。わが国でも二〇パーセントのラインをこえるのは、そう遠いことではない。都市の勢力は、もはや夜間人口でとらえることはできず、夜間人口と昼間人口の差、あるいは二十四時間の生活時間の軌跡こそ、生活の実態を示す指標となるだろう。土地や大邸宅という不動産を、人々は次第に欲求しないようになり、より自由に動ける機会と手段をもつことに、価値観を見出すだろう。カプセルは建築の土地からの解放であり、動く建築の時代の到来を告げるものである。

（中略）

（……）自動車の内部空間が、いわば建築的な意味をもちはじめてきたのである。それはわれわれの都市生活の中で、車に乗っている生活の占める割合が非常にふえてきたので、その時間を生活空間としてすごしたいという人間の欲求があって、それがやはり自動車の住宅化ということを進行させているのだろう。

そうすると、カプセルとはホモ・モーベンスのための動くすまいであるという考え方をとれば、家に必ずしもトレーラー・ハウスというように、車輪がついていて動いていくということだけを考える必要はない。いままで道具だとされていたものまで、逆に建築化されるということも、あわせて考えていかなければいけないだろう。

（中略）

ジャンボ・ジェットとかSSTということになると、まさに一つの人間集団が、命をカプセルに託して、大量に移動しながら生活している。

つまり住宅が道具化してカプセルになるというケースと、自動車とか汽車とか飛行機という道具、装置が住宅化してカプセルになるという二つのケースがあるわけだ。

昔は大邸宅を建てる、広い土地をもっているということが、その人の社会的地位を高く表現するシンボルであった。しかし今後の社会では、より自由なときに、より自由に動ける人間がエリートになるわけで、そういう自由に動くための空間をもっているということがホモ・モーベンスの時代のステータス・シンボルになる可能性が強い。

第三条

カプセルは、多様性社会を志向する。われわれは、個人の自由が最大限に認められる社会選択の可能性の大きい社会をめざす。組織が社会や都市の空間を決定していた時代、システムとしてのインフラストラクチュアが、都市の物理的な環境を形成した。生活単位としてのカプセルは、個人の個性を表現し、カプセルは組織に対する個人の挑戦であり、画一化に対する個性の反逆である。

（中略）

未来社会を構成していくのは、実は非常にバラバラな個人の空間であり、それをつくっていくのは、まったく一人一人の個人の自由な意思でなければいけない。システムは必要であるけれども、そのシステムによって個々の空間を統一するという考え方ではなく、それを土台にしてより大きい個人空間の可能性を開発していくという考え方をとろう。

（中略）

第四条

カプセルは、個人を中心とする新しい家庭像の確立をめざす。夫婦を中心とする住宅単位は崩壊し、夫婦・親子といった家庭関係は、個人単位空間のドッキングの状態として表現されるようになるだろう。

（中略）

（……）私は、今後住宅は、個人空間の集合体であると考える。つまり夫婦という家族共同体の以前に個人がある。そうすれば住宅というものも、個人のカプセルの集合体であるという認識に立って考えられなければいけない。男も女も一人一人が独身の時代に自分のカプセルをもっている。二人の個人が出会ったとき、おたがいにスペースを出し合って、そこに必要な居間が形成される。最初に居間があって、個室がまわりをとりまくのではなく、一人の人間が個人として生活する最低必要限のユニットが出会ったときに居間が発生し、共同の施設ができてくるというような空間の形成のされ方があるのではないか。私がいま万博のテーマ館で設計している住宅カプセルは、まさにそういう個人空間を量産して、それをグルーピングしたときにできる住宅というものをめざしているのである。

家庭が個人の集合体という形で形成されていくだろうという新しいイメージが出されると、これからの都市のランドスケープをきめるのは高速道路や超高層ビルではなく、むしろユニット化された個人空間の巨大な集合体になるのではなかろうか。

（中略）

第五条

カプセルは故郷としてのメタポリスをも

つ。カプセル相互間のドッキングが家庭であるとすれば、カプセルと社会的共用空間とのドッキングの状態が、社会的空間を形成する。宗教空間として、権威の象徴として、あるいは商業の場としての広場は崩壊し、個人の精神的原点としての公共空間が、新しい故郷としてのメタポリスを形成する。二十四時間の生活行動が地域的に完結しているという自己完結型のコミュニティーは、消滅しなくてはならない。故郷とは、具体的な日常空間をこえた、精神的領域となるであろう。

（中略）

（……）今後の大都市の中には、個別化されたカプセルがいつでもドッキングして、社会的な空間をつくり上げるような、新しい意味での広場、新しい意味でのふるさとが非常にたくさんできるだろう。これはいわば、外にある故郷に対して、都市の内部に胎内化されたふるさと、精神的な原点として胎内化された故郷といってもいいだろう。

こうなってくると、いままでのように、コミュニティーの中心に集会場、公園、マーケットなどからなるコミュニティー・センターがあって、そこを生活のコアとするというようなことは、ほとんど無意味になってくる。そのような日常的な生活空間をこえて、その人がどこに住んでいるかとはまったく無関係に、都市の中に精神的な原点、情報のセンターができて、そこに激しく移動する個人が集うというような新しい意味でのコミュニティーが成立するだろう。それをいままでの地域的なコミュニティーに対して、時間的なコミュニティーといってもいい。それがメタポリスである。

第六条

カプセルは、情報社会におけるフィードバック装置である。場合によっては情報を拒否するための装置である。われわれの社会は、工業社会から、情報社会へ移行する。

工業中心型の産業パターンが、知識産業、教育産業、研究産業、出版産業、広告産業、レジャー産業を中心とする情報産業型の産業パターンに変化し、われわれはあらゆる多様で大量な情報の洪水の中で生活することになろう。このような情報過多現象と情報の一方通行から個人の生活を守るためには、フィードバックのメカニズムと情報を拒否するメカニズムをもつことが必要となる。カプセルは、情報社会の中で、個人が自立できるための空間なのである。

（中略）

第七条

カプセルは、プレハブ建築、すなわち工業化建築の究極的な存在である。建築の工業化は、その生産プロセスが従来の建築産業と絶縁したときに、可能となる。そしてその先導部門となるのは、車両産業であり、航空機産業であり、自動車産業であろう。T型フォードが量産の意味をメタモルフィックに転換したように、カプセルがはじめて建築の工業化の質的転換を可能とするだろう。フォードがムスタングの量産で示したように、カプセルの量産は、規格大量生産方式ではなく、パーツの組み合わせにより、選択的大量生産方式となるだろう。量産は規格化を強要するものではなく、量産による多様性の時代が到来する。

（中略）

第八条

カプセルは全体性を拒否し、体系的思想を拒否する。体系的思想の時代は終わった。思想は崩壊し、ことばに分解され、カプセル化される。一つのことば、一つの名前が広がり、変身し、浸透し、刺激し、大きく時代を動かす。建築は部品に分解され、機能単位としてカプセル化される。建築とは、複数のカプセルの時空間的なドッキングの状態として定義されるだろう。

（中略）

（……）建築とは、無数の機能＝カプセルの集合状態そのものであり、いくつかのカプセルが出会ったときにできる群または場の状態である、と定義されるであろう。それはいってみれば、建築をいろいろな機能の空間に分解してしまい、その分解された空間をカプセル化する。そのカプセルが無数に蝟集し、時間と空間の中でドッキングされている状態を建築と定義するということにほかならない。

出典
黒川紀章『ホモ・モーベンス――都市と人間の未来』中央公論新社、一九六九年

丹下健三＋上田篤＋磯崎新ほか「日本万国博覧会お祭り広場」1970年。
上部に黒川紀章による「空中テーマ館」が設置された

1970s

一九七〇年代

立ち止まって内省する社会

万博とオリンピックを成功させた日本は、戦後の復興が一段落し、オイルショックの後は内省的な時代に突入する。そして丹下批判の急先鋒となった長谷川堯や、アヴァンギャルドを批判した鈴木博之など、批評家・建築史家の言説が注目された。また明治から一〇〇年を過ぎ、近代建築も保存の対象として認識される。若手の建築家は小さい都市住宅の仕事から独自の世界観を構築し、上の世代の芦原義信や槇文彦は、都市のデザイン手法や読み方を提示した。

（五十嵐）

1972

神殿か獄舎か——都市と建築をつくるものの思惟の移動標的

長谷川 堯

解説

長谷川堯は大正時代の建築や村野藤吾の作品に正統な評価を与えたことで知られる建築評論家である。この批評文は、その彼が三〇代半ばに初めて上梓し、一躍にして名を馳せるきっかけとなった著書の表題作にあたる。冒頭から挑発的な内容で、丹下健三とその門下生たちの建築を「神殿」と呼び、強い軸性によって権力を誇示するあり方を批判している。続いてその対極に「獄舎」を設定し、代表格として大正時代の建築家・後藤慶二を召喚する。彼の手による豊多摩監獄の設計思想と、そこに収監されていた無政府主義者・大杉栄の手記とがパラレルに読み解かれるうちに、作り手と使い手の双方に通底する思想的な共鳴関係が浮上する。獄舎こそ人間が自由を謳歌できる、故郷に等しい唯一の場なのだと説く場面は、本論のハイライトのひとつだ。

古今東西の都市・建築を次々と神殿／獄舎のふるいにかける運びもスリルに満ちている。前者にはル・コルビュジエのモダニズム建築や大阪万博お祭り広場が、後者は中世の城砦、京都の町屋などがふくまれる。二項対立を軸とする論述は、他の批評でも大正／昭和やオス／メスのかたちで変奏されており、お気に入りの道具立てであったことがわかる。大学入試の現代文の題材にうってつけの枠組みともいえるが、彼は別の場所で、本来の建築は「対立的な二つの極性の磁場の中でつくられている」のだと述べている（『建築の現在』）。つまり神殿か獄舎かの一方にのみ偏重しがちな現状こそを問うていた。

熟考が重ねられた議論と屈折した獄舎の思想は、社会に不満をつのらせていた当時の読者の共感を呼んだ。特に一九四〇年代生まれは直撃世代にあたり、藤森照信の建築探偵団や布野修司らによる昭和建築研究会の活動へと結びつく。また結論部では、都市に対して防御的な構えをとり、内部に細かな装飾を備え、立体的な広がりを感じさせる獄舎建築の到来への期待が綴られているが、これはその後まもなくして登場した野武士世代の活躍を予言する文章として読める。半世紀前の出来事を論じているにもかかわらず現代性を獲得しえたのは、ひとえに彼の洞察力があってこそのものだ。のみならずこの論文が、同世代の相田武文や渡辺武信らによる建築文化サークル、スペース30の面々とのやりとりを通じて書かれたものであることも差し響いている。

楽天的な未来志向でも後ろ向きなアナクロニズムでもなく、常に現在とともにある長谷川の批評の根底には、建築から身体性が失われていくことへの危機意識が横たわっている。その表れであるかのように文中の随所には、門扉が閉じたり壁が叩かれたりする際に生じる物音の描写が挟まれる。怨嗟や寂寥の念を湛えた音どもが内部を震わすとき、冷たい牢獄は、幽閉された者たちが主体的に住み込むための立脚地と化す。一望的な歴史叙述のみでは感得しがたい経験の痛ましさを語らずして伝えるため、彼は音の表現にこだわったのではなかろうか。

（菊地尊也）

関連文献

内藤廣『著書解題――内藤廣対談集2』ＩＮＡＸ出版、二〇一〇年
布野修司『建築少年たちの夢――現代建築水滸伝』彰国社、二〇一一年

神殿か獄舎か

――都市と建築をつくるものの思惟の移動標的（抜粋）

長谷川 堯

（前略）

背に負い投げる

（……）基本的なことはまず、建築家の職業的位置が、「自由なる職業」ではないこと、そのような特権的立場は、誰によっても、またどのような建築家にたいしても、保証されていないことを、建築家それぞれが自分の体の奥深い場所で内密に確認することである。現実はむしろ逆に、建築家はきわめて不自由な存在であることを告げており、さらにその不自由さによってしばしば（ほとんど常に）「自由」への加害者であることを、私たちに語りつづけているとさえいえるのだ。たとえばそれは、私たちがかつて最も原初的な姿として、後藤慶二と大杉栄の間において見た場合と、あまり異るものではない。後藤の豊多摩の特別監獄が、その完成以来実に数多くの市民的な思惟の所有者を閉じ込めその床や壁や天井の間で迫害したように、建築家たちのつくりだす建築は、それが商業建築であれ住宅のような個人や家庭に関わる建物であれ、あるいはまた公共建築と呼ばれる特殊な建造物であれ、多少の差はあってもすべてが人びとの生を圧迫し、建築的枠組の中に行動を拘束してきたのだ。（……）

建築家は次のように弁解するかもしれない。私たちはそのことをよく知っている。だから真の人間的環境を可能にする体制ができるまで、いかにより少ない加害者として設計し得るか、という点に苦心惨憺しているのだ。（……）もし歴史においてよい建築とは何かという点を考えるならば、このより少ない加害を極限にまで押しつめたものこそそれではないかと思う、と。

この弁明が、私たちにとって最も肝要な思惟の分岐点を照らし出してくれている。なぜならばこの弁明にあるようなより少ない加害という発想こそが、私たちが基礎的な疑問を投げかけておいた「自由なる職業」としての建築家という虚像を用意する土壌であり、また同時に建築の「公共性」という都合のよい避難所を彼らに準備するものだったことを逆に教えるからである。(……)

この虚妄のくも糸から脱出するには、加害者としての建築家という認識にはじまる思惟の分岐点を、もう一つの別の方向にむかって進路を定め、それを目ざして歩きはじめなければならないと思う。そのもう一つの方向は、建築家は、より多い、より少ないといった量的判断とは全く無関係に、その創造行為そのものにおいて全的な加害者であり、また同時に、永遠の加害者であることによってしか救われることがない、という点についての醒めた了解によって拓かれていくものである。(……)

私たちは、この考察の冒頭において見た、後藤慶二が持ったと思われる劇的とも呼べる自分の職業についての了解――建築家は所詮獄舎づくりであり、そのことの確認とともに「自己の充実」を希求したこと――の意味をあらためて想起しなければならない。彼こそ最も原理的な形態において加害者としての建築家の立場に直面し、獄舎の設計者として強迫を目的とする壁を立てながら、解体を強制されている自分自身の「自己」をながめ、それとともに完成する獄舎に収容される囚人たちの、全く同じように、流産させられようとしている「自己」を予見したのである。

(中略)

ほんとうに今という時にこそ、建築家たちは獄舎づくりとしての自己を回復しなければならないと思う。そして本来の人間の環境への視座を定めなければならないだろう。私たちは建築の使用者として、後藤慶二が大杉栄のために用意した〈壁〉と同じものを、環境そのものの中にいまふたたび求めるのだ。また私たちは後藤慶二が獄舎の経験を基点としながら現実の社会環境のなかで造ろうとした〈壁〉、その中断した建築や都市の実現への作業の継承を求める。このためにまず建築家は、加害者として権力や資本力を背に負いながら、目に見えぬその腕をかかえて、背後から前へと、投げつける作業（たとえば後藤が豊多摩の門と玄関の間につくりだした空間や獄舎自体のうらがえしになった構成に私たちがみたもの）、私たちが前に背転と呼んだ作業を再開すべきなのだ。

（中略）

防禦のなかのひろさ

すでにみたように、反神殿建築的思惟の建築家としての重要な条件は、他のいかなる苛酷な職業にもおとらないほど鋭い加害者としての自分自身の存在を、一切の曇りなしに認知しえるほどに柔軟な感受性を自分自身の中に備えることであった。どのような建築であろうと、また都市的環境であろうと、それを可能にする自然、政治、経済その他さまざまなかたちをとる執行力（権力）なしには具現することはない。だから設計者はこれらの強制的な執行力を自分の背に感取し、それを全的に背負いながら、与えられた建築や都市の主題にむかって、その執行力の要員としてつまり加害者として出向していかねばならない。しかし彼はまた、力を背面にうけながら、その主題そのものの上において、ある時決定的な決断によって、それまで背にうけて進んでいたヴェクトルを腹にうける、つまり彼自身背転しながら、それまでのヴェクトルに歯むかって立ち、その動きの前進をディフェンスする場面に立ち向かわされるのである。

この想像力という背転力によって、彼は建築そのものの具体的内容を、図面の上に固着させなければならない。もちろん、この背転は自動的に生起するようなものではないのはいうまでもないから、そこに設計者自身の内蔵する力の発揮が必要とされる。その力こそが、かつて私たちがサン・

テグジュペリの王のいう「創意（アンヴァンシオン）」として、また後藤慶二の希求の対象（同じ問題について私たちは「日本の表現派」の追跡の中で見た）として、さぐり出した建築的想像力であり、設計者はこの「建築家の魂と心情」によって、権力や資本力に全面的に圧迫されながら、最後にはそれをひきつけて投げるかたちにおいて反転し、それらの執行力が遂に犯しえなかったものとしての建築や都市の空間を構想し実現するのである。このようにして得られた、空間は、本質的に内（部）的空間であり、物理的な、幾何学的なひろがりであるのと同時に、無として存在論の、そして生と精神の透明な培養池として現象学の範疇にあるものでもあるのだ。

一方この内部空間を体腔のようなものとしてかかえた外殻として建築的な軀体は、自然や社会的な力の侵攻から空間を護るために常に防御的であり、このために、私たちが中世都市の特性として見たような、外に向かって閉じ内にむかって開く（外閉内開的）相貌を基本的な風貌とするようになるのである。この種の外殻は、外的な圧力をいわば極限状態によって排除しようとするために、建築的表現としては、神殿建築的思惟が理想とするような古典的整合性や「光の下ではっきり見える」幾何学的に明快なヴォリュームなどを必ずしも持つとはいえず、むしろ逆に丹下氏がかつて「北方の危険」と呼んだような「造型からの逸落」を意図的に遂行することさえ稀ではない。

またこのような建築的軀体の外閉性は、近代建築の一つの社会的・心理的背景と信じられていた「私たちがそこで生活している、開いた社会」という戦後の近代的視界がもたらした信念への背信として、それへの根源的な疑視の表明でもあったのである。したがってこのような外殻においては、明確なヴォリュームを強調するために近代建築が異常な固執をみせた、あの有名な新手法としてのピロティなども、必ずしも不可欠なボキャブラリーとは考えられなくなってしまう。むしろそこでは現象的には建築は中空に浮遊するよりも、地面に根をおろし、逆に地下(アンダーグランド)へとむかう気配さえ濃厚だ。

(中略)

社会的な諸力が壁やその他の建築軀体に加える圧迫にさからって、建築家が内部空間を確保しようとして、建築的想像力(あるいは空間の構想力といってもよい)によって内側をえぐり、その無化された空隙をささえる時、建築の内部ははじめて内密性をおび、ひとに人間になるための超越という企てを試みさせ、また空間的な経験として人間になる快楽を満喫させる、それはハレの場所やハレ着のなかに身を置いたひとが、いつもとは違う自分を発見する、といった現象のなかに通俗的に現れているようなものを、深い日常性の淵において実現することであり、このことは私たちが日頃、よい建築にめぐりあったときに自分自身の内部的なひろがりとふくらみを経験してシアワセになることと、原理的には全く同じことなのである。この心理的経験としてのふくらみは、建築の物理的事実としては、そこに具現されたディメンションズ(Dimensions)——つまり三次元的あるいは四次元的な大きさ広さの感覚に依存している。

空間のディメンションズとは、これまでの近代建築理論のなかで、スケール、といった言葉で現されていたものに近い内容を持つが、しかし後者の言葉の響きが含ませている、単なる建築の単位尺度と、それの組み立て、という側面だけではなく、私のいうディメンションズはいわば人間の実存にかかわるトータルな空間的輪郭とでもいうべき内容を包括している。(……)

三つの〈D〉によって

(中略)

私たちが建築や都市の〈身体化〉の重要性を強調するのは、そのような根源的な体験が、人間存在の実存が試みる全的な投企によって生起するからに他ならない。逆にいえば〈身体化〉を可能にする都市や建築は、〈国家〉を基体とした文明の高度化という、あまりにも代償の多い歴史の〝冒険〟のなかで、人びとが忘却の沼に棄てている実存的投企の可能性（私たちが人間になることといってきたもの）を再び意識にのぼらせ、自分自身の存在を「自己」にむかって投げさせるようにするのである。西欧中世都市や京都の獄舎的な街並が、「人間の環境らしい雰囲気を思いださせる」としばしばいわれるのはそのためであるのはいうまでもないであろう。そして古都のなかにある身体化の魅力の分析を通して、私たち自身の現代都市や建築の復興のために、すでに二つの核心を明らかにしたのである。一つはあらゆる外的力に対して防御するために閉じること――Defence壁をたてること――もう一つは今日権力や資本力の横柄な要請の結果として放棄させられている人間の尺度の回復のために内に開くこと――Dimensions――であった。私たちはここで、建築と都市の身体化のための重要な契機として、すでにあげた二つの〈D〉に加えて、もう一つの〈D〉――Detail――をあげなければならないであろう。

原罪と贖罪

かつて大杉栄が豊多摩において、獄舎との極限的な身体化の夢を、「ガタガタ言い出す」向側の監房のガラス窓の音に続く、「あのヒューというあらしの声」に、決定的に目を醒されたという話に、シニカルに示されているように、建築の不完全なディテールは〈身体化〉を一瞬にして挫折させる。（……）

美しいディテールは私たちにすぐれた建築を予感させる。その意味で私たちはディテールの意味を、今日一般に使われている「詳細」――細部のおさまりの指定や仕上げの材料や寸法の指示等のこと――の意味に限定して考えるべきではない。建築を一つの身体として喩えるならば、小さな関節や微妙な皮膚に対する配慮の総体を、ディテールの思考として考えるべきであり、したがってこのことは、建築を成立させるさまざまな素材とそれらの組成に関するすべての意識を指しているといえるのである。このディテールの思考として、獄舎的思惟が、神殿的思惟の一方的な無視に抗議して、中心的な課題として今日再提起しなければならない点は、〈装飾〉の復権の問題であろう。

　アドルフ・ロースが典型的に代表してみせるような古典主義美学を基礎とした近代合理主義建築論は、「装飾は罪である」というテーゼのもとに、ディテールの世界からこの重要な主題を不当にも追放してしまった。装飾は建築の合理性の追求における大きな障害である、という性急な結論によって（「近代」そのものが性急さを特色とするとはいえ）、歴史に蓄積された装飾の尨大な遺産を、近代建築は一気に掃き捨ててしまったのである。

　しかし獄舎的思惟の復活は、装飾の復権を運命づけている。というのももともと歴史における装飾の意味というものが、外にむかって閉じながらその内を人間の場にするという行為そのもののなかにある、自然の生態学的完結と秩序に対する「原罪」とでも呼ぶしかない犯罪行為に対する贖罪として創られたものであり、また閉じる行為のなかで人間が壁のむこうに切り捨てた故郷としての自然そのものへ、もはや帰還を果し得ぬ悲哀の情が生んだ鎮魂の歌が、装飾というものであったからだ（本源的自然のなかにおいて、ひとが人間になることは、アダムとイブがそうであったように、「原罪」とよぶにふさわしい行為だ）。獄舎の壁のなかの大杉栄にとって、指にはさんだトンボの軽い羽根が、獄房の壁のむこうの巨大で永遠なものへ彼の思考をみちびいたように、装飾は獄舎としての人間世界の内なるすべての者に、自然への文字通り迷路のような回路を用意するのだ。このような事実を証明する建築をもとめて、私たちははるかなガウディやライトの作品を想起する必要はない。少なくともこの半世紀ほど前までは、日本にしろ欧米にしろ、ほとんどの建築家たちが装飾を主にした詳細図（ディテール・ドローイング）の作成に熱中していたのだ。その証拠に、獄舎づくり後藤慶二が早稲田で講師をしていたころにそこの学生か若い教師であった建築家たち、たとえば村野藤吾氏や今井兼次氏や今和次郎氏などは、今日の設計や教育においても、同じ問題に熟慮をかさねているではないか（これらの建築家たちは、昭和の近代建築の波をくぐりぬけて、曲りなりにも〈身体化〉の問題を追いつづけてきた貴重な人たちでもあった）。

きたるべき獄舎的建築の判断のための、最も原始的なものさしとして、いま三つの〈D〉をもっている。あとは待つだけだ。

サン・テグジュペリは自らの城砦を、西洋杉のようなおおらかで逞しい樹木にたとえて次のように書いた。

「樹木にとって、生きるとは、土壌をとりいれ、それによって花をこねあげることだ。」

私たちはいま、十分にこねあげた花を未だ持たない。なによりもまず樹木が死んでいる。そこで私は、新たなるゴトウを待ちながら、死んだ樹木の根もとに腰をおろして独りごち、やがて拓かれるべき地平を凝視しているのだ。

出典
長谷川堯『神殿か獄舎か』鹿島出版会、二〇〇七年（初出：『デザイン』一九七一年一一・一二月号、一九七二年三月号）

後藤慶二「豊多摩監獄中央正面建築中のスケッチ」
（出典：『後藤慶二氏遺稿』1925年）

1972

高山夏季建築学校開校予告と呼び掛け

〈高山夏季建築学校〉設立委員会

解説

倉田康男が法政大学で教鞭を執っていた一九六八年に設立した私塾のセミナーハウス「ピンクハウス」を前史として、高山建築学校は始まる。一九七二年、夏季一カ月間の完全合宿制の学校として飛驒数河高原で開催された。その目的は、教育を通じた近代批判である。すなわち、巨大化し、人間の身体から遠ざかる現代建築や、建築で稼ぐ人材を教育する場としての大学に対する疑問から、自らの手で構築物をつくる体験を通して、セルフビルドの建築哲学を提唱することだった。いわば、大学では実現できない教育を試みるオルタナティブ・スクールである。当時、開校地となる廃校が見つからず、秋田や山形など土地を転々としたが、一九八〇年に第一回目が開催された数河に倉田が私財を投じて購入した土地と民家に定着することとなった。

日中は活動拠点となる施設のデザイン、細部まで手作業での施工を行い、ときには自然の中で遊び、夜になると建築や哲学の議論に花を咲かせた。「お祭り週間」と呼ばれる一週間は、ゲストの講義を集中的に行い、建築家以外に、歴史家や評論家、他分野では哲学者や文学者、編集者なども招かれた。作品としては、生徒の個性が表れた敷石ブロックやコンクリート・レリーフの他、ピンクハウス時代から倉田と親睦があったモリス主義者の小野二郎を偲ぶモリステーブルなどが制作された。アーティストの川俣正も参加し、民家の床に手を加えている。もっとも、ハードな内容ゆえに、脱走する参加者もいて、近隣から怪しまれたという。

だが、一九八七年、豪雪地帯に対応できる屋根の形が思い浮かばなかったことや、想定していた建設像から離れたことに倉田は焦燥感を抱き、挫折してしまう。そこで「建築という一つの世界を夢見る」空間として、TASS-WALLの建設に着手した。「建築を身体で考える」ことに没頭した彼は他人の言葉に耳を傾けず、離れたスタッフもいたが、趙海光、彫刻家の吉江庄蔵、哲学者の木田元らは支え続けた。それ以降、倉田が病床に伏す一九九七年まで、TASS-WALLの建設は続く。二〇〇〇年に逝去した後、吉江が校主代理となり、高山建築学校は継続された。活動形態を変えつつ、「建築」の垣根を越えて「ものづくり」を学ぶ場として、自らの手で作品をつくるという体験を提供する場である。

石山修武と鈴木博之は初期の頃から高山建築学校に参加し、ここで出会い、盟友となった。石山の初期作品はセルフビルドの哲学から生まれ、後に高山の経験を踏まえ、多彩な講師を集めて、早稲田バウハウススクールを立ち上げた。また鈴木は論客としての頭角をあらわす。そして一九八〇年代後半に学校に参加した岡啓輔は、当初大工兼ダンサーだったが、建築士の資格を獲得し、東京で驚異のセルフビルド自邸「蟻鱒鳶ル（アリマストンビ）」の建設を開始した。二一世紀に入り、彼は高山建築学校を継続する主要な人物になっている。

（菊池奈々）

関連文献

趙海光＋高山建築学校編集室編『高山建築学校伝説——セルフビルドの哲学と建築のユートピア』鹿島出版会、二〇〇四年
矢野進ほか編『ある編集者のユートピア——小野二郎：ウィリアム・モリス、晶文社、高山建築学校』世田谷美術館、二〇一九年

高山夏季建築学校開校予告と呼び掛け（抜粋）

〈高山夏季建築学校〉設立委員会

そこはどのような場か

〈高山夏季建築学校〉は、飛騨高山市より山間に数キロわけいった数河〈すごう〉部落の民宿農家と廃校分教場を拠点にしておこなわれる。そこは二四時間の全日生活を通じての学校である。そしてその拠点を囲む山河や一木一草までが学習の空間であり、教材となるであろう。また自己の生活や肉体そのものも、学習の対象となるにであろう。したがってそこは、一種の擬似共同体と考えられる。

どのように学習の基本理念を考えているか

ここにおける基本理念の発想原点と基底理念は、合い集うすべての者たちが再学習を通じて、新たなる自己の存立と形式をはかり、新たな思想の培養を試みることにある。そしてそれらは、精神と肉体を含めての全人格的な学習を通じて可能になるであろうと考える。かような学習理念を基軸にして、現代の建築や環境形成の内・外部に新たなる問題として発生し、内・外圧的力としてはたらいている諸々のものが、再検証されることになるであろう。

どのように学習の基本方針が考えられているか

全日生活が学習である／触れる対象がすべて学習である／制作活動が学習である／討議が学習である／講義が学習である／作文が学習である／探索が学習である／黙想が学習である労働が学習である／怠惰が学習である／有為・無為ともに学習である

どのような学習方式が予定されているか

一　制作活動

（A）プロジェクト制作　（B）具体物（小屋・家

具・道具・農作物等）の制作　（C）論文の制作

二　レクチュアとディスカッション

建築家・建築研究者・環境形成専門家および関連諸分野の芸術家あるいは関連学問分野の専門家による講義とそれをめぐる討論学習

三　見学学習　四　週刊新聞の編集と発行　五　客員建築家を囲む論談会　六　自由行動による学習　七　生活運営と設営　八　その他

どのような人が集うのか

生松敬三／倫理学・中大教授　渡辺隆一／数学・予測と決定論・慶大助教授　大山正／心理学・環境心理学・千葉大教授　桐敷真次郎／建築史・都立大教授　阿部公正／建築・デザイン史／国立近代美術館　大江宏／建築家　沖種郎／建築家　鬼頭梓／建築家　青木繁／建築構造計画家　倉田康男／建築家　武者英二／建築家　藤本昌也／都市計画家　小能林宏城／建築家　石山修武／建築家　大野勝彦／建築家　綾井健／編集者（順不同）

どのように参加できるか

一　参加資格

建築および環境形成にかかわる者で老若男女を問わない。

二　選考

参加申し込みの状態や人数によって、開校設立委員会が選考方法を決定し、それを準用する。

三　参加方式

開校期間は七月二〇日頃から八月二〇日頃まで約一月を計画しているが、全期間参加を原則とし、なお一週間ユニットの参加も副次的に認める。

（中略）

〈高山夏季建築学校〉設立委員会（コア・スタッフ）倉田康男・小能林宏城・武者英二・藤本昌也・石山修武・大野勝彦・綾井健・小川格・永野勝

出典

『建築』一九七二年五月号

1973

都市ゲリラ住居

安藤忠雄

解説

「小国の自立と人間の自由と平等という理想の実現のために、あくまで個を拠点としながら、既成の社会と闘う人生を選んだチェ・ゲバラに影響を受けていた。」（自伝『建築家 安藤忠雄』）

「都市ゲリラ住居」を『都市住宅臨時増刊　住宅第四集』に寄稿したのは、安藤忠雄三一歳、アルゼンチン出身の「英雄的ゲリラ」チェ・ゲバラが、一九五九年一月にキューバ革命を成し遂げ、六年にわたり国家首脳陣の一人として活躍した後、その政治的な立場を捨て再びゲリラとして活動中、ボリビアの山中で捕らえられ処刑された六年後のことである。安藤はまだ、若く、貧しく、無名だった。私淑する建築家ル・コルビュジエから学んだ「考える自由」だけを拠り所に日々悪戦苦闘していた。

大学紛争など若者の社会への不満が最高潮に達していた一九六九年、大阪梅田駅の近くに二八歳で設計事務所を構えた安藤には仕事がなく、毎日、本を読み、天井ばかり眺めて過ごしていた。そんなある日、事務所近くの長屋を所有する同級生から、その一画に弟の自宅を設計してくれないかと頼まれた。三人家族のための、延べ二五坪あまりの住まい、それが安藤にとって初めての仕事「富島邸」である。

本論は、「富島邸」の発表に合わせて他二つの住宅案を紹介しながら紡がれた、安藤による最初の本格的な論文である。本人も強引な設計だったと認める「富島邸」の評判は周囲では芳しくなかったものの、編集長を務める植田実の目にとまり、雑誌『都市住宅』に掲載されることとなった。のちに安藤のトレードマークとなる「コンクリート打放し」が、ここですでに登場していることも興味深い。

「都市ゲリラ住居」は建物自体を「ゲリラ」に見立てた建築・都市論であると同時に、「自分は強大な都市に立ち向かうゲリラであり、同じ都市に住みつこうと踏ん張る共闘者たちの「抵抗の砦」をつくっていくのだ」（『住宅』）という「建築の道の第一歩を踏み出した自分自身に向けた自分なりのマニフェスト、決意表明」（『建築手法』）でもあった。そこには、建築という武器を手に、「個」として社会にはびこるさまざまな矛盾に抗っていこうとする、その後の安藤の一貫した姿勢の萌芽を垣間見ることができる。

「〝ゲリラ〟はトロツキーやチェ・ゲバラの影響で何気なしに付けたもの」（『住宅』）とのちに述懐しているが、その〝ゲリラ〟という言葉が、以降の安藤の生き方を規定し、また牽引していくこととなる。

「富島邸」は家族が増えて手狭になった時、安藤が買い取って事務所として使い始めた。その後、数度に及ぶ増築と建て替えを経たものの、現在に至るまで変わらぬ安藤の活動拠点であり続けている。ボクシングにもルーツをもつ安藤は、建築を「闘い」としばしば表現する。「闘い」の前線は、阪神間から全国へ、やがて世界へと広がっていったが、いくら建物が大きくなっても、プロジェクト数が増えても、ここでともに格闘するスタッフは三〇人を超えたことがない。その組織のあり方も「ゲリラ」的だ。

独学の建築家から世界のＡＮＤＯへと駆け上がり、国内外での数々の栄誉や名声を手にした後もエスタブリッシュメントを拒み、「ゲリラ」のように独立独歩で自らの理想の実現のためにあくなき挑戦を続けるその姿は、安藤が若き日に憧れたチェ・ゲバラの人生にそのまま重なって見える。

「都市ゲリラ住居」は、建築家・安藤忠雄の揺らぐことのない原点である。

（矢野英裕）

都市ゲリラ住居

安藤忠雄

個を論理の中心に据えること、あるいは、また……

産業革命以来の諸技術の展開が、もっぱら〈工業〉発展の論理にその主軸を置き、それに巻き付いて浮上してくる資本の論理としての〈経済的エフィシィエンシーの原理〉、そしてそれをより好ましい形で可能たらしむ〈技術進展の原理〉を通して、現代の人間が、道具的存在に堕落し、ホモ・エコノミックス化していることは、今となってはいい古されたいいまわしであろう。が、しかし、そのような近代技術と近代資本主義論理の浸透の過程で、かたや、いかに多くの〈人間的諸事象〉が、忘却の片隅に追いやられてきたか。建築の分野においても、ウィリアム・モリスの〈アーツ&クラフト運動〉を嚆矢とし、初期バウハウスなどの流れに汲みとれる〈近代〉の病根に対決する〈抵抗〉の運動が、常にこの問題の狭間で坐折、解消してゆき、今尚、明確なオリエンテーションを見つけかね蛇行しているのが実状であるにもかかわらず、〈多様化〉という、便利で、曖昧模糊とした言葉の中に吸収されようとしている情況を想起すれば、あらためて、その潮流の底の深さを感じずにはおれない。

時代の流れに敏感な建築分野では〈多様化〉に呼応して、〈カプセル〉〈ポップ・アーキテクチュア〉〈ヴァナキュラリズム〉〈アノニマス・アーキテクチュア〉〈デザイン・サーベイ〉等々、ヴォキャブラリーも多岐に及び、まさに百花繚乱の感が濃いが、そのような現代のカオス的断面の中で、〈都市ゲリラ住居〉は、いかなる意味をもちうるか。

例えば、多彩なヴォキャブラリーのうちの一つ〈情報都市〉という言葉は、一言で言えば、都市を〈情報〉処理の巨大なシステムとして把握していこうとする考えであり、社会のメカニズムを考察するうえで意味を持ち、その指し示す世界は、共同幻想的にのみ存在するメタリックに光る白色のイメージの、ホモジニアスで、あくまでもクールな世界であって、住居の論理にそのような〈上〉からのヴォキャブラリーを直截に引きずり込むことは、本質的にできない。

住居とは、システマティックにパターン化可能なほど、単純明解なものでありえず、理由付加が困難な、行為の軌跡の集積であると考える我々にとって、基本的に、そして、それは極めて本質的なことなのであるが、住居とは、〈物（都市なども含む）〉からも、〈多数〉からも、離脱したところに存在する。そして、あくまで、〈個〉から発せられる、〈住まう〉〈生活する〉ということに対する自我の、ある時は、グロテスクなまでむき出しの裸性の欲求を、思考の中心、イメージの中心に据える。即ち住居は、それらをすっぽりとのみ込んでしまうようなシェルターとして、イメージされるのである。

重層化し、錯綜した都市の中で、高度な〈情報化〉と、それに伴うビューロクラシー――それはトータルであることを禁じ、〈個〉を部分品化し、そして〈技術〉から魂をも抜き取りうるものであるが――に、対抗し、終局を告げうる唯一の砦は、〈個〉から構築された住居であり、現代都市の中で人間的復権を望みうる最右翼は、この〈住まう〉欲求のもつ本質の復権であろう。従って、そのような住居は、当然のことながら、動物的とでもいえるような、強烈ないわば〈劇的に生を獲得する〉ようなスペースを、内包しなければならぬ。〈都市ゲリラ住居〉は、イメージとしての、ゲリラのアジト。これらの思考の構築は〈上〉からなされたものではなく、あくまでも〈個〉のレベルからしかなされない。〈個〉を思考の中心に据えること、あるいはまた、肉体的直感を基盤に据えた、自己表現としての住居を求めること。

PACKAGED ENVIRONMENT

ここに提示された住居の施主は、いずれも、都市のもつ社会的機能に密接にからまった職業をもつ人々で、ゲリラⅠの、ＴＶプロデューサーはいうに及ばず、ゲリラⅢは、都心の会社のサラリーマン、ゲリラⅡは、工業地域から日夜生み出される汚れた作業着に、その職業的基盤を持っている。彼ら自身が、彼ら自身の大事業である、すまいを持ちたい、という願望実現のために、予算、家庭内の諸事情、職業との関係など、様々な要因のバランスを計り、そのout-putとして出てきたのが、三者とも、大都市過密地域の猫のひたいほどのエリアを所有して、独立住居を建設するという結論であった。この事実は、何を意味しているのか……。

中途半端な偽善的なコミュニティ論よりは、そのような都市に、それでも住みついていこうとする人々の意志と、その時の唯一の解決策を、より有効に吸いあげることの方が、はるかに、地についた行為ではないか。そして、三地域とも、外部環境の劣悪化の故に、例えば、〈ドラマティックな、内外空間の相互貫入〉を、空間的テーマとして追求するといったことが、幻想であり、無意味であることが、あまりにも明白である以上、我々の三住居に対するテーマは、外部環境への〈嫌悪〉と、〈拒絶〉の意志表示としてファサードを捨象し内部空間の充実化をめざすことによって、そこにミクロコスモスを現出せしめ、あらたなリアリティをその空間に追い求めることになる。ここで、前節に述べた、住居に対するベイシックな概念としての〈個〉を、論理の中心に据えることが、この三住居で、あまりにもピュアな形で、登場する結果となったのである。非人間的環境に対して、お人好し的な触手を、可能な限り拒否し、これら三住居の立地環境を生み出した、その裏返しとして、無趣味で、魂の拡散した、通俗的構成主義様式で、均質化している白い近代建築に対する、ささやかな〈抵抗〉と、〈怨念〉を象徴する、黒い外皮で梱包された、これらの建築は、外界からの、ずうずうしくも、煩わしくもある、さまざまな要因を、遮断した、いわば〈PACKAGED ENVIRONMENT〉を、めざしているといえよう。そして、その内部空間のコアとなる空間は、外界との接触を最小限に押えられたが故に生じた〈闇〉の部分と、天空に向かって唯一の触手を延ばした〈突出した孔〉から注ぐ光との出会いの空間として、イメージされる。そして、〈闇〉に相当する部分も、それぞれ性格づけされることは、あらためて、いうまでもない。住居を都市の諸悪から隔絶し、まさに、個の領域で、操作可能な内部空間の充実に、すべてを託した〈都市ゲリラ住居〉——いいかえれば、都市生活者のアジトは、そのようなコンセプトのもとに、〈私〉〈夫婦〉、あるいは、〈家族〉という最小単位での〈私の存在感〉を求めたのである。〈都市ゲリラ住居〉とは、大阪・東京などの大都市における、独立住居の存在を意味づける論理を包摂している。

この子供じみた諧謔性をおびた名称と形態を所有した住居が、実は、単に〈諧謔性〉として、すましてしまうことができぬ所に、過密化し、疲弊しきった大都市が、その体内に根深く所有した、深い悲しみなのではないか。

出典
『都市住宅臨時増刊　住宅第四集』一九七三年七月（所収：安藤忠雄『家』住まいの図書館出版局、一九九六年／『安藤忠雄　建築手法』A.D.A、二〇〇五年／新装版、二〇一一年）

ゲリラIII（富島邸）
所在地／大阪市大淀区　用途地域／商業地域　家族構成／夫婦　年令／27才、25才　職業／サラリーマン

1974

保存の経済学

都市住宅

解説

『都市住宅』は、一九六八年から八六年まで、鹿島出版会が刊行した建築雑誌である。そして都市住宅派と呼ばれる若手建築家を育てたり、都市を批評的にリサーチする「コンペイトウ」や「遺留品研究所」などのグループの活動を紹介した。同誌が大きな影響力を持った七〇年から七五年までは「年間テーマ制」が採用され、毎年ひとつのテーマをもとに編集された。作品の羅列に終わりがちな建築雑誌の中で、このシステムは同誌に明確な批評性を獲得させた。

一九七四年の年間テーマは、標題の「保存の経済学」だった。高度経済成長期の一九六〇年代は、フランク・ロイド・ライトの名作、帝国ホテルが解体された一方、近代建築の移築保存を行う博物館明治村が開園し、明治維新から一〇〇年という節目を迎え、日本の近代が歴史の対象となった時代である。そして景気が停滞した七〇年代は、近代建築が保存の対象として認識され、保存運動が日本各地で広がり、さまざまな実践も行われるようになった。

一月号では、保存運動の旗振り役であり、テーマの編集協力者でもある建築史家の長谷川堯と都市計画家の水谷頴介の対談が収録され、高度経済成長が終わりに向かうなかで、数多くの建物が理由もなしに壊されていくことに疑問が投げられた。減価償却によって新しいものがその価値を減じるのに対し、保存という行為は、時間を文化的価値として蓄財できる可能性を持つ。こうした保存行為の経済的側面の発見は、文化財や歴史的な街並みが大きな観光資源となっている現在にも通じるものであり、先駆的なものだった。

とはいえ、一見地味にも思えるこのテーマが反響を呼んだのは、その切り口の多彩さによるものが大きい。「墨田川悲歌」（七月号）では、都市と川の関係に光をあて、「田園都市——阪神間」（一一月号）では、神戸山手の実業家の邸宅などをとりあげた。都市において失われつつあるものへのまなざしは、抒情性も感じさせる。地方の保存運動も特集され、「発掘・文化都市熊本」（六月号）では近代建築保存の動き、「倉敷遡行」（八月号）では倉敷アイビースクエアや川辺の街並みが紹介された。巻末のコーナー「在庫品調査月報」でも、読者の情報をもとに、地方に眠る歴史的な建築を掘り起こした。いずれも貴重な記録だろう。

『都市住宅』は、当時の学生や若手建築家に大きな影響を与えた。立ち上げから七五年まで編集長を務めたのが、植田実である（当時所属していた雑誌『建築』の編集部より引き抜かれた）。創刊に向けて、『SD』に掲載された広告は、「われわれの住宅は未来の都市構造に耐えうるか」という一文から始まり、都市と住宅の間のさまざまな問題に向き合う強い意志を表明していた。その後、植田は「住まい学大系」シリーズの編集長に就くほか、都市や住宅にまつわる評論活動を展開し、編集という仕事を通じて、建築の世界の幅広い見方を提供し続けた。

（一色智仁）

関連文献

花田佳明『植田実の編集現場——建築を伝えるということ』ラトルズ、二〇〇五年

保存の経済学

都市住宅

〈保存〉は、〈過去〉という特権的な名のもとに成立しているかにみえる。ということは、裏がえせば、現代建築の創造からは切りはなされた、特殊な分野での作業として位置づけられている、ともいえる。〈過去〉はその特権によって、現在に戻ってくる道を、しばしば絶たれている。しかし、物質文化が各時代の十全なる体現であるならば、われわれはつねに〈過去〉を読みつくすことはできない。〈物〉そのものとして残された〈過去〉は、現在を逆照射するに有効な光源となりうるだろう。

〈保存〉は、もっとも単純であると同時に計測不可能な価値に関わる作業である。

増改築の設計においては、自己完結的な建築よりはるかに高度な操作を必要とする場合がある。即ち、もとの建築との連続から断絶にいたる純方法論なアプローチだけが、そこでは許されるからだ。つまりは、アナロジーに対する建築家の知的操作だけが、問われているのである。

もとの建築への尊敬あるいは無視といった心情的要素は、現実にはどのようなかたちでも働いていない。

保存の対象として意識される建築、その他の構築物、さらに小さな、道具のようなものにいたるまで、それらは全て地域社会のきわめて具体的な記憶として、その場所と密接に結びついている。その復元、維持、再生のあり方は、それぞれ固有のシステムを持ち、また適正規模の範囲内でこそ、完結している。その文脈の発見が、ゲームのように的確に現実的になされるべきである。

保存においては画一的な基準は、副次的なものである。

すべての建築は、その保存が問われる段階で、はじめて、使用者、生活者である人間と、独立した価値体系のなかにある〈物〉との出会う場が露わになる。ここから〈物〉に加えられていく建築的手法は、すべて物と人間生活の維持とを同時に満足させなければならない。建築創造の価値体系は、保存において転換を迫られるだろう。

新しく計画される建築の〈創造〉において、その当初から、生活者を重視するという説明は、常に建築家の口実であり、方法とはなり得ていない。

保存は、都市的命題のなかで論じられなければならない。そこではじめて、保存は、現在の社会体制、経済機構を突破する最前線になるだろう。

維持、非破壊という言葉から連想される〈保存〉の特性——中庸、消極性は、読み違えにすぎない。

〈保存〉は、複合的な状況のなかで操作されることによってのみ、その単純な言葉の内容にリアリティを与えることができる。

それ自体独立した〈保存〉は環境に発言力を持ちえないし、この年間テーマにおける〈保存〉とは、関係をもたない。

出典
『都市住宅』一九七四年一月号

『都市住宅』1974年1月号「特集：保存の経済学・序」

1974

建物は兵士ではない

鈴木博之

解説

近代建築の研究者である鈴木博之は、同時代の建築に対する鋭い批評も執筆し、歴史と批評のあいだを往復していた。その特徴は、むやみに抽象的な議論とせず、具体的なモノの分析を通して、思考を展開させていくことである。初期の重要な著作として、近代精神の胎動を論じ、装飾の復権を唱えた『建築の世紀末』(一九七七年)と、雑誌『都市住宅』で連載した時評などを収録した『建築は兵士ではない』(一九八〇年)が挙げられる。両方に共通するのは、近代批判の態度だろう。もちろん、時代背景を考えると、ポストモダンも登場しており、建築批評家チャールズ・ジェンクスの『ポスト・モダニズムの建築言語』(一九七七年/竹山実訳、所収『a+u 臨時増刊』一九七八年)や建築史家デイヴィッド・ワトキンの『モラリティと建築』(一九七七年/榎本弘之訳、鹿島出版会、一九八一年)などがモダニズムを相対化し、疑問を投げかけた。

この論文は『建築は兵士ではない』の冒頭を飾るものだ。書きだしは西部劇のシーンを描写しているが、フロンティア・スピリットには先住民族の視点が欠けているという。それはモダニズムという歴史の勝者の血統書として記述した近代建築史にも通じる。しかし、現状で成功した者を事後的に肯定する見方は「ウィッグ史観」と呼ばれ、鈴木は批判の対象とした。その後のマイノリティ、あるいは近代から排除された他者へのまなざしは、一九九〇年代のアメリカの建築論壇において、ジェンダーやオリエンタリズムなどを軸に活性化している。

また「今の町は、西部劇の舞台以上に殺伐としている」という。建築は大きなシステムの一部に成り下がり、機能上の支障をきたすと、前線の兵士のように、消え去って交換されるからだ。それゆえ、建物は「死んでもすぐに補充されて、戦線には何も異状なしと片づけられてしまう兵士ではない」と主張する。人々の生活のためにつくられるものであり、地味な建築でも長く存在することでさまざまな意味をもつ。そこで彼は、街の「すでに前もってそこに暮らすものたち」を深く理解することを説く。

一九七〇年代は建築の保存と再生が注目されるようになった時代であり、それは鈴木のライフワークにもなった。したがって、建築を概念の産物として捉えたり、「美しいイメージで語ることによって、建築家たちは実は新しさだけを求めてきた」のではないかと手厳しい。もちろん、新陳代謝を唱えたメタボリズムにも批判的だ。「自らの実感に即して建築を見直すべきではないのだろうか」という問いかけは重い。

（五十嵐太郎）

関連文献

鈴木博之『建築の世紀末』晶文社、一九七七年
鈴木博之「私的全体性の模索」『新建築』一九七九年一〇月号

建物は兵士ではない（抜粋）

鈴木博之

フロンティア・スピリット

一面に赤茶けた砂がつづき、ところどころに切り立った肌を見せる台地がそびえ立つ。

カラカラと、乾いた音をひびかせながら、赤茶けた景色の中を移動してゆく馬車。中にはくたびれたズボンの両膝の間に、ライフルをしっかりはさんだ老人と、つばの広い帽子をかぶった娘。手綱をとっているのは陽にやけた屈強な若者。彼の腰にはピストルがあり、御者台の脇には銃身を光らせたライフルがくくりつけてある。

やがて遠くで太鼓のすり打ちのような音が鳴り、馬が何ものかの気配を敏感に感じて走り方をかえる。前方左手の切り立った台地の上に、見えるか見えぬかのほどの大きさの黒い点が現われて、やがて消える。なおも一〇分ほど馬車が走りつづけた頃、どこからともなく飛んできた一本の矢が御者台の青年の胸を貫く。

御者台からころげ落ちる青年。主を失った馬車は空しく大きな弧を描いて走りつづけるが、見るまに黒い点から群集に変ったインディアンたちに包囲されてしまう……。

われわれが西部劇の中でよく見る場面である。窮地に追いこまれた白人たちには、間一髪救援が現われ、インディアンたちは退却してゆく、これが一時代前の西部劇のパターンであった。

白人は勝利し、インディアンは必ず敗れる。このパターンは決してドラマの中だけのできごとではなく、現実の歴史そのものであった。（……）

（中略）

アメリカ建国期にあった「フロンティア・スピリット」、その実「空白」意識だったもの、これこそ一八世紀から一九世紀にかけてのヨーロッパ精神の本音ではなかったろうか。

アメリカ合衆国は、そうした意味で、いささか無作法ではあるが、もっとも正直なヨーロッパの息子だったように思われてならない。

（中略）

近代建築史におけるウィッグ史観

（中略）

二〇世紀の初期から書かれた多くの近代建築史は、常に全建築史の必然的帰結として近代を置いた。全人類の必然的ゴールとしての近代建築、というわけである。

われわれの建築を成立させた正系の祖先が探究され、建築史上のサラブレッドの血統書が書き上げられていった。

こうした歴史観は、たしかに一面ではすぐれて現代的な問題意識に裏づけられたものであった。しかしながら、このような歴史観のもつ危険性を、英国の外交史家ハーバート・バターフィールドはつぎのように警告している。

つまり、歴史家はある事柄が次の時代から見て、成功している場合においてそれを評価し、そうした事件のピークをつらねて現在の肯定に結びつける。そうして歴史は無意識のうちに勝者の歴史、ひとつの成功物語になるのだ、と。彼はこうした歴史観を「ウィッグ史観」と呼んで批判するのである。

近代史の多くは、このような勝者の歴史として描かれることが多かった。近代建築史も、そのような歴史観の一翼を担ったのだ、とも見ることができよう。近代建築史は、建築における方法的制覇の、後からの認定書であった。それらは、現在の到達点を肯定するものであったために、多くの人びとから承認された。しかも、その叙述は進歩発展の帰結として現代を説くものであったから、その史観の底に流れる現状肯定の護教神学的な保守性に気づかれることはなく、むしろ進歩的革新的な史観であるという評価を得た。

したがって、近代建築史の多くは、近代になって生み出された建築作品を評価してゆく作品史ではなく、近代の建築作品を生み出した基盤を描く思想史であった。近代建築史家の多くは、彼らの叙述の筆先にこもる精神のうちに、フロンティア・スピリットを感じたことであろう。未開の荒野を近代的な方式（システム）によって開拓しつづける者――だが、インディアンたち「すでに前もってそこに暮らすものたち」をついに認めることのない精神。

建築はシステムとして建設されていった。それは、もはや「物それ自体」として存在する建築ではなく、近代的軍隊の一兵士のように、つぎつぎに補充されうる一個の部品としての色合いの強いものであった。われわれは、建物をその存在感によって評価するよりも、その試みの新しさによって評価することを好みはじめた。一層普遍的で、一層一般的で、一層国際的である方式（システム）が求められた。

それは、当然のなりゆきとして、個々の建物の存在の比重を軽くしてゆく。個々の建物は、機能上で支障をきたしたならば、すみやかに消えさって交換されるべきものになり下ってゆく。都市生活というシステムの中で、ひとつひとつの建物は次第次第に透明な背景となろうとしていった。古い建物は、叫び声ひとつ上げることなく、前線の兵士のように消えていった。死んだ兵士が立っていた場所は、ただちに自動的に新しい兵士によって補充された。近代建築はそうしたシステムを完成していた。

今の町は、西部劇の舞台以上に殺伐としている。

近代建築のもっている方法的制覇の実相に気づいた時に、人びとはこれまでの建築をあらためて振り返りはじめた。現在の到達点をもたらした過去のピークをつなげて描く歴史では、どうしても評価できなかった歴史上の位相が、こうして浮び上ってきた。

一九世紀のアール・ヌーヴォー様式への根強い興味の存在、二〇世紀になってからのアール・デコとよばれる造型への目覚め、そして一九世紀英国のヴィクトリアン・ゴシックと呼ばれる多彩な様式趣味への注目、これらは多かれ少なかれ、われわれが近代建築史という名の「ウィッグ史観」に疑念を表明しはじめたことの表われである。過去を見つめる目、すなわち建築史は、常にわれわれの現実を見つめる目の投影である。

インディアンたちを追い払い、シカゴ派やアメリカン・ボザールを圧倒したアメリカ建築の世界にも、いや、アメリカ建築の世界には当然、同じような物のみかたが現われている。ポレミックな口調さえ感じられるアメリカの建築史家、V・スカーリーが彼の建築史叙述にあたって、プエブロ族のインディアンたちの建築と、アメリカン・ボザールの建築家たちの作品を、等しく称揚することは、アメリカ建築史を考え直してみようとする人物の態度としては、むしろあたり前のことなのである。

それは、アメリカという国でもっとも肥大した形で展開された近代建築を、それらの只中にあって、「すでに前もってそこに暮らすものたち」の中で見直すために、どうしても必要な作業だったのである。

アール・ヌーヴォー、アール・デコ、ヴィクトリアン・ゴシック、アメリカン・ボザールという進歩を経て現在に至るとする史観では評価することの難しい建築に、興味が向けられつつあるという今の潮流は、建築物をわれわれがようやく建物として見直しはじめているしるしなのである。

すでに前もってそこに暮らすものたち

建物は兵士ではない。死んでもすぐに補充されて、戦線には何も異状なしと片づけられてしまう兵士ではない。

町は人が暮らしてゆくための場所なのであって、建物は人びとの暮らしのために建てられるものなのだから、用済みになった建物がまったく無造作に壊されてしまうというこの現実は、われわれの暮らしが無造作に変えられてゆきつつあることなのだ。それは進歩というものなのであって、何も心配することはない、と言われつづけてわれわれはここまで来てしまった。われわれは心配してよい。

建築を美しいイメージで語ることによって、建築家たちは実は新しさだけを求めてきたのではなかったろうか。われわれは建築を概念の産物として捉えすぎていなかっただろうか。もっとわれわれは、自らの実感に即して建築を見直すべきではないのだろうか。勇ましいフロンティア・スピリットというのは、インディアンたちを見ることのできなかった、「空白」の意識のことではなかったのか。

美しい言葉を探すことは結構。建築を過去との関連において捉える、建築をその環境との関連において捉える、建築を人間との関連において捉える……こうしたキャッチフレーズをまとめ上げることは結構。だが、それは実のところそれだけでは何も意味しないのだということを銘記しておかねばならない。

われわれは建築を、具体的に頭に思い浮べながら、言葉を選ぶべきなのだ。言葉によって建築を導き出そうとするとき、進歩という言葉から後向きの建築が生まれたりする。

建物は、あたり前のことではあるが、すでに建てられている町の一部として建設されることが多い。それは、インディアンを追い払う白人のように建設されるべきではない。すでに前もってそこに暮らすものたち――それを無色透明な「環境」という言葉で整理しないほうがよい――への配慮をしながら、建物は建設されるべきなのだ。

そして、そのようにして建てられた建物が、われわれに与えてくれる影響力に、われわれはもっと敏感になるべきなのだ。これまで多くの建築家たちは、さまざまな建築論を述べてきた。建築家である以上、建築論を書かなければ一人前ではない、というほどに、多くの建築論が氾濫している。しかしながら、それら建築論のほとんど全ては、その建築論を書く人物が彼の頭脳の中に胚胎した、建築の未来像を描くものであった。建築論というのは、これから作られるべき理想の建築を支配するための、理念の宣言であるかのようである。

そうした建築論は、建築の誕生をどのような意義として捉えるかという、いわば建築への建築論である。けれども建築というものは、建てられた後も存在しつづける。そのようにして存在しつづけているものが建築なのである。それを捉えること、すなわち建っている建築が、われわれにとってどのような意味をもつ存在なのかを知ることが、建築家の当然の任務といえよう。

町の隅に建つ、目だたぬ商店の瓦屋根が、それを見ながら暮らす人びとにとってどのような意味をもっているのか、芝で生まれて神田で育った人にとって、芝の増上寺の山門はどんな意味をもつのか、さらには誰か建築家が五年前に設計した住宅は、住んでいる人にどのような意味をいま与えているのか、それを考えなおす建築論が、当然あってよいのではないか。

そのような、建築として建っているものの意義を捉えるという、いわば建築からの建築論を作り上げる必要がありはすまいか。最近は、建築様式論というものがとんと流行(はや)らなくなってしまったが、それはわれわれが、こうした建築からの建築論を閑却していることのあらわれでもあろう。

町のなかで、すでに前もってそこに暮らすものたち——人びと、建物、木、川、道など——を深く理解することが、われわれを本当の建築に至らしめるであろう。そこでは、以前から建っている建物への配慮が当然行なわれるであろう。自らの描く青写真の意義ばかり説く建築論をふりまわして、町に建つ先住民族の建物を邪魔者扱いにする建築家は、現代の都市の中でインディアン追払いに狂奔している人種であろう。インディアンを追払う立場をとることは、すぐに次の時代のインディアン狩りに追い払われることを意味する。

それでも良いのだ。建築は新陳代謝なのだとうそぶいていた建築家たちは、今でも同じ笛を吹きつづけるつもりなのか。資源不足、石油危機という情勢の中で、もっけの幸いとばかりに転身を計るつもりなのか。

現今のモノ不足がなくても、彼らの主張は誤りを含んでいたのだ。彼らは環境を形成することには熱心で、そのための理論は組み立てたのであろうが、これまでの環境によって形成されてきた人びと、環境によって形成される人格について、あまりに楽天的だったのである。

人間は、環境という名の抽象的なコンディションの中で動静を調査されるべき標本ではない。生きた人格なのである。建物というのも、人間に人格的な影響さえも及ぼす力をもっているのだ。ひとつの役割りを果たすためだけに設計され、その機能が時代遅れになるとただちに破壊されるという、近代建築の方法は、おそらく人格にまで影響を及ぼすことであろう。

建物というものは、もともと一番人間に近い所にあるものとして、一種の人格的魅力さえ備えているものであった。パリの市民がノートルダム寺院に対して抱く感情を、ヴィクトル・ユゴーは『ノートルダム・ド・パリ』という小説の中で見事に定着した。エドガー・アラン・ポーの『アッシァ家の崩壊』、三島由紀夫の『金閣寺』、ホレス・ウォルポールの『オトラント城綺譚』さらにはジュリアン・グラックの『シルトの岸辺』の中の要砦や北杜夫の『楡家の人びと』に現われる楡病院など、建築のもっている人格的な存在感を定着させた小説は数多い。

建物の備えている、形の魅力について、建築家はもっともっと敏感であってよい。そしてその感覚は、一個の新たに生み出される建築に対して注がれると同時に、その周囲に、すでに前もってそこに暮らすものたちに対しても注がれるがよい。そうした感覚が、建物や町に対する執着を生みだしていくのだし、そうした執着こそ、経済合理主義にもとづいて消費から一転して節約を説く人びとのお説教よりも、一層われわれの暮らしを良い方向に向けることであろう。

最後に、経済評論家としてではなく、学者的批評としてでもなく、建築に関係する者としての立場から、問題点のいくつかを整理しておこう。

第一に、建物が近代的軍隊の一兵士ではないということは、建物が単一の機能充足のための手段としてだけ設計されるべきではないということである。つまり、建物は機能を満たすための唯一の解として建てられるべきではなく、変化に応じられるものでなければならない。そして同時に、それは階級章だけで識別される兵士のように無性格なものではなく、人格的な特徴をもつべきなのである。

そして第二に、われわれは過去の建物、そして現在の町を形成している建物を、現代を導き出すための進歩の歴史観によって、つまり先ほど述べた「ウィッグ史観」によって見るべきではなく、すでに前もってそこに暮らすものたちとして、その建物そのものとして見るべきであるということである。建物をそれ自体として見る時に、はじめて過去の建物を改造したり応用したりして、長く連続的に使ってゆくための手法が開けてくる。

それを忘れるならば、文化という名の人間の連続性は切れ切れになってしまい、単に自分の現在立つ地点からだけ見て、他のものを利用し尽す開発が横行することになる。すでに一九世紀の末にポール・ヴァレリーはこんな警言を発している。「日本は、ヨーロッパは自分たちのために作られたものと、考えているに違いない」と。

出典
鈴木博之『建築は兵士ではない』鹿島出版会、一九八〇年（初出：『都市住宅』一九七四年三月号）

1974

巨大建築に抗議する

神代雄一郎

解説

神代雄一郎は、建築評論家として活躍しつつ、日本各地の集落を調査するデザイン・サーヴェイを展開したほか、ある意味ではフォルマリスティックな「九間論」など、日本空間論も執筆した。特に彼が一九七四年に『新建築』で発表した「巨大建築に抗議する」は論争を巻き起こした。まず神代は、四〇〇〇人収容のＮＨＫホールの客席に「見えない席」や「聞こえない席」があることを糾弾し、建築家の非人間的な姿勢が露呈しているのではないかという問題提起から始める。規模はプログラムの問題でもあるが、彼はアメリカに滞在した経験から、民衆の視点で建築をみる重要性や、日本にコミュニティを復活する必要性を感じていた。ゆえに、コミュニティの適正規模から、四〇〇〇人のホールをつくるよりも、「五〇〇人のホールを地域的にばらして八つつくるほうが」人間の親密な関係を生み、社会のためになるという。

神代は巨大建築を「きわめて未熟・非人間的なもの」とみなし、「近づき、眺めていても、対話が生まれてこない」からだという。彼は建物の外皮の材料の扱いに注目し、よい例としては、色や質が日本の風土と合う「焼もの」を使い、陽光の当たり具合が「心に染みる」、前川國男の東京海上ビルディング本館を挙げる一方、「安手だ」と批判した「青いガラス」の新宿三井ビルや三角の住友ビル、石張りの最高裁判所を攻撃した。神代の著作『現代建築の読み方』（一九六五年）でも、国立劇場を「外壁の茶褐色が暗く沈んでおり、内部もまた明暗のリズムを欠」き、「心を高揚させるような、人間的配慮ができなかったのか」と批判しており、材質から受けとる直感的な感覚を重視している。

なお、「青いガラス」という表現は、完成前のビルが青い養成シートをガラスに貼っていたことに起因する誤解であり、後に彼が非難されることになった。同誌では、大手設計組織の建築家からの反論が掲載された。日建設計の林昌二は「その社会が建築を創る」において、神代が強調したコミュニティ論に対する疑問を呈し、日本設計の池田武邦は「建築評論の視点を問う」で神代の「偏見」や「先入観」を否定した。その約一年後、神代は同誌に「裁判の季節」を寄稿し、日本の建築デザインが質的に低下しており、それが建築家の職能の主体性に関わる大問題だと述べた。彼によれば、建築家があるべき姿を問う姿勢を失い、批評家の口を封じようとするばかりであり、芸術性を欠いた低次元な論争が生まれている。だが、この後、また次なる反論が起こる。建築史家の村松貞次郎による個人攻撃を受けて、結局、神代が筆を折ったのは惜しまれる。一九七〇年代は超高層ビルが増えはじめた時期だったが、設計に携わったのは、建築家ではなく、むしろ設計組織やゼネコンだった。小規模の建築か、巨大建築か、もしくはアトリエ系vs大手といった二項対立の構図は、このときに先鋭化したのである。

（大和佳希）

関連文献

神代雄一郎『現代建築の読み方』井上書院、一九六五年

林昌二「その社会が建築を創る」、池田武邦「建築評論の視点を問う」『新建築』一九七五年四月号

神代雄一郎「裁判の季節」『新建築』一九七六年五月号

巨大建築に抗議する（抜粋）

神代雄一郎

（前略）

四〇〇〇人とは何ごとか

さて、なぜ見えない座席、聞こえない客席ができるのだろうか。規模が大きいから、そういう席ができてしまうのだろうか。わたしはそうは思わない。現代の建築設計技術をもってすれば、この程度の規模で、そんなことが起こるはずがない。それは建築家が、スポーツ施設では観客にスポーツを見せること、コンサート・ホールでは聴衆に音を聞かせること、そのことを第一に考えていない結果だと、わたしは思う。つまり、建築のことを第一に考えていて、人間のことを第一には考えていないからだと思う。そういう姿勢が根底にあるから、小さなものをつくりたがらず、大きなものをつくると、その姿勢が見えない観客席、聞こえない座席として露呈してくるのではないか。

いったい、見えない席、聞こえない席は、その後どう処置されているのだろう。四〇〇〇人を入れるNHKホールの、まったく聞こえない席やよく聞こえない席や変に聞こえる席は、どうするのだろう。わたしの質問にこう答えた建築家がいた。神代さん、あれは元来放映用のホールなのだから、全国のテレビにいい音と、いい映像が伝わればいいんです。客席も放映のための存在で四〇〇〇人という大聴衆が拍手するありさまがうつせればいいんです……と。とんでもない話だ。わたしにはこうしてできてしまった席の処置について、ひとつの迷案があるから提言しておこう。信楽あたりで、人間の大きさのタヌキならぬサル、それも眼をおさえたり耳をおさえたりしている猿を焼いて、見えない席には眼をおさえた猿、聞こえない席には耳をおさえた猿を、座らせておくのである。それがいやなら、このところ美術界で流行の等身大の蠟人間や石こう人間、それが耳や眼をカッポジッテいるのを、座席にかけさせておくのである。スーパー・リアリズムの芸術家諸君、銀座の画廊で等身大人間をみせるよりは、このほうがよっぽど効果的ですよ。とにかく、見えない席・聞こえない席は、建築家の非人間的姿勢が巨大なものをつくることで露呈したのだから、それは人間的な芸術家の仕事で補ってもらわねばならん。蠟の人間も焼物の猿も結構ではないか。ひところ建築と美術の協力といわれたものは、最近こういう関係にすりかわっているではないか。あとでも述べることになると思うが、いま新宿副都心にできつつある超高層ビル――あの非人間的姿を補うために、多くの芸術タレントが協力して、共倒れしているではないか。

なぜ、実力のほどが知れてしまう、自身の非人間性が暴露してしまうほど巨大な仕事に、建築家は手を出すのか。こういう質問をすると、建築家諸君はきまってこうお答になる。たくさんかかえている所員を、とにかく養わなければならないから……と。この答は、建築家が自らの社会的責任を放棄したことになる。自分だけが、自分の縄張りだけがよければいいといっているのだから。わたしはNHKホールの、聞こえない席をつくった建築家を知らない。これは所詮わからないだろう。たくさんの建築家が関係し、互いになあなあと、かばいあっているのだから。そういうことですませ得るのだから、巨大な仕事はいい、ということになる。

だがいったい、野外劇場ならともかく、ちゃんと屋根のある劇場で、四〇〇〇人を収容するものは、世界にいくつあるだろう。この規模は一国に対応するものではなく、国際的な場合に、もしその巨大さが必要であり、意味があれば、あってもいいといったものだろう。公共放送と銘うって、日本人だけから高い聴取料を巻き上げている、NHKが持つ規模ではなかろう。

現にNHKのNはNIPPONのNであり、国際的・世界的存在ではない。たとえ国際的に有名な指揮者や楽団を呼びよせようと、ＮＨＫは日本だけに存在する不思議な公共放送であることに変わりはない。いったいどのくらいの規模のものが、いまの日本にとっては必要なのか、大切なのか。そんなことは施主のほうも建築家のほうも、ちっとも考えていない。一方では、わたしたちの住宅が、生活最小限を割っているという状況の中で、他方では非人間的な超高層ビル・巨大ホールが建って行く。これは文字どおり、民主主義ではなく資本主義・企業主義である。民主の社会ではなく、中央集権の社会である。四〇〇〇人を入れる大ホール、しかもホワイエや廊下面積は極端に切りつめられて幕間のコミュニケーションも行なえない、客席には聞こえない席が混っている。いったいこれは何ごとだ、といいたいところだが、まさに巨大主義の化物だから、言葉も通じまい。

最近のいい建築・いやな建築

見えない席や聞こえない席は、それが本当は建築家の非人間的姿勢のあらわれであっても、まだ何とか、視角や音響に対する設計の技術的ミスに見えたり、そうしたミスとして解決処理できるかららいい。だがわたしがここで本当に問題にしたいのは、ミスらしくごまかすことのできない、デザインそのものに、最近きわめて未熟・非人間的なものがでてきて、それがいずれも、これまた巨大な建築においてであるということである。

最近、新宿副都心にできたり、できつつある二、三本の超高層ビルを、諸君はどう思っていられるだろうか。わたしには、とても好感がもてない。第一、近づき、眺めていても、対話が生まれてこないのである。眺めまわして、これならまだ、最初に建った京王プラザのほうがいいなと思う。なぜ、最初に建ったものよりも、二番目、三番目と、よくなって行かないのだろう。そうなるのが、あたりまえだと思うが。

これまた最近完成した、石貼りの最高裁判所の建築も、わたしがそこに近づくと、シャクにさわってくる建物である。これについては多くの方がたが雑誌で語っているが、どれもこれも巧妙なレトリックで、ほめているのかけなしているのかよくわからない。だがそれは、わたしも文筆を業とする人間として、ほめられない建物に乗せられてしまった時よく使った手であるから、わたしほどシャクにさわらなくても、概して不評ということなのだろう。わたしがシャクにさわるのは、この建物についてよくいわれる、社会的な中央集権的権威主義云々というのでもなければ、またこれを設計した建築家の人格についてでもない。どの建築でもいい、それにわたしが近づいて行くとき、どこかで何らかの対話がはじまってくるものなのだが、それがないから、シャクにさわるのである。この、自然に発生してくるべき建築と人間との間の対話が阻害される原因は、少なくとも、あるいはとりわけ、建物の外皮を構成している材料のあつかいにあるようだ。

　これは最高裁ばかりでなく、新宿の超高層ビルの場合でも同じことだ。前者でいえば石の使い方、後者でいえば、金属やガラスのパネルということになる。その外皮の、どこをどうすればいいかということになろうが、それは技術的なこともからんでくるから、むつかしい。わたしとしては、逆にいい仕事をあげて、対比的に述べ、納得していただく以外に手はない。最近完成の超高層ビルでいえば、丸の内の東京海上ビルがいい。霞が関ビルができて以来、日本の超高層ビルの歴史にもかなりの時間的厚みができているが、その中で東京海上ビルは抜群に秀れている。いろいろの点で抜群だが、いま問題にしている外皮でいえば、焼ものであるタイルを使ったのがいい。色も質もよく、割付けもいい。日本の風土によくあっているし、陽光のあたり具合で、さまざまに心に染みる対応をしてくる。またそれが、ガラス面との間にもつ深さ、つまり表皮の凹凸の具合もいい。

　これに対して、新宿の三角ビルは、表面の凹凸が浅いから、リズムが構成されない。もうひとつのほうの青いガラスは、せいぜい「青い背広に心も軽く」といった、うらぶれた流行歌を思い出させるぐらい安手だし、露出したタスキがけの骨組は、シカゴの裏街の新しい安物ビルを思わせる。シカゴがどんな街なのか、この設計者はご存じなのだろうか。黒ずんだ古いシカゴ派の建物と、ミースのガラスの作品はあるけれど、その他の新建築はガラクタの安ものばかりで、いまでも、なるほどギャングの街だなと思う。もっとも東京の超高層も、どちらかといえば丸の内のものは東京海上ビルを筆頭に品格があり、新宿のものは商業的である。ジュクには、たしかにシカゴと一脈通ずる人工的風土があるのかもしれない。

　最高裁に対比させるのに何がいいかとなると、小さなものなら、最近完成し、ここ数年最高傑作といっていい倉敷のアイビースクエアの、そのレンガや石のあつかいもあれば、昨秋完成した四国高松の瀬戸内海歴史民俗資料館の石、そこから近い丸亀の武道館の木や石の使い方をあげることができる。だがこれらは、規模や地域社会とのつながり方の問題として後にあつかうことにして、ここではそれこそ完成したばかりの、東京・飯倉の交差点に建つノア・ビルを対比させよう。

　ノア・ビルの設計は、白井晟一＋竹中工務店ということらしいが、わたしがこれから指摘する部分は白井晟一さんによるところと思う。このビル、いろいろな論議を呼ぼうが、とにかく材料のあつかい方は抜群、人をなかせるようなうまさである。外側、三階までのレンガの使い方やインド砂岩の配し方――レンガはコバを割って、凹凸はげしく貼り積み、眼どおりを赤いインド砂岩の帯でしめている。一階内部ショールーム壁の寒水石のたたき具合、八階社長室まわりの、淡色インド砂岩の剝離面をつかった壁まわり――これは見ていただかないとわかるまいが、材料の人間に対して持つ性質などおわかりない学生や若い建築家たちに、ぜひぜひ一見をお推めする。

　これに比べると、最高裁の石は、なぜ石を使ったのか、まるでわからない。あんなに薄く切り、その薄さをだらしなく見せ、金属目地を使ったりしている。石というものを、人間と対応関係のあるものとしては見ずに、ただ物質として観念で使っているように思える。人間感覚とはさしさわらないで、石は近代建築理論で代表されるような観念で、切り貼られているように見える。それは新宿の超高層ビルのパネルでもいえることで、ものはここでは、人が見たり触れたりして感ずるものとして使われているのではなく、設計者の観念に従ってあつかわれる物質なのである。したがって、建物は無表情になり、ただ巨大なばかりとなる。

（中略）

どんな規模が大切か

わたしは、浦辺さんの指摘する一九六〇年以来の巨大化への傾向、特に最近の無表情な巨大建築に抗議しているわけだが、ではさて、どのくらいの規模の建築が、いまの日本にとってもっとも大切であり、必要であるのか。四〇〇〇人とは何ごとかと、わたしは先に書いたが、それはそこに聞こえない席があるからばかりではなく、それよりも、四〇〇〇人を収容する巨大ホールの存在に、社会的意義が希薄だと考えるからであり、現に不特定の四〇〇〇人が何度同じ音楽を聞き、劇をみようとも、互いに顔を見知り、親しみあえるような事態は起こってこないのである。集会用の、人が集まるための、ギャザリングのための建築は、どの程度の規模がいまもっとも効果的であるのか。それが、巨大建築に抗議するこの評論の結論になるはずである。

過去七年間、コミュニティの実態調査をやってきたわたしにとって、答はしごく簡単である。人間は集まって暮し、生きて行く。いったいどんな組織をもって、どのくらいの規模で集まり住めば、人びとはいっしょにやって行こうという気持を持ちやすいのか。ここでは、規模だけについていえば、二〇〇戸・一〇〇〇人という答がでている。コミュニティの適正規模である。自然発生的コミュニティでも都市コミュニティでもいい。コミュニティがしっかりしていれば、それが基礎になって、住民運動も市民運動も起こりやすく、それはまた大きく発展して行ける。アメリカを悪くいう人が多いが、そこではコミュニティがしっかりしているから、小さな不買運動も、大きなニクソン弾劾も、根づよく展開する。だが、コミュニティが崩壊してしまった日本では、世の中がこんなに変てこになっているのに、政府はおろか田中首相ひとりひきずりおろすことができない。

　わたしはいま、日本にコミュニティを復活し、再建し、強化することが、最大の急務だと考えている。人びとの心を結び合わせ、共同体意識を生長させること、そのためにはどんな規模のどんな表情の建築が役立つのか。ギャザリングのための建物であれば、それは五〇〇席ぐらいを持つものだろう。立席もぎゅうずめにして一〇〇〇人入ればいい。コミュニティの住人全員が集まることはめったにないので、その半分の五〇〇の席があればいい。四〇〇〇人の、音も聞こえぬホールを集権的にひとつつくるよりは、五〇〇人のホールを地域的にばらして八つつくるほうが、どれだけ社会のためになるか。五〇〇席の、特定の地域に根ざしたホールでは、人びとは互いに顔見知りであり、話しあい、コミュニケーションを深めることができる。また、舞台と客席の関係も親密になり、見物ではなく参加という気持になる。

　だが現在、建築にも建築家にも、地域社会と結びついて、しかも適正な規模を持ったものや、それをつくる人は、きわめて少ない。住宅作品を除けば、建築家のやっている仕事は、すべて根なしで、大きすぎるといいきってはばからないほどだ。最後にここでも、わたしがどんな作品、どんな規模にいま好感をよせているか実例をあげておくと、地域社会とのつながりでは、先の浦辺さんの倉敷のアイビースクエア、山本さんの讃岐の瀬戸内海歴史民俗資料館、鬼頭梓さんの日野の図書館などが目立って思い当たる。槇文彦さんの代官山アパートもいい。前川さんが、かつて岡山に古レンガを使ってつくった、小さな美術館もよかった。東京・世田谷の資料館も、規模がいい。ギャザリングのホールの規模としては、前川さんの紀伊国屋ホール、芦原義信さんの岩波ホール、槇さんが金沢区総合庁舎内につくったホールなどが、いままず眼の前に浮んでくる。

出典
『新建築』一九七四年九月号

白井晟一「ノア・ビル」1974年

前川國男建築設計事務所「東京海上ビルディング本館」1974年

1975

街路の記号論

竹山 実

解説

竹山実は歌舞伎町の「一番館」（一九六九年）や「渋谷109」（一九七八年）など、昭和後期に東京のランドマークを手掛けた建築家である。チャールズ・ジェンクスの著書『ポスト・モダニズムの建築言語』（一九七七年）の表紙に「二番館」（一九七〇年）が掲載されたことから、ポストモダン建築の先駆者としても知られる。このわずか一年後に刊行された日本語版の邦訳も彼によるものだ。

一九七五年に発表された本論考は、ポストモダン建築の理論的支柱のひとつにもなる「記号論」を応用した都市分析論である。当時の建築界では、フランス現代思想を糸口に新たな建築理論の構築が各所で模索されており、フェルディナン・ディ・ソシュールが基礎付け、ロラン・バルトが物語分析に用いた記号論もそのひとつだった。竹山の論考でも、ソシュールの統合論、実用論、意味論に則した「街路の意味するもの」「街路の意味されるもの」「街路の意味作用」の三つの領域に基づいた分析方法を提案している。その前提にあるのは、画一化した近代の計画概念では現代都市の複雑な諸相を把握しきれないという問題意識である。記号論に依拠した都市分析の先例にはロバート・ヴェンチューリらの『ラスベガスから学ぶこと』（一九七二年）があり、多木浩二らによるMoMAでの「新宿」展（一九七五年）や、路上観察学会（一九八六年）の手法とも部分的に共通する。

元々この論考は『建築文化』の特集の冒頭文として書かれ、以降のページでは国内外の都市のケーススタディが掲載され、最後尾にジェンクスの論考が付されている。英語訳文の記載や粟津潔のヴィジュアルデザインもあいまって、海外建築界へのリーチも視野に入れた編集戦略が組まれていたことがうかがえる。フルブライト奨学金によるアメリカへの留学経験をもつ竹山ならではの特集だが、これは当時の建築メディアと建築家の共同関係に根ざした企画でもある。そもそも竹山は、メタボリズムのように豪快なマニフェストを連名で打ち出すタイプの建築家ではなく、一九七〇年に同世代らと「アルキテクスト」を結成した際にも、小規模な刊行物などを通じて個々の思想をそのつど発信していた。しかし、まもなく『JA』や『a＋u』などの海外流通を想定した国内発の建築メディアが彼らの活動をキャッチしたことで、海外での認知度を増していく。国際的な言説空間が構築されていくなかで、ポストモダン流の記号論は、世界の建築界をつなぐ新たな共通言語としての役割を担っていた。

現代においてポストモダン建築が語られるとき、過去のトレンドとして装飾の過剰さや遊戯性のみに注目して説明される場合が少なくない。しかし、共有されるべき唯一無二の価値観が成立しがたいという観点からすれば、ポストモダン型社会は現在も続いている。耳慣れないカタカナ語が飛び交い、夥しい注釈が付されるがゆえに難解な印象を与えがちなテキストのなかに、現代建築をアップデートする手がかりが潜んでいる可能性は決してゼロではない。

（奥山晃平＋菊地尊也）

関連文献

竹山実『街路の意味』鹿島出版会、一九七七年

チャールズ・ジェンクス『a＋u臨時増刊　ポスト・モダニズムの建築言語』竹山実訳、一九七八年

街路の記号論（抜粋）

竹山 実

1　エクリチュール（écriture）——なぜ〝街路〟か

街路。それは都市と建築のエクリチュール（表現体）である。

かつて都市は、一つの統一体の表象であった。その統一のイメージこそが、都市の中で時間と空間を馴化しつくした人間の実存感の支えでもあった。だから全体を形成する個の同一性の感覚を包括する一つの構造体として都市は条件づけられてきた。人間が自己の定位の感覚を確認し、存在の主体性を許容することができた。自己を中心において、他者との関係を己れの時空意識に映しかえる。都市はそうした実存のイメージを決定した。（……）

（中略）

街路は同時にまた建築のエクリチュールでもある。それは人間の空間知覚の要因のうち閉合性に対応した構造をもって成立する。その閉合性は個の人間と対応した実存のイメージを触発するもう一つの統一体である。その内部で個化した人間の生の営みは空間と時間を馴化しつづけた。その内部の営みの表徴として外部が一つの形式をもつ。それは都市の内部の統一体の構造と本質的には連続的に共存すべき形式であった。個と全体の連続性が統一的に状況を支配しつづけるかぎり、建築もまた街路によって記述されつづけられた。

（中略）

街路は今日、こうした都市と建築の実存の基本構造から確実に遊離しきってしまった。（……）

（……）〝意味するもの〟と〝意味されるもの〟とが表裏の関係を解除し、意味作用が空虚と化した。

しかし、それを悲劇と呼ぶべきではない。ましてや終末でもない。それは一つの過程なのだ。裂け目をあちこちに切り開いたこの様相は、それゆえに意味を探知しようとするものを招じ入れる。そして、彼らをさまざまな意味作用を発信する記号の孵化場に導いてくれる。

かくして僕は、記号の最大の孵化場が街路であると確言する一人となる。

では、その意味作用をどう解読するか。あるいは、それをどう記述するか。つまり発見を創造へどう結びつけるか。

僕らは、目下のところ、その最も有効な方法の一つをセミオロジー（記号論）に求めている。それは、何よりも意味作用を成立させる記号の体系そのものに挑んでいる科学なのだ。

記号論の助けをかりて、街路の意味作用を解き明す視座を次の三つにおいてみた。

シンタクティックス（syntactics）統合

プラグマティックス（pragmatics）実用

セマンティックス（semantics）意味

これは行動学的に定位した応用記号論の領域区分[1]にほかならない。それを、ひとまず街路の記号論に転移してみよう。

（中略）

2　統合：シンタクティックス（syntactics）

——〝アナロジー〟、〝ホモロジー〟、そして〝ヘトロロジー〟

街路における〝意味するもの〟・能記[2]は、連続性に収斂する。それは自然のアナロジー（analogy）によって初源のコードをもったと思われる。したがって街路のシンタクティックスは、要約すると連続性の様態の変化に展開する。

（中略）

都市の構造が〝発見〟から〝創造〟する構造へと変貌するにつれ、都市は恣意的価値の系を複合化しつづけた。そのあげく、街路の機能は支配力を弱め、そのシンタクティックスが乱れてくる。

（中略）

（……）街路の自律性がくずれ、他律性をましてきたともいえる。その結果、街路の連続性はもはやアナロジーによっては成立しえなくなってしまった。

この段階にいたって連続性は、アナロジーからホモロジー（homology・相同性）に変わってしまったといえるだろう。（……）

（中略）

アナロジーからホモロジーへと連続性を塗り替えた街路は、今またホモロジーから別の概念へと変換を迫られているというわけだ。それを僕はとりあえず、ヘトロロジー（heterology）と考えている。つまり、異種性とでもいおうか、異体異形の中にまでも成立する連続性は何かということである。おそらく、これは予測的段階でしかないが、時間の継起性に展開する相違性の統合が織る脳の神話に似たものに違いない。そうした恣意的価値をも〝意味するもの〟として取り込んでゆく統合論が発見できないかぎり、僕らの実存は確かさをもちえないからである。

街路はだから、いつまでも神話作用を綴りつづける舞台である。

3 実用：プラグマティックス（pragmatics）
——都市の生態学へ

街路の〝意味されるもの〟・所記(2)と、機能、観念、イデオロギー、空間概念、信仰、慣習、美的感情、人類学的価値……街路の歴史と使用が人間に意味しうるすべてのものである。だからそれらは尽きるところ、人間の行動という非言語的言語によって表徴されるだろう。

連続性の初源的なコードとしての方向性は、とりもなおさず、人間の行為を確認する位置の関係を意味した。人間の具体的な行動世界は自己の立脚点の座標によって関係的に開かれるからだ。人間の出発と帰着という運動は一つの方向性をもつにせよ、その動きの軌跡は必ずしも数学的法則に従わないし、最短距離を走る直線でもない。

（中略）

4　意味：セマンティックス（semantics）
——抽象的現実としての記号の力学

街路を記号作用として〝意味するもの〟能記〝意味されるもの〟所記、あるいは方法として工法・用法といった対立的な概念で扱うことは、ひとまずそれぞれにおいて意味の体系を独立させることである。僕は今まで、〝意味するもの〟のほうを物理的実体としての空間の系に独立させ、もっぱら連続性のコードにおいてそれをとらえた。また、〝意味されるもの〟のほうを、人間の行動形といういわば社会文化的な構造の分節においてさぐろうとした。つまり一方は表現（expression）の問題で、他方は内容（content）の問題[3]として、それぞれの体系のコードをみつけようとしたわけである。

しかし、それぞれの対立的な関係は同時に相補的な関係をもちつづける。それを、もう一つの独立した対象とするのがこのセマンティックスの操作にほかならない。二つの独立したものの間に発生する対立的共存関係の間に等価関係ともいえるもう一つの体系を独立させようとすることである。いわば能記と所記の〝経済学〟だともいえる。それを定位しないと意味作用が宙に舞い、表現と内容が関係づけを発生しなくなってしまう。

（中略）

街路が、都市と建築の基本構造の一要素として成立するかぎり、そのセマンティックスは今後もますます拡大しつづけるだろう。いや逆にみるなら、この何よりも混質的な記号システムのマトリックスに溢れた街路こそが、都市と建築におけるセマンティックスを開く、いわば〝記号の帝国〟の帝王の座を占めているのかもしれない。

5　セミオロジー（semiology/semiotics）
——記号の生を研究する科学

街路のセミオロジー（記号論）は、以上の三つの分野——シンタクティックス（統合論）、プラグマティックス（実用論）、セマンティックス（意味論）——から成り立つ。そして、そのそれぞれを僕は〝街路の意味するもの〟、〝街路の意味されるもの〟そして〝街路の意味作用〟と、いささか強引に区分した。これには異論が浴せられるのは覚悟の上である。僕はカルナップの意味論[4]やチャールズ・モリスの記号論[1]で指摘された領域区分になぞらえたまでである。そうすることによって、従来の空間論や方法論の定式を包括的に許容した上で、なおかつよりトータルな視座をつくることができるのではないかと考えたからである。街路を都市工学、土木工学、交通工学といった工学的な論理だけで展開することは、その意味作用の一側面だけしか追求できない。また、社会文化学的な観察だけでも工学との相互浸透を成立しえないだろう。街路という意味作用そのものを工学と文化学、つまり〝つくる側〟と〝つかう側〟とに共通の論理の座標に位置づけるためには、やはり記号論的な接近が相互性を開通させる最も有効な方法論の一つと考えられたわけだ。

（中略）

●

最後に、この特集のコンテキストについて一言つけ加えなければならない。

僕は街路記号論の大系を提示するつもりはない。街路を記号論的な操作の対象として、その意味作用をいくらかでも解き明してみたかったまでである。それはしたがって〝記号論から街路へ〟と〝街路から記号論へ〟という二重の視点が錯綜する。あいにく記号論には、その論理をグローバルな共通語で展開するだけの体系は成立していない。まして、その用語法の混乱は無放任の状態に等しい。僕はとりわけ、都市と建築が、その境界を目下のところ最も接近していると思われるフランス派の用語法にあやかった。（事実、ロンドンのA・Aセミオロジー・セミナーのターミノロジーもそうした状況にある。）

言語記号とほぼ同じ密度で図像記号を採用した。それは、いわば、能記と所記の力学的バランスを制御したがためである。全体をつくす方法として、資料体（corpus）の収集をかなり恣意的にして、共時性を保った。いってみれば〝有用性の原理〟(5)を素直にみならったまでである。その結果、全体を前後二部に分けた。読まれた街路（解読体：レクチュール）と書（描）かれた街路（表現体：エクリチュール）とである。

　これには重復部分がまぎれこむことは確かである。加えて、さらに付加的な言語記号（引用文）と図像記号（イラストレーション）を上下にからませた。それは、ラングとパロールの重復的な関係をきれいさっぱりと拭い去ることを避けるためである。つまり、記号の裂け目を恣意的に多発させ、そこの裂け目に読者の二次的パロールを招聘することを願ったからである。(6)（……）

　こうしたコンテキストのゆえに論理的展開の排他的な構築性をすっかり弛緩できたし、知識の目録としての閉鎖的な機能性も消失した。その代償として、全体が裂け目だらけの異種構造に塗りつくされることを願ったのである。その形式は正に異種構造（ヘトロロジー）をまし、生態学的な許容性をひろげつつある街路の記号の生の意味作用そのものの形式に違いないのだ。

註

(1) 結合、統合、意味

チャールズ・モリスによれば、おおむね次のような領域区分が規定されている。

「結合論（syntactics）――記号の結合を取り扱い、記号の特定な記号表示とか、記号の起る行動との関係は問題としない。

使用論（pragmatics）――記号の起る行動の枠内で記号の起源、使用、効果についてとりあげる。

意味論（semantics）――記号表示作用のあらゆる様式の記号の記号表示を取り扱う。」

（『記号と言語と行動』チャールズ・モリス、寮金吉訳）

本論では結合を統合と置き換え、使用を実用と換えた。前者は統辞（syntax）、後者は実用主義（pragmatism）との隣接性を幾分でも残したかったからである。

(2) 記号ｰ能記・所記

「所記（signifié）と能記（signifiant）とは、ソスュールの用語法で「記号」（signe）の構成要素である。ところで、このsigne（sign）という用語は、全然異なった学問（神学から医学まで）でも用いられ、歴史的に見ても豊富な使い方をされているものであり、まさにこの理由から、非常に曖昧な意味を持っている。実際signeという語は、その著者その著者により、親近的であるが同時に相違性を持った一連の用語の中に入り込んでいる。signal（信号、標識）、indice（index）（指標、しるし）、icône（icon）（像）、symbole（symbol）（象徴）、allégorie（allegory）（寓意）などがその主な競合者である。（『零度のエクリチュール』ロラン・バルト、渡辺淳・沢村昂一訳）ヘーゲル、パース、ユンク、ワロンの四人の著作を通じて、バルトは記号の用語法の差違を指摘する。

	signal	indice	icône	symbole	signe	alléggorie
心的表象性	ワロン −	ワロン −		ワロン ＋	ワロン ＋	
相似性				ヘーゲル ＋	ヘーゲル −	
				ワロン ＋	ワロン −	
			パース ＋	パース −		
直接性	ワロン ＋	ワロン −				
合致性				ヘーゲル −	ヘーゲル ＋	
				ユンク −	ユンク ＋	
				ワロン −	ワロン ＋	
存在性	ワロン ＋	ワロン −				
		パース ＋		パース −		
				ユンク ＋		ユンク −

建築にこの概念を普遍させると、次のような指摘も成立する。

「建築とはある種の手段（構造的、経済的、技術的及機械的）を駆使して、所記（価値、観念、機能）を分節化（アーティキュレイト）するために形態的能記（材料や囲いelement）を用いる術である。」（『Semiotics Architecture』チャールズ・ジェンクス）

（3）表現（Expression）、内容（Content）

「記号（signe, sign）：能記〝意味するもの〟、記号作用部（signifiant, signifier）、所記〝意味されるもの〟、記号意味部（signifié signified）。フェルディナン・ド・ソシュールの用語である。言語についてみるなら、ソシュールにおいては、おおざっぱにいうと《記号作用部》とは語形態（たとえば／イヌ／という語形態）の聴覚映像であり、《記号意味部》とは語の意味対象（たとえば「犬」という動物）の概念である。もっと現代的にいうなら、イェルムスレウ流に、記号作用部とは《表現》Eのこと、記号意味部とは《内容》Cのことだといえるだろう。」（『モードの体系』ロラン・バルト、佐藤信夫訳）

（4）カルナップの記号論

「言語の研究には三つの分野が区別される。もし研究において話者すなわちもっと一般的にいうと言語の使用者に関して明らかな言及がされているとすると、そのときはそれを使用論の分野に入れる。もし言語の使用者を取り出して表現と被表示体だけを分析すると、そのときは意味論の分野にはいる。最後にもし被表示体を取り出して個個の表現の間の関係だけを分析するとすると、（論理的）結合論にはいっている。ここにあげた三つの部分からなる言語の全体の科学は記号論と呼ばれる。」（『Introduction to Semantics』カルナップ）

(5)〝有用性の原理〟

「記号学の研究の目的は、観察対象の模像(simulacra)を作り上げるという構造主義的活動全体の企図そのものに従って、言語以外の記号作用体系の機能を再構成することである。この研究を企てるには、出発当初から(そして特に出発のときに)、ある制約的な原理を素直に受け入れることが必要である。この原理は、これもまた言語学から採り入れたものであるが、有用性(ペルティナンス)の原理である。これは、数多く集まった事実を記述する場合、唯ひとつの見地からのみ行ない、したがって、それらの事実が作る混質的な総体の中から、ただその見地に関係ある特徴だけを引き出して、他のすべての特徴を無視することである。(この引き出された特徴が有用な特徴と呼ばれる)。」(『零度のエクリチュール』ロラン・バルト、渡辺淳・沢村昂一訳)

(6)

すでに同様な表現法を試みている。「脳象図(IEG)」竹山実『SD』7208、7401参照。そこでは、記号と非記号のいわばイメージ・マトリックスとして媒体機能の有効性が認められる。

出典

『建築文化』一九七五年二月号

1975

生きられた家

多木浩二

解説

多木浩二は、菊竹清訓や槇文彦と同じ一九二八年生まれの美術評論家だが、その活動は限られたジャンルに留まることはなかった。一九六八年に中平卓馬、高梨豊、岡田隆彦らと写真同人誌『provoke』を発刊し、それ以降は表象学や記号論などを用いた斬新な批評を展開した。建築界では、篠原一男と関わりが特に深く、シノハラ・スクールの坂本一成、長谷川逸子、伊東豊雄らも、対話や批評を通して、自らの位置を確認しつつ、多木から強く影響を受けている。また彼は磯崎新と議論を重ねたり、『10＋1』の創刊に関わった。こうした多木の建築に関する言説で最も重要なものが、「生きられた家」である。

「生きられた家」という言葉は、日本各地の民家を撮影した篠山紀信の写真集『家 meaning of the house』（一九七五年）内に収められたエッセイに繰り返し、登場する。これは合計二〇〇〇字ほどの文章が、二八章、二四七頁の写真群の間にランダムに挿み込まれ、各章につながりはなく、写真の解説でもなく、直接的な関係性もあまり見られない。つまり、写真集とは独立したエッセイである。その後、この文章は写真と切り離され、『生きられた家』というタイトルで書き改められ書籍化された。

建築は、建築家の思考をもとに、物と対象の秩序から構成されているのに対して、生きられた家は、経験という秩序によってのみ構成される。これが多木の定義である。生きられた家は、年月をかけて使用されることで、生活そのものが滲むように表出し、そこにしかない時空間を生む。つまり、建築家が計画できない空間が、住み手の行為によって生まれるのだ。生きられた家と建築は、一見相反するもののように思えるが、それは近代以降において明確になったものである。それ以前はドイツの哲学者、マルティン・ハイデッガーが言うように、「住まうこと」と「建てること」は一致していた。より正しくは、建てることそれ自体が住むことに内包されていたのである。

これを建築論として捉えると、建築家批判と捉えることも可能であり、実際に多木はさまざまな建築家から批判を受け、「篠原一男さんからもすごく批判された、当然のことですが。新しいものを批評すべきお前が、あんなものを書いてどうするんだという感じでね」と、磯崎新と対談した際に述懐している（『世紀末の思想と建築』）。しかし、この本はあくまでわれわれが住む住居についての現象学的な考察の積み重ねであり、決して建築家批判ではない。

「生きられた家」は、表象や記号を軸にした哲学的な建築マニフェストとして重要なだけでなく、現実の建築、特に住居というビルディングタイプ本来のあり方を世の中に問うものとして、示唆に富む。本の出版から長い年月が経つが、情報化が進み、モノを持たないことが至上とされるミニマリストの登場に代表されるように、「住まうこと」と「建てること」の乖離は進む一方である。だからこそ、人間が住みつく「家」のあり方の根源を考えさせる言説として今も読まれるべき価値をもつ。

（渡邉航介）

関連文献

磯崎新・多木浩二『世紀末の思想と建築』岩波書店、一九九一年
多木浩二『建築家・篠原一男——幾何学的想像力』青土社、二〇〇七年

生きられた家（抜粋）

多木浩二

1．生きられる空間

どんな古く醜い家でも、人が住むかぎりは不思議な鼓動を失わないものである。変化しながら安定している、しかし、決して静止することのないあの自動修復回路のようなシステムである。磨滅したか風化してぼろぼろになった敷居や柱も、傷だらけの壁や天井のしみも、動いているそのシステムのなかでは時間のかたちに見えてくる。住むことが日々すべてを現在のなかにならべかえるからである。家はただの構築物ではなく、生きられる空間であり、生きられる時間である。はじめての家に移り住むと、私はたいてい最初の数日、長いときには数ヵ月のあいだ、異和感を忘れることができなかった。日が経って多くのさ迷っていた物たちが手頃なところにおさまった頃になると目に見えない変化が起こり、私が住むことの秩序がいつしか支配的になる。家が住み手である私の経験に同化し、私がそれに合わせて変化し、この相互作用に家は息をつきはじめ、まるで存在の一部のようになりはじめるのである。

……そのさまざまな様相はつねに主体の全生命を表現し、主体がその身体及びその世界をつらぬいて未来へ向うためのエネルギーを表現している。……すなわち、空間性の経験がひとたび世界のなかへのわれわれの定着ということに帰せられるならば、この定着のそれぞれの様相に対応する独自の空間性があるということになろう……。

つまり、どんな外面的な空間も、身体が世界へ定着する空間性に基づいているというこのメルロ＝ポンティの根本的な考え方は、生きられる家が客観的な秩序でも、たんに生活の物理的背景にとどまるものでもないことを理解する最良の視野を与えてくれる。ヴィクトル・フォン・ヴァイツゼッカーは「体験の秩序は、体験された対象の秩序ではない」という。それが客観的な物の秩序ではないという考え方は、また、ユージェーヌ・ミンコフスキーにも見られる考え方である。

事実、人間の家は完全に合理的につくられることもなければ、完全に非合理的になることもない。われわれの住む行為には、構造的な側面とエネルギー的な側面があり、このふたつの世界は、われわれのなかにセットされている。構造的な知能は家の架構や空間の機能をつぎつぎに発展させてきたが、エネルギーあるいは情動的な動きの方は、合理的なものと非合理的なものが区別され分離される知的な世界とは対照的な世界をうみだす。それは直接には分析できず、とりあえず直覚するだけという世界である。そこには薄気味わるく謎めいた気配、グロテスクな醜怪さ、呪術的な表象をまとってしかあらわれえないものも含まれている。つまり、知性ならば矛盾を発見するところに、このエネルギーは自己を実現する場をみるわけである。

家にはまたわれわれを超えた力が作用している。ひとつは家の象徴性である。それはわれわれをいきなり太古や生命の根源に結びつけようとする。家はかたちのないカオスから人間の秩序としてあらわれてきたからである。あとで触れるようにユング的アーキタイプとして、つまり心的経験の類型として家のパターンを読むことも可能なのである。同時にそれは家にまつわる儀礼のなかにコスモロジーという動的な過程を暗示する。もちろん、われわれは正確に、事実としての家の起源を知っているわけではない。しかしさまざまなタブー、儀礼を介してそれを想像しているわけであり、とくに「未開」とよばれている社会の場合には、家の起源が男女両性の関係や民族の起源と神話的に結びつけられているのである。しかしもう一方で、家は人間の現実的な社会性そのもののなかに成立してきたものである。われわれが自覚していようといまいと、われわれを拘束する宇宙にもなる。どれほど深く内部を囲ってみても、いまでは外側から物や情報が無遠慮に侵入し、それによって変貌する。家は内面からも外面からも人間の行為と社会的な関係に織りあげられ、人間と社会の像を自らのなかに目に見えぬ文字のように織りこんでいる。家はそれ自体さまざまな語り、いいかえれば複合したテキストである。このテキストを読むことは、消えていく行為や意識的なことばが直接的には繫留しえない人間の闇の部分をも読むことになるのみならず、家にひそむ社会的諸イデオロギーを横切っていくことにもなる。

生きられる家は一面では世俗の世界に属しているのではなくて、現実を超えようとする自由な意志を示すのではなくて、現実そのものを構成している。それは大体において紋切型（ステレオタイプ）である。この月並みな世界は、インヴィジブルな慣習からなるネットワークとして織られている。この慣習のコードを対象とするのが記号論のひとつの役割であることはいうまでもない。この俗なる家と建築家の作品のあいだには埋めがたい裂け目がある。なぜその亀裂が生じたのか。この種の亀裂はたんに家固有のものではなく、さまざまな文化領域にみられるとしても、生活に直接関係のある家のテキストではかえって顕著になる。建築家がつくりだす空間は現実に生きられた時間の結果ではないし、一方、生きられた家は現在の行きつく果てをあらかじめ読みとって構成されるわけではないからである。それらはおそらく空間のテキストのふたつの極、詩的言語とコード化された言語というふたつの極を示しているにちがいない。その対立と相関のあいだに、われわれの空間についての思考のすべて、空間言語の多様さの一切が生じ、関係しあっている。

建築家の作品と生きられた家のちがいは、現代建築がヴァナキュラー（土着的）なものに特別な関心をよせるときにかえっていっそうはっきりする。ヴァナキュラリスムは、たしかに建築に具体物の輝きを求め、「偉大な作品」から離脱しようとする傾向のあらわれである。それは生きられた家の時間と空間に、従来の建築を非聖化し、生き生きさせるためのヴォキャブラリーを求める。あるいは生きられた家がなりたつ文脈と家との関係に、修辞的範型を探すこともある。しかし、そのときでも（いやそのときこそ）「建築」は、充分普遍化された概念がなければなりたたない。その方法は、技術や計画理論あるいは社会学的な方法がそれだけではどこまでいっても、われわれの時代の存在の根本的な欠乏を解決するにはいたらないというアイロニカルな認識の上に組立てられている。だから、ヴァナキュラリスムを標榜しても、建築家の作品は生きられた家のなまなましさのかなたに、生きられた家々自身が気づかないでいる「建築性」という概念——自己自身に言及する概念をそこからひきだしてなりたつのである。いわば他者のまなざしを織りあげることによってひとりの人間の想像力が現在構成可能な空間の限界を描きだすことになる。

これに対して生きられた家は、あらゆる時代のデザインを無差別に利用し、風化し、恣意的でまがいものに充満しかねない空間である。生きられる空間はさまざまな矛盾にとむ現象であるが、同時に、知覚作用、知的（技術的）操作、欲望の深さにもとづく「生活術」に構造化された記号の織物（テキスト）なのである。しかし、そこにはまえもって計画できるものではない経験の空間にあたえる質が形成される。ミンコフスキーが研究したように、そこに住む人間の行為が空間の質のちがいをつくりだしてしまうのが、生きられた家の事実である。たとえばカップルの部屋と独身者の部屋にあらわれてくる親密さの程度には差異があるとミンコフスキーは述べる。またある空間が人びとのあいだを結びつけ、別の空間が引き離したりすることも、人間と空間の実際のかかわりあいのなかで経験的にしか見出されない。生きられた家がわれわれをひきつけるのは、なによりもまず、このように人間によって生きられた空間と時間の性質があらわれた記号群であるからであるが、それだけではなくこの記号には階層化された社会のなかでの欲望――生活術がつくりだすさまざまな虚構的現象が読みとれるからである。それがコンフォルミスムに陥っていても、そこには時間も空間も乏しい時代のなかを彷徨していく渇いた肉体の沈黙のことばが秘められているのである。その紋切型が、いたずらに新奇性を求める現代の文化に対するアイロニーになりうる逆説も、その沈黙からうまれてくるといえないだろうか。

2. 建てることと住むこと

汽車に乗って長い旅をしながら窓外をみていると、コンクリート・ブロック、トタン、カラー鉄板、プラスチックの波板、アルミサッシなどが国中にひろがり、家の面影を変えているのが手にとるように見えてくる。いわゆる民家はまもなく消えてしまうだろう。民家がなりたつ条件そのものが社会から消失しているのだ。おそらく農村そのものが消えようとしているのだろう。たとえば屋根を葺く材料も少なくなり、屋根を葺くために必要であった共同体（ゆい）もほぼ解体している。いま、このような家を原型のまま維持するとしたら、それは生活ではなく文化財として保存が加えられねばならない。

それはもう生きられる家とはいえないかもしれない。古い民家がまだわれわれに安らぎを与えるとすれば、それはかつての自然的な環境のなかで、人間が住みついた「家」がかいまみられるからである。自然的な環境とは「自然」をさすのではない。近代的な技術が介入する以前の人間の環境である。「家」とそれが現実化する文脈との均衡した構造を、限定された条件のなかで発見できるからである。ハイデガーは「建てること、住むこと、考えること」という講演（ダルムシュタット・一九五一）のなかで、シュヴァルツヴァルトの古い屋敷について次のように語っている。

ここでは、地、天、神的なるもの、死すべきものを一体としてもののなかへとりいれることのできる能力の切実さが家を建てたのであった。その能力は、屋敷を、風のあたらない南向きの山の斜面に、草地のあいだの泉の近くに建てた。屋根には庇の長い、こけら葺の屋根をつけ、その屋根は適当な勾配をとって雪の重みを支え、深々とかぶさりながら長い冬の夜々の嵐から部屋部屋を守る。聖像の置き場を団欒のテーブルの背後に設けることを忘れない。子供のベッドやひつぎを置くための神聖な場所を部屋のなかにあけている。さまざまな年齢のものをひとつ屋敷の下に集め、年月をけみしたかれらの人生行路の目印をはっきりと描いてみせる。それ自身、住まう（ヴォーネン）ことに由来し、その道具をなおもの（ディング）として使用する手仕事が、屋敷を建てたのである。われわれが住まうことをなしうるときにのみ、建てる（バウエン）ことができる。

日本の民家についてもほとんど同じような文章を書くことができる。われわれは煤（すす）に汚れているががっしりとした小屋組みにも、土間の適度な硬さにも、「住まうことに由来し」た建てるいとなみを感じとるのである。この引用のはじめにあらわれる四つのもの（地、天、神的なもの、死すべき存在）の関連は、かれにとって住むことの本質——コスモロジー——である。四つのものの一体化を可能にするのは「場所（オルト）」であり、建築はその「場所」をあらかじめつくりだすことによって住むことに同一化するという、やや煩雑なすじみちの思考が、この講演の中心をなしている（空間もこの場所によって本質をあたえられているのだ）が、重要なことは住むことが「存在」の基本的な性格であり、住むことと建てることについて考えようとすることは、建てることが住むことに従属することを明らかにするということである。さらに考えることも、建てることとちがった仕方ではあるが、住むことに従属すると述べる。ハイデガーはこの一致を「建てる」にあたる古高ドイツ語（buan 存在する）のなかにさかのぼって見出している。この言語上の類縁はそれ自体大きな意味をもつとしても、それ以上に、それを読んだとき「住む」という極くあたりまえないとなみを、人間が本質を実現するキイワードとしてみていることが印象的であり、かつほんとうにはなにを考えているのかと訝ったものだった。哲学者たちがむやみに難解な思想にしてしまうハイデガーの思考の核心は、われわれにもっと触れやすいものではないのか。「家」を読むことが、人間を理解することに他ならないという単純な真理に私たちを一挙に引き寄せるのである。

住むことと建てることの関連は、ガストン・バシュラールの場合にも「居住することは建築することの想像上の写し」といいあらわされている。かれの場合も、動物の巣のような保護の観念が「家」のイメージの根底にある。しかもこの観念が現代では失われているから、家が想像力の問題を喚起するのである。住むことによって建物の個々の部分に想像の価値が結びつき、この価値が支配的になり家は大きくなる。「家」はほとんど宇宙と同じくらいのスケールにのびあがる。建物を読むことは、心的な世界を開くことになるわけである。バシュラールはいう。

> もしも家がなかったならば、人間は散乱した存在となるだろう。天の雷雨にも、生の雷雨にもめげず、家は人間をささえまもる。家は肉体と魂なのである。

では逆に建築することは住むことのなにに相当するであろうか。

さきのシュヴァルツヴァルトの屋敷の記述のあとに、ハイデガーは次のような重要な但書きを付けている。

シュヴァルツヴァルトの屋敷に注意をむけたのは、なにもわれわれがこれらの屋敷を建てることへ遡るべきだとか、そうできるとか言おうとするものではない。ただこの屋敷が過去の、かつてあった住む（ヴォーネン）ことがいかにして建てる（バウエン）ことをなしえたかの例を示すものである。

古い民家のひとつの読み方がここに示されている。民家から何をひきだすべきか。住むことと建てることが同一化される構造があったことを見出すこと、この構造の意味を知ること、それ以上ではない。この一致がわれわれに欠けており、その欠落（故郷喪失）こそ現代に生きているわれわれの本質であると考えることが必要だと、ハイデガーは述べているわけである。（後略）

出典
多木浩二『生きられた家（新訂版）』青土社、二〇一九年（初出：篠山紀信 写真、多木浩二 文、鶴本正三 編『家　meaning of the house』潮出版社、一九七五年／所収：『生きられた家』田畑書店、一九七六年／青土社、一九八四年／岩波現代文庫、二〇〇一年）

1978

奥の思想

槇 文彦

解説

この論考は、槇文彦とその弟子筋にあたる大野秀敏ら三名が執筆した『見えがくれする都市』の最終章として収録されている。同書は財団法人による助成研究の成果をまとめたものであり、江戸期から近代以降にかけて東京の景観がどのように成立してきたかを繊細に分析している。

「奥」とは、建物の内外が明確に分断されていない重層的な領域を指す。例えば縁側や障子などによって空間がゆるやかに分節された木造家屋や、斜め方向へと諸室が連続していく書院造の構成にそれは見出せる。ゴシックの教会のように強い中心性や垂直性を持たせることよりも、シークエンスの連なりによって水平的な深さを演出することに力点をおく。その意味で「奥」は日本独自の概念であるという。

単体の建築物のみならず都市空間のなかにも「奥」は潜む。槇自身がかつて幼少期を過ごした東京山手地区の原っぱもそのひとつである。言葉のつながりだけでいえば、後に長谷川逸子や青木淳も「原っぱ」に着目し、ユーザーが特定の機能のみにとらわれることなく活動できる場所を言い表す語として使用している。ただし槇の議論がそれらと異なるのは、近代以前の土俗信仰の名残を帯び、人びとの潜在的な記憶に紐づいた場所であることを重視している点にある。そのような風景が都市開発のもとで失われつつある状況下で同論考は書かれた。現行の都市を対象とする分析手法は、一九六〇年代のデザイン・サーヴェイからヒントを得たものでもある。

同じころ、槇と同世代にあたる他の建築家も日本的空間の特性を示す鍵概念を打ち出していた。例えば磯崎新は「間」を、黒川紀章は「グレー」や「道」を掲げ、海外での展示やテキストを通じて発表した。とはいえ各人の語り方は差異をはらむ。磯崎は「間」を「MA」と訳出することで英語に翻訳不可能なコンセプトであることを強調したのに対し、槇は「奥」に「インナースペース」という訳語を与え、他言語でもキャッチアップできるようにした。また黒川の「グレー」や「道」は内部と外部の中間領域である点で「奥」と共通するが、槇の分析のほうが入念な読み解きとなっている。抽象論にとどまらず実在の微地形をつぶさに観察する姿勢は、中沢新一の『アースダイバー』や東京スリバチ学会による活動などの二〇〇〇年代以降のフィールドワークと軌を一にするものといえよう。

そんな「奥」の最大の実践場が、槇の代表作として名高い「代官山ヒルサイドテラス」（一九六九〜一九九八年）である。旧山手通りの両サイドにヴォリューム群を分散し、その隙間に小径や庭を配することで、風景の見えがくれを次々に引き起こすパブリックスペースを形成した。人為的にはつくり難い濃密な「奥」を実現しえたのは、三〇年以上の歳月をかけ、七期にわたって少しずつ建物を付け足すという稀有なプロセスを経てきたからにほかならない。

（菊地尊也）

関連文献

奥野健男『文学における原風景——原っぱ・洞窟の幻想』集英社、一九七二年
槇文彦『ヒルサイドテラス／ウエストの世界』鹿島出版会、二〇〇六年

奥の思想（抜粋）

槇 文彦

空間のひだ

私がここ一、二年住んでいた三田の町は東京でも起伏の多いところである。古川の流域を北に見て、小山台と称される丘が一度おちこんで、三田台、そして高輪台に続き、かつてはこのあたりから東京湾が一望に開けていた。

附近一帯は古墳が発見されることも珍しくなく古くから人家が定着していたらしい。更科日記に出てくる亀塚古墳も三田台の一隅にある。この丘に通ずる聖坂（ひじりざか）はかつて高野聖が開いたのでその名がつけられたという。丘の北西を鎌倉街道がはしり、丘を縫うように徳川時代に東海道の脇往還が形成されていたことによってもこの地域の旧さがわかろう。今でもここそこに点在する商店街は、当時、街道に沿って発達した町人町の名残りであろうか。

寛永から寛文の時代にかけて幕府の命によって大挙移動してきて丘のひだにはりついた社寺が、地域の大半を武家屋敷と分けあっていた。これは江戸時代の山手と称される地域の一つの典型であったに違いない。恐らく、上野の一帯も、三田に接続する麻布台、あるいは愛宕台等も同じような様相をもっていたことが想像される。

四十年前、私はこの地域の小学校に通っていた。そんなわけで、今でも附近を散歩すると、現在と当時と、そしてずっと昔徳川時代にそうであったであろう姿が、三重の像となって脳裡に形成されていく。かつての武家屋敷や寺の敷地の多くは過去百年の間に次々と分割されてしまった。それでもいくつかの坂に沿って残る高い塀と、塀の内側に鬱蒼と生い繁る大樹が、昔の姿をよくのこしている。だからこそそのすぐ脇に、きしむように建てられた四、五階建のマンションの側壁と、古い塀との間の薄暗い空間が妙に深さを感じさせたりする。

小山台の標高はたかだか十五メートルであり、三田台にしても約二十五メートルの高さであるに過ぎない。にもかかわらず、道が狭く、屈折しているために、実際の高さ以上の到達感がある。さらに尾根の道から分岐して丘のひだに向って入っていく細い道に沿って、往々にして外から想像もつかないようなひめやかな景観に遭遇する。道はきまったように屈折し、時に崖縁に沿って急激にUターンしたり、突然石階段に変貌したりする。車も入れないような細い道の両脇に群生する小家屋は、もちろん東京のここ数十年のすさまじい都市の高層化からも取残され、あるいは取残されたというよりもむしろ生残ったというある種の解放感に息づいているようである。しかしこうした感慨も長くは続かない。細い道がようやく丘の下に到着しかかると、突然荒々しい姿で高層の建物のコンクリートの壁が眼前に立ちはだかり、自動車と町工場から発生する騒音に、今しがた経験してきた静かな一時が、何か白昼夢のように思われるのだ。丘の尾根から下まで、距離にすればせいぜい数百メートル、高低差が二十メートルとしても、建物にすれば六階建のビルに相当するに過ぎない。にもかかわらず、そこに存在する空間のひだの濃密さは何に由来するのであろうか。

江戸の時代から今日に至るまで、地域の街路の変遷をたどった地図を調べると、かつて社寺、武家屋敷で形成されていた地区の内部に向って、周囲からつくられた何本かの行止り道が、やがて敷地の分割化に伴って枝分れし、あるものは必要に応じて接続され、今日のようなパターンになったことが明らかになる。多くの場合、地形による高低差とか、大樹、塚の存在がこうした道も含めて境界域の決定に深くかかわりあっている。だからこそ先にいった空間のひだは実は、地形、道、塀、樹木、家の壁等によって何層にもかかわりあい、包まれることによって形成された多重な境界域がつくりだしているものといってよい。比喩的にいうならば、何か玉ねぎの中に入っていくような感じを与えるのである。

しかし、重要なことは、この空間のひだは山手だけに存在するものではないということである。

(中略)

空間のひだの重層性は、私が世界中の様々な都市を見、歩いてみて他の地域社会になく、しかも日本においてのみ発見しうる最も特徴的な数少い現象のひとつである。私はこのような、先に玉ねぎと称した濃密な空間形成の芯とも称すべきところに日本人は常に奥を想定していたと感じる。そして奥という概念を設置することによって比較的狭小の空間をも深化させることを可能にしてきた。都市空間の形成において、ある安定したイメージが長い期間にわたって、地域社会特有の集団深層意識のふるまいを通して、記憶され、自律的に作動しているが、奥はまさしく、日本独特の空間概念であり、そのよい例のひとつであろう。そして今後の都市論の構築そのものにこうした空間観の存在を理解することが必要であると思う。

(中略)

奥は奥がそこにかつてあったことによって、あばかれたかたちにおいても存在する。

東京でも関西でも、私鉄電車が、住宅の密集地の中を家屋の軒すれすれに、あるいは庭先を通り抜け、また、山ひだに沿って口を開けたように展開する集落のへりをかすめとっていくのを経験するたびに、私はそうでなければそこに存在したに違いない奥があばかれているような気がしてならない。同じことは今日、大都会にはりめぐらされた高速道路にきりとられた部分についてもいえるようだ。サンフランシスコあたりでも往々にして高速道路の脚下にバラックの建物が点在しているのをみかけることがある。その脚柱は日本のものよりも遙かに仰々しいのに、日の当ったバラックの白い壁は妙にシュールで、楽天的であるようにすらみえる。奥のない外国の諸都市では、本来建物はそこになくてもよいものが、たまたまかりに、そこにあるのに過ぎないのだから。それにくらべて、本来この世はかりの姿でしかないという思想に培われてきた筈の日本の都市社会に、唯高い地価に対する人々の執着がなせる業とだけでは説明しきれない、土地に深く根差した何ものかが、鋭く時に痛ましくその切断面をあばきだされている場合を見ることが何と多いことであろうか。

（中略）

住居の型のなかの「奥」

（中略）

神代雄一郎が日本のコミュニティの研究の中で述べているように、山を背にして田園と家屋群が里を構成するという日本における村落コミュニティの原型は、奥の存在を図式的に示唆するものとして私は極めて重要なものであると思う。何故ならばこのような集落は往々にして山の下を走る街道筋に沿って横に長く配列されていて、周辺にひろがる耕地を管理している。それに対して直角に山裾の神社、さらに山奥の奥宮をむすぶいわゆる宗教軸が確立されているからである。ここで初めて奥は宗教性を方向というかたちで空間的に与えられたといってよい。

（中略）

もちろん日本人にとって奥は山という自然からのみ出てきたとは限らない。古語では奥は沖から

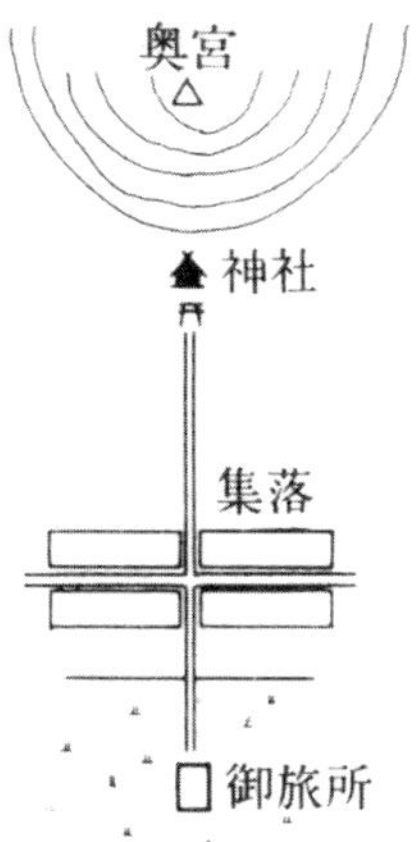

村の構成（出典：『SD別冊No.7　日本のコミュニティ』鹿島出版会、1975年）

出てきた言葉でもあるという。国文学者折口信夫の説に神は海の方からやってくるという部分がある。神の座としての奥を考えれば、山にも海にも奥が存在する。しかしもしもこの神が一神教の神であったのなら、恐らく奥は日本人の生活の場において、これだけの普遍性は与えられなかったに違いない。我々は山以外に森であるとか、あるいは土地というものが日本の民族史の中で特殊な意味をもつことを発見することによって、さらにこの奥の普遍的存在をしることができるようだ。

神体山としてあがめられた山にはたとえば山が樹林で覆われ、林相が美しいとかおわんをふせたような盛上った形をしているといった共通点をもっているものが多い。そして平坦の地であっても森で覆われ盛上った地形は大きさの大小を超えて、集落の中で特殊な扱いをうけている。今でも東京の周辺に存在する円墳は、こうした樹木が茂ってむしろ自然の山に似せられてつくられている。そしてそこに小さな社がひっそりともうけられているのをしばしば目撃することがある。恐らく古墳は日本において最初の人工的な象徴物であった。梅原猛はこれを日本の最初の塔的建造物であるといったが、そうした本来権力の象徴であるべきものが、すでに疑似的自然であったことが面白い。そして往々にして、屋敷の片隅の盛上った場所に祠をたて稲荷塚をはじめとする屋敷神を祭ったように、盛上った地形は地霊がこもる場所と考えられ、生い茂った緑はこもるにふさわしい自然の奥深さを意味していた。それは僅かな地形の変化、樹木の存在、見晴し、湿り気等、自然がつくり出す微妙なニュアンスの象徴化である。奥野健男は『文学における原風景』で昭和のはじめまで彼が少年時代山手の一画で遊んだ原っぱのそこここにあった小さな祠や石仏、石碑を通して土俗信仰のかげが濃く漂っていた事実を再三指摘している。そして地主神などの土俗信仰が次第に大きな集落信仰、氏神、鎮守社に吸収されていった後、最後に「原っぱ」の一隅に呪術的なたたずまいのある歴史的な共同幻想によってなめつくされた空間があると述べている。このことは日本の都市がごく最近まで、――そして恐らく今なお――巨大な村落であるという現象面だけでなく、本質的に田舎を内部に蔵していたことを示している。そして彼は原っぱは単に都市のなかで開発がおくれた空地でなくそれは神聖な禁忌空間であったとする。そしてそこには秘められた奥性が常にあったことはいうまでもない。彼がその中で引用する谷崎潤一郎の「少年」の一節は、これまで私が述べてきた都市空間の中の奥をあますところなく伝えている。

「東京にはもと武家屋敷であった塀に囲まれ、内部をうかがいしることの出来ない宏大な邸が方々にあった。そのひみつめいたものをしりたいという夢想、うっそうと樹の茂った庭、珍らしい西洋館、家の薄暗い迷路に似た廊下、奥深い使われていない部屋、そこでの秘密の遊び、奴隷ごっこ……」

太平洋沿岸地域の一見明るい自然の景観にくらべて、土地にまつわる日本の民俗史はある暗い面をもっている。日本人特有の微地形に対する関心は、時に異常なまでの土地そのものに対する執心に裏づけられている。そしていくたの物語性に富んだ土地信仰はやがて人々の深層意識として定着し、近代という全く異なった社会経済機構の中でその執心だけは物語性を漸次失いながらもやはり連綿と生きつづけるのである。プライヴェートのサンクチュアリーとしての空間には、奥という位置が与えられ、儀式化される。日本ほど、その歴史において、土地に執着し、一方において建築の永遠性を信じないところをしらない。空間はどうやら、土地において代表され、建造物によって表象されないようだ。たまたま私の身辺に、日本でも有数の山林をも含めた土地持ちを知る機会があった。彼は東京近郊にも、あまり有効利用されていない宏大な屋敷地をもっている。すでに七〇の半ばを越した彼が、別に開発の目的もないのにその所有地の端にへばりついたいくばくかの土地の借地権をめぐって今も激しく法廷で争いをつづけているということを聞いた時、私は理屈では説明できない、土地への盲目的な信仰の存在を感じとったのである。

（中略）

包みこむ領域形成

（中略）

日本人にとって土地は生きているものであり、その基盤に土俗信仰に深く根差した土地への畏敬の姿勢がある。「奥」は構築されたもの（中心のように）でなく本来土地そのものに与えられた原点なのではなかろうか。日本人は割合家を壊すことに抵抗を示さない。家は現世の仮のものにしか過ぎないからだろう。しかし現存する井戸や塚を取除くことを極めて忌み嫌う。かつて高野山において空海が寺をうつすにあたって地霊を鎮めるための儀式を行い、そこが今でも土地神として残されているという。先に述べたさまざまな家屋形態における奥は、奥という概念が普遍化した時点において、内部空間の中に与えられた特殊な座（相対的なもの）に過ぎない。土地そのものの中に実存の原点を求め、奥はその象徴なのではなかったか。かくして奥は都市（あるいは集落）の中に無数に発生する。時に公共的な奥として、またある時は、より私的な領域の中に、無数の奥を包摂する領域群として都市が理解される。都市は絶対的な中心をかかげ、蝟集するところでなく、各々の奥をまもる社会集団の領域として発展してきた。日本の都市は少なくとも今世紀の初めまでこうした姿勢を構造上保持しつづけてきた。

今、日本の都市はかつてなかった激しい近代化、高密度化の洗礼をうけている。この稿はこうした状況の中で、日本の奥とそして「奥性」はどうなったか、そして今後どうなるかを推論するのが目的ではない。モーリス・アルブヴァックスがいったように、都市は集団の記憶の場所である。

集団深層意識に根差した文化特有のイマージュが都市の理解に不可欠であることを指摘したい。しかし一建築家として、現代の都市の構築にいささかでもかかわる私にとって、同時にこの問いは避けられないものでもある。いくつかの基本的なシナリオ——それは地獄図も含めて——は容易にかけそうだ。問題はそれぞれのシナリオがどう現実にからみあうかである。一つのシナリオは都市における継続的な高密度化が現在すでに矮小化された自然と、土地に根差した場所性の喪失をますます促進することによる奥性の飛散である（あばかれた奥も含めて）。奥はさらに個別化され、かつて下町や山手にあったような集合としての奥性に参加しなくなってしまう。

もう一つのシナリオは、たとえ部分にであれ、現在の状況の中でも、再び都市の空間に奥性を附与すべく、利用しうる古い、あるいは新しい空間言語と技術を使ってその再生を試みることである。それがどのような姿にであるべきかは今は定かでない。しかし達成すべき目標が明らかになった時その手段はいずれ見出されるに違いない。望ましき空間の質は単にひろがりにあるだけでなく深みの創造にあることを日本の都市の歴史は物語っている。

出典
槇文彦他『見えがくれする都市』鹿島出版会、一九八〇年（初出：『世界』一九七八年一二月号）

槇総合計画事務所「ヒルサイドテラス第I期」1969年

1979 街並みの美学

芦原義信

解説

芦原義信は、アメリカに留学した後、一九六二年に『外部空間の構成――建築から都市へ』を刊行するなど、日本で早くから外部空間や都市景観の重要性を論じた建築家である。メタボリズムがSF的なメガストラクチャーによって新しい都市を創出しようとしたのに対し、芦原は都市空間に対する具体的なデザイン手法を提示した。特に彼の主著『街並みの美学』（一九七九年）では、しばしば無秩序だと批判される日本の街並みと、西欧の街並みを二項対立的に比較・分析しながら、日本の景観を改善するための提案を行っている。

彼によれば、室内で靴を脱ぐことから、日本人は内部と外部を明確に分け、内部の秩序を重んじる習慣により、外部空間の整備に無関心になっている。またイタリアの地図が白黒反転させても図柄として成立することを指摘し、建物だけでなく、街路や広場も「図」、つまり街の主役になり得るという。一方、江戸の地図では、「図」と「地」の反転が成立しない。また建物の高さ＝Hと道幅＝Dの比率（D/H）が空間に与える影響を分析し、D/H＜1は狭くるしさ、D/H＞2は広々とした印象になると考察した。さらに、建築そのものの「第一次輪郭線」に対し、その周りの柵や看板がつくる「第二次輪郭線」が強いため、日本の景観は統一感がないと主張した。他にも袖看板を見る角度と建築の露出度を調査し、狭い歩道では建築の表面が袖看板に隠れてしまうことを示している。かくして日本の景観の改善策として、都心の主要道路はできるだけ広くすること、歩道の幅は三メートル以上にすること、そして第二次輪郭線、特に袖看板を極力制限することを掲げた。

基本的に芦原は、クラシックな美学をもち、ヨーロッパやアメリカの都市空間を理想のモデルとし、建築を正面から捉えるための広場の必要性、ビルの足元のオープンスペースを美化する屋外彫刻にも触れている。しかし、その後、ポストモダンの時代であるとともに日本経済の黄金期に刊行した著作『隠れた秩序』（一九八六年）では、日本の都市構造を再評価した。日本人は全体よりも部分を重視し、ある小さな部分から発生して、内容を豊かにしながら全体を構成していくプロセスが認められる、と。そして無秩序な日本の都市は景観という「全体」像には重きを置かないが、壊されても焼かれても再生し、常に変貌しながら新しい文化や要素を受け入れる「アメーバ都市」だという。こうした思考の変化の背景には、複雑な秩序に関する新しいフラクタクル幾何学やカオス理論の影響がある。

（菊池奈々）

関連文献

都市デザイン研究体『日本の都市空間』彰国社、一九六八年
芦原義信『続・街並みの美学』岩波書店、一九八三年／岩波現代文庫、二〇〇一年
芦原義信『隠れた秩序――二十一世紀の都市に向って』中央公論社、一九八六年／中公文庫、一九八九年

街並みの美学（抜粋）

芦原義信

（前略）

さて、街並みの形成にあたっては建築の外壁が重要な役割を果たしていることは論をまたない。イタリアやギリシャの組積造の建築においては、逆な言いかたをすれば、建築の外壁こそが街並みを決定しているのである。それにひきかえ、わが国の商店街等の街並みを観察すると、そで看板のような建築の外壁から突出しているものが非常に多く、視覚構造としての街並みを決定しているものは建築の外壁ではなく、これら突出しているものである場合が多い。その上、その突出しているものの中には一時的な目的のものや、ひらひら動くものまであって、固定的で安定した街並みの視覚構造をつくることをますます困難にしている。大売出しや、新着映画、新発売レコード等を宣伝するための大きい垂れ幕や、春や秋の売出しのための桜の花や紅葉のプラスティック製の飾り、道路にとびでた置き看板等のような、動いたり臨時的なものから、鈴蘭灯、電柱、電線、電柱看板のような道路の邪魔ものや、高く、低く、折り重なって見えるそで看板にいたるまでそれはそれは種々雑多である。その上、本来機能的であり美的であるはずの交通標識のサインまで、まったくしつこいまでに繰り返し繰り返し取り付けられている。もし、そで看板が横に一メートルとびだしていると仮定して平面幾何学で解析すると、二七度の視角で見れば $\tan 27^\circ = 2$ で二メートル、一八度で三メートル、看板に平行に見れば、無限大の距離だけ建築の外壁が見えなくなる理屈である。であるから、道路が狭ければ狭いほど、そで看板によって外壁は見えにくくなるのである。

このようにわが国の街並みでは建築の外壁はほとんど見ることができず、街並みを規定するのに建築の外壁はなんらの影響もあたえていない。むしろ、外壁から突出しているものが街並みを形成しているのである。ここで建築の本来の外観を決定している形態を、建築の「第一次輪郭線」と呼び、建築の外壁以外の突出物や一時的な附加物による形態を建築の「第二次輪郭線」と定義するならば、[1]西欧の都市の街並みは建築本来の「第一次輪郭線」で決定されるのに対し、香港、韓国、日本等のアジア諸国の街並みは「第二次輪郭線」で決定される場合が多いのである。

このことは、前述したイタリアの街並みでは道路がゲシュタルトの「図」を形成するほどに建築の外壁が強く作用しているのに対し、日本の都市の商業地区の場合は、外壁が「図」の形成をうながすほど強く作用しない上に、ひらひらするものや、突出するものが輪郭をあいまいにし、とうてい「図」となることを不可能にしていることを意味する。よく言われるように、日本人画家もパリを描くと絵になるが、日本の街並みは絵にならないという。これは、「第一次輪郭線」は秩序と構造がはっきりしていて描きよいのに対し、「第二次輪郭線」は無秩序で構造化されていないため、絵にならないからであろう。

最近のビルのそで看板の中には、同じ大きさに秩序だって並べられているものもある。このような整然としてリズムのある突出物は、場合によっては、「第一次輪郭線」の中に組みこまれ、本来の建築の一部にとけこむことがある。また、等間隔に整然と並べられた街路灯や、建物に調和した酒屋の杉だまや、パリのガス灯のように、建築の「第一次輪郭線」に取りこまれ、街並みの形成に貢献するものもある。エーゲ海の島々の街やイタリア南部の街なども、一見、輪郭が乱雑に見えるにもかかわらず絵となり、むしろ人間的な空間として芸術的な感銘をあたえるのは、それが「第一次輪郭線」から成立しているためである。顔中が絆創膏に繃帯巻きでは、とうてい美しい表情を見られないように、街並みの場合も、少しでも「第二次輪郭線」を少なくし、それらを「第一次輪郭線」の中に取りこむ努力が必要である。それらの努力が歴史的に積み重ねられているヨーロッパの街々を訪ねる人々が、美しく落着いた都市の景観に感銘するのはまさに当然のことであるといえよう。とにかく「第二次輪郭線」をできるだけ少なくすることによって、街並みをより美しくすることができるのである。

次に建物の外壁の見えかたについて言及したい。建物が道路沿いに立ち並んでいる場合、道路境界線ぎりぎりに視点を定めて建物の外壁を見る時に道路境界線より〇メートルでは理論的には建物の外壁は視界に入らない。もし見えるものがあるとすれば、建物の外壁より突出しているそで看板のような第二次輪郭線のみである。境界線より逐次視点が離れるのに従って、建物の外壁の視界に入ってくる壁面量の割合が増加してくる。それに対してそで看板のような第二次輪郭線の見える面積量はあまり変化しないが、外壁の視界に入る面積は相対的に増加してくる。したがって、第二次輪郭線によって遮蔽されない第一次輪郭線の印象は増加してくる。言いかえれば、本来の建築のファサードは、道路境界線より離れれば離れるほど、はっきり認識され、かつ、突出物によって遮蔽される割合は減少する。さらに境界線からずっと離れて、ついに視線が建物の正面にきたとき、建物の正面の外壁はすべて視界に入り、側壁は視界に入らなくなる。そで看板のような突出物が壁面についていると仮定しても、その厚みのみしか視界に入らず、第二次輪郭線が最小となり、第一次輪郭線が最大となる視点である。このような建築の見えかたは、見る人に強い建物の印象を与え、街並みの景観を豊かにする。

さて、このように建築を正面から、その高さの二倍ないし三倍の距離（D/H=2～3）の視点から鑑賞できるように配置することは、ヨーロッパのルネサンス期以降の街造りの技法であった。すなわち建築にその正面性（frontality）を与えてその本来の姿を強く街並みの景観として印象づける手法なのである。ヨーロッパの広場の景観にはこのような手法がふんだんに駆使され、建築の正面性が第一次輪郭線として強く作用しているのである。パリの街造りは道路のつきあたりに由緒ある建築を配置し、その建物を正面からヴィスタを以て見られるようにしてある。オペラ通りの正面にはネオ・バロック式の代表作シャルル・ガルニエのオペラ座が華麗な正面の姿を見せている。この建築は、どうしても遠くの正面からだんだん近づいて見られるべき宿命をもっている。リュー・ロワイヤールに立てばマドレーヌ寺院の正面が見られ、後をふりかえってコンコルド広場の方向を見れば、道の正面中央にはオベリスクが聳立している。何よりも印象的なのは、シャンゼリゼー大通りの正面にはエトワール広場の中央に凱旋門が配置されていることである。この広場から放射状にのびる十二本の道路のうち、シャンゼリゼー大通りとその反対側のアヴニュー・ド・ラ・グランド・アルメ大通りだけからこの凱旋門のフロンタリティーを見ることができる。それによって他の十本の道路より主要道路としての優位が与えられている。このようなオスマンのバロック的パリ計画には近代都市計画の観点から時代遅れとして幾多の批判があったが、建築の配置計画の技法や街並みの構成の点から今一度このフロンタリティーを与える手法を見直すと、幾多の見ならうべき教訓が存在しているのである。パリがル・コルビュジエの提唱する「太陽、空間、緑」のある隣棟間隔のたっぷりした高層建築群だけになってしまったら、おそらく味けのない都市になってしまうであろう。パリには今日でも歴史の積み重ねによる魅力がまだまだ沢山あるのである。フロンタリティーの手法によりイメージアビリティーを増加させているのもその魅力の一つであると考えられるのである。

ひるがえってわが国の街並みの景観を見ると、閉鎖空間のなかの伽藍配置のようなものは別として、街の中で建築の正面性を十分に鑑賞しうる余地はなかったといっても過言ではない。街区割りが不規則であるため、思いがけないところに建物の正面の一部だけを見る場合がある。ここにいう正面性とは、建築の脚もとから上部までを正対して計画的に見る場合を言うのであって、偶然、建物の正面の一部だけを他の建物ごしに見る場合などのことを言っているのではないのである。東京タワーとエッフェル塔とを比較すれば、このことがすぐ了解されると思うのである。

さて、わが国の代表的な大通りである東京の銀座通りを一例として、その街並みの構成について分析してみよう。まず銀座通り一丁目から八丁目までの延約九〇〇メートルの道路について、「そで看板」が何列取り付けてあるかを調査してみる。同じ場所でも上下に重ねて取り付けてあるそで看板もあるから、それを一列と数えるほうがそで看板の個数を数えるより実情に近いと考えられるので、ここでは列数（N）として取り上げてみる。

それによれば、銀座通り両側で別表1のように一九九列のそで看板が取り付けられていることがわかる。そのそで看板の占有する延面積（A）は一五二三平方メートルもあり、道路延長を（L）とすると$A/L = 0.84$ m²で、道路一メートルあた

別表1　銀座通り　そで看板に関する調査（昭和53年8月現在）

場所	道路総延長 (L)m	そで看板の総面積 (A)m²	そで看板の総列数 (N)	A/Lm²	L/Nm
銀座1丁目～8丁目 西側	901	960	111	1.07	8.12
銀座1丁目～8丁目 東側	910	563	88	0.62	10.34
銀座1丁目～8丁目 東西側	1,811	1,523	199	0.84	9.10

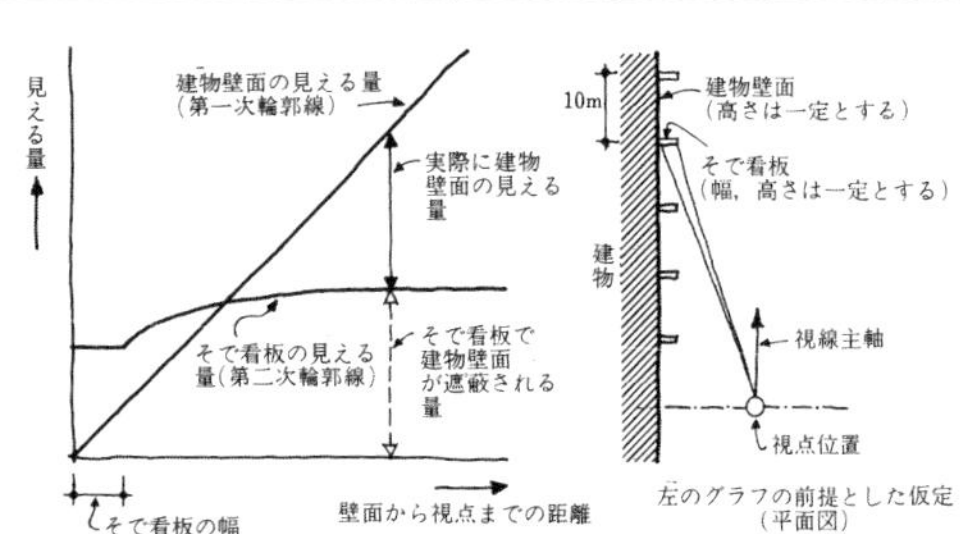

図30　第1次輪郭線と第2次輪郭線の見えかた

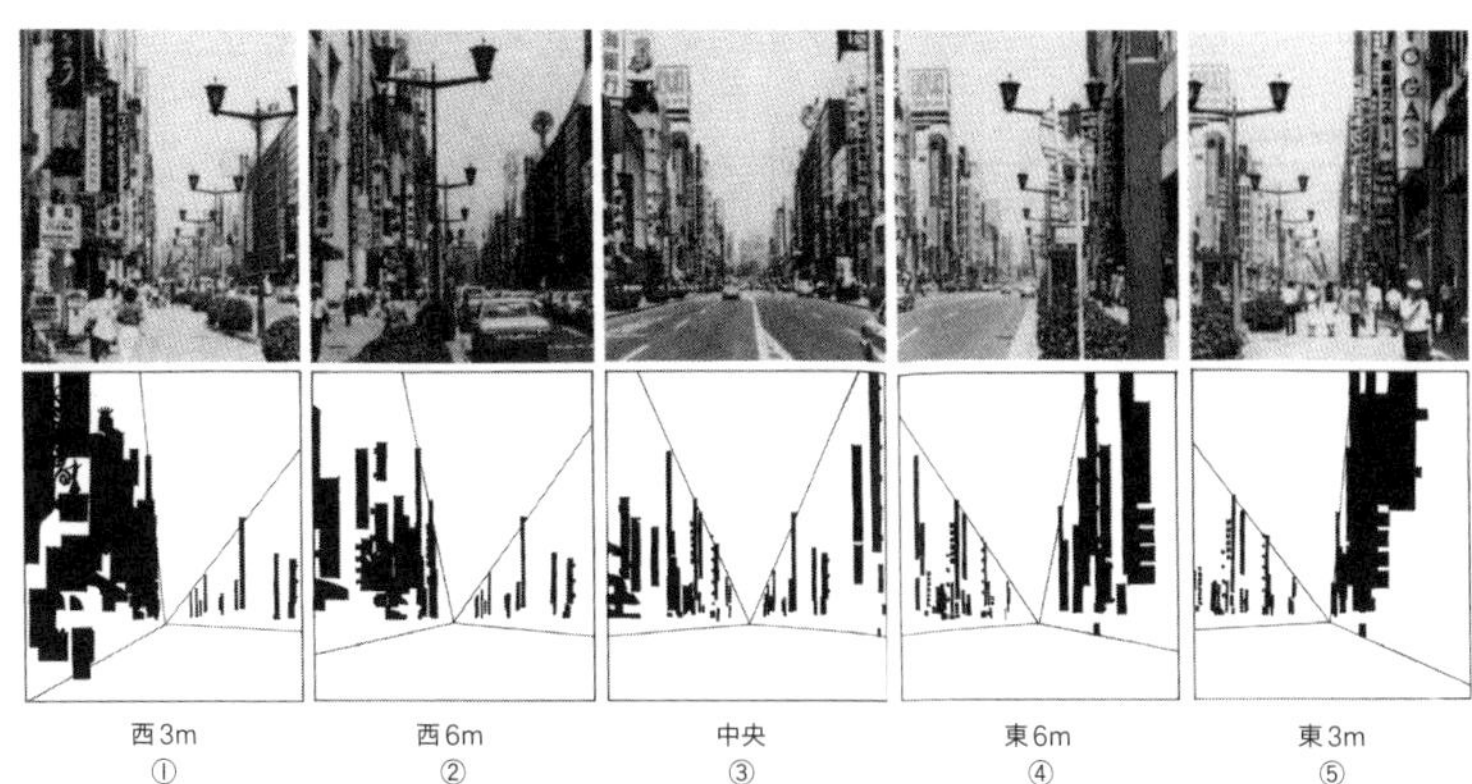

写真32　第1次輪郭線と第2次輪郭線の見えかた――銀座通り
上列の写真のうち、そで看板を黒く塗って下列の図のようにしてみると、西側境界線から3mの視点では、西側はほとんど黒くなり壁面は見えない。その割りに東側の壁面はよく見える。道路中央に近づくに従って東西の壁面の見えかたは多くなり、かつ均等になる。また東側に寄れば、上記と逆な見えかたになる。

り〇・八四平方メートルものそで看板のあることを示す。また、L/N＝9.1mで、平均九・一メートル歩くごとにそで看板に遭遇することが別表1より判明する。そこでこの数値を参考にして一〇メートルごとに一メートル突出したそで看板が建築の壁面に取り付けてあると仮定して計算してみると、図30のようなグラフを作製することができる。このグラフと写真32によれば、道路境界線より三メートルぐらいまでは第一次輪郭線である建築の外壁面はほとんど見ることができない。六メートルぐらい離れると、そで看板で遮蔽される面積と実際に見える外壁面はほぼ等しくなり、その後、離れれば離れるほど第一次輪郭線の見える面積量は増加してくる。このような観察から、歩道は少なくとも三メートル以上ないと街並みの印象は薄くなることがわかる。

都心における中心街の街並みの景観をよくするためには、建築の第一次輪郭線をより見えやすくし、第二次輪郭線をできるだけ減らし、まず街並

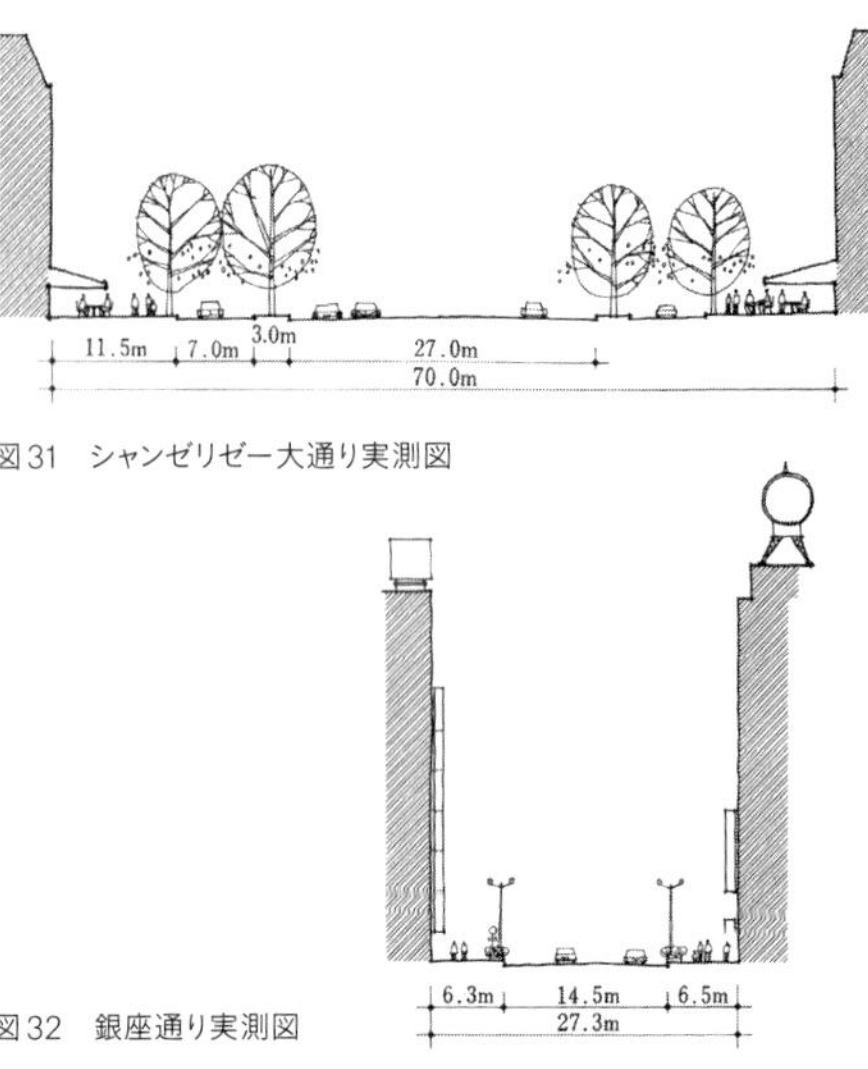

図31　シャンゼリゼー大通り実測図

図32　銀座通り実測図

みの印象を豊かにすることが肝要であることから考えて、次のような提案をしてみたい。

(1)都心の主要な道路はできるだけ広くすること。東京の代表的な道路は幅三〇メートル程度であるが、パリのシャンゼリゼーは幅約七〇メートルもある。道路の広いことにより前記の図表からもわかるとおり、建築の第一次輪郭線の視界に入る割合が増加する。

(2)歩道の幅は前記の理由から少なくとも三メートル以上、なるべく広くすること。銀座通りの歩道はわが国では特に広いほうで約六・五メートル、同じくシャンゼリゼーでは一一・五メートルほどもある(図31・32)。歩道が広くなればその側に立ち並ぶ建築の第一次輪郭線の視界に入る割合が増加することは(1)と同じ原理による。歩道の広くなった極限における空間体験は、歩行者天国や交叉点のスクランブルにて、道路の中心まで歩を進めてあたりの景観を観察するときの心のときめきのそれである。また広くした歩道に、ベンチ、水呑み、噴水、屋外彫刻、公衆電話、街路時計、街灯、案内板等を調和よく配置し、道路に単なる交通空間から生活空間としての機能を与える。

(3)第一次輪郭線を遮蔽する第二次輪郭線、特にそで看板を極力制限する。また、「入り隅み」の空間やサンクン・ガーデンの空間をつくることにより、街並みに変化とゲシュタルト質を与える。また、フロンタリティーやインメディアシーの原理を適用することにより、街並みのイメージァビリティーを高めるようにする。

さて、アメリカのミネアポリスの中心街は、この(2)の原理を適用して既成都市の活性化に成功した実例である。建築家フィリップ・ジョンソンは超高層ビルと他の中層ビルとの間にできた外部空間を大きなガラス屋根で覆い、「外部」のような「内部空間」をつくり、厳寒のこの地に、イタリアのピアッツァのような親密な空間、ニコレット・モール（Nicholet Mall）をつくった。このモールの二階からは、道路の上空を渡る空中廊下——スカイ・ウェイ——をつくり、それが既設のビルを結びつける新しい交通システムとして冬の賑わいをうながすことができた。また、このニコレット・モールにつながる既存道路では一般自動車の交通を禁止し、バスのような公共交通機関のみを通す細いうねった車道をつくる。その他の道路の空間はすべて歩道とし、美しい煉瓦タイルの舗装をほどこした。その歩道の上には、バス待合所、デザインされた道路案内塔、屋外彫刻、噴水、時計、街路灯等を配置してある。これらの方法でミネアポリスの中心街は活性化され、アメリカの他の都市ポートランド、シアトル等の道路の歩道にも同じような手法を活用する契機をつくった。このように歩道を広くすることは歩行者天国とともに歩行者を優先する考えかたの復活とも考えられ、街並みの構成としては注目すべき事柄なのである。

（後略）

註

（1）東京大学工学部芦原研究室卒業論文、亀卦川淑郎「街路空間の視覚構造」。

出典

芦原義信『街並みの美学』岩波書店、一九七九年（文庫版、岩波現代文庫、二〇〇一年）

1979

平和な時代の野武士たち

槇 文彦

解説

槇文彦は優れた建築家であると同時に、鋭い時評も発表してきた理論家でもある。建築界において、一九七〇年代に個性的な住宅を発表した一九四〇年代前半生まれの建築家に対し、「野武士」と呼び名が定着したのも、このテキストがきっかけだった。彼は『新建築』の依頼を受け、当時、三〇代から四〇代の建築家（早川邦彦、土岐新、相田武文、長谷川逸子、富永譲、石井和紘ら）の作品を訪れ、個別の批評を行った後、締めくくりとして、このキーワードを提出した。おそらく、「野武士」は、黒沢明監督の映画『七人の侍』（一九五四年）に登場する荒くれを想起させただろう。

「私は彼らの背後にふと戦国時代の野武士の像を見たような気がした。野武士は主を持たない。したがって権力も求めない。（中略）野武士たちは芸熱心（デザイン熱心）である。（中略）それが主を持たない彼らの唯一のアイデンティフィケーション」である。

つまり、国家や地方自治体の建築をつくるわけでもなく、西洋の文化に詳しい施主に仕えるわけでもない、新しい時代の建築家像を指す。ゆえに、とりあげられたのはおもに住宅であり、「土岐邸」（一九七八年）や相田の「積木の家Ⅰ・Ⅱ」（一九七九年）など、フォルマリズム的かつ自閉的な傾向が強い。そして彼らに共通するデザインの手法として、部分と全体が緊密な関係を持つ近代の機械イメージを解体し、「weak connection（弱い連結）」になっているという。

単体としての住宅を見るだけではなく、現地に到着するまでの状況や敷地の周辺環境をていねいに描いていることは、『見えがくれする都市』において都市空間を繊細に解読した槇らしさが感じられる。そして公共への興味がないとされる野武士たちにも、より広い社会的な文脈を持ってほしいという。文中では、伊東豊雄、安藤忠雄、毛綱毅曠らにも触れており、野武士は花の一九四一年組を含む（早川、長谷川、伊東、安藤、毛綱、六角鬼丈らは、この年生まれ）彼らの世代を総称するものとして理解されるようになった。もっとも、その後、野武士は一九八〇年代にポストモダンのシーンを牽引し、活躍の舞台も大きな公共施設に変わり、かつて槇が期待した広い戦場で、新しい闘いが継続した。

後に伊東は、中﨑隆司の著作『ゆるやかにつながる社会』の帯に「無風ニッポンのサザナミケンチクカ達」というキャッチコピーを寄せている。「平和」から「無風」へ。かつて「野武士」と呼ばれた伊東が、今度は一九七〇年代生まれの新しい感覚を持つ世代を「サザナミケンチクカ達」と命名した。

（五十嵐太郎）

関連文献

槇文彦他『見えがくれする都市』鹿島出版会、一九八〇年
中﨑隆司『ゆるやかにつながる社会――建築家三一人にみる新しい空間の様相』日刊建設通信新聞社、二〇〇六年

平和な時代の野武士たち（抜粋）

槇 文彦

新建築社の石堂さんから電話があった。八月の初めのことである。要件はこの一〇月号（一九七九年）に掲載される三〇代から四〇代の建築家たちの作品を中心に総合的解説をやってくれないかという依頼であった。聞いてみると作品は中国・四国から長野・関東圏一帯に分散していて、これらを全部訪ね歩き、しかもかなり長い文をきわめて短時間にまとめるようなことなので、それはとうていできないと思い、一度は依頼を断った。しかし一両日もすると、少し断ったことに対して後悔の気持が湧いてきた。（……）またこの号に登場する建築家たちは現在建築界で注目されている人たちであり、半分以上は個人的にも面識がある。しかも雑誌では数々の作品を見ていても、実は実物を見たことはほとんどなかったので、こういう〈見て考える〉機会を与えられてそれを避けるのは、プロフェッショナルとしても怠慢ではないかと思うようになった。このように「実物を見てみたい」という衝動がこの役目を引き受ける最大の要因であったことをまずはっきりといっておきたい。

したがってこれはあくまで私個人の印象記であって、作品を通してその人の建築観を解説したり、現代建築思潮のなかでの位置づけを試みることが第一義的な目的ではない（少なくともいま書き出している時点ではそう思っている）。そのため、原稿を書く前に新建築社からもらった各作者たちの作品解説も読まないことにした。おそらく作者たちが見てもらいたかったところを見落したり、見間違えたところもあるかもしれない。しかし一方、作者たちの気づかなかったところを指摘したり、まったく違った観点からの評価もできるだろう。それゆえ、両方の文を読むことによって読者は、建築とはこうも違った思い入れや判断が、つくるほうと見るほうに存在しているのかということを発見するかもしれない。そして私自身、それは現代建築の状況の一断面を認識するひとつの有効な手段ではないかと思っている。もちろん、現場で何人かの作者にお会いしたが、私としては話題をできるだけ実際につくっていく過程での手続き、手法に限定した。しかし私も彼らと同じ建築をつくる立場にある建築家であるから、当然建築家に対して持つ称賛、羨望、懐疑、あるいは批判を、つくる側の立場から行ないたいと思った。

もうひとつ、これは私個人の性向かもしれないが、私自身建築家の視野には、いわゆる専門家としての眼と、専門家でない常人の眼の両方が必要だと思っている。専門家の眼とは、建築に対して、またそれを取り巻く広義の文化的状況に対して尖鋭な理解を持つことによって育てられる眼である。一方、常人の眼とは、専門家であるがゆえに見失ったり、あるいは見過したり、極端な場合、建築家であろうとするがゆえにそう見ることを意識的に拒否することを避けようとする眼であり、いいかえればその人のおかれた歴史的な状況のなかでつくり出された何か身体の延長としての生理的な眼である。したがってこの印象記は往々にしてこのふたつの眼による判断とか印象が交錯する。たとえば住居をひとつ取ってみても、玄関における靴のぬがせ方と、その空間の象徴性を同時に読み取って、さて建築とは何だろうと考える態度である（茶室では当然そこが問題になる）。さて前書きはこのくらいでよいのではなかろうか。

（中略）

すでに触れた作品も含めてこの『新建築』の一〇月号[1]は見た目には百花繚乱、定めし賑やかなものであろうことが想像される。そして気の早い人たちは日本の建築界が世界で一番早くポスト・モダニズムに席捲されてしまったと思うに違いない。メタボリズム華やかなりしころ、多くの外国からの若い建築家の卵たちが、日本の都市がメガ・ストラクチュアとカプセルで充満していると錯覚してこの国へ押し寄せてきた。日本とはそういう国なのである。

おそらく、ここに掲載されている作品の写真はできうるかぎり周辺をカットして建物そのものを強調したものであろう。それは必ずしも今度の作品だけに限ったことでない。しかし今回いろいろなところを訪ねてみて、いくつかの建物が置かれたその周辺の環境の貧しさについて、ぜひ触れておかなければならないと思った。そういった意味で私はこの文を読む人に周辺がどのような状況であるかをわずかでも叙述してきたし、できうるならば、周辺の写真を、特に隣地との間の一メートルに満たない空隙がどうなっているかを撮ってほしかった。それは、その人の閾に対する解決の手法を見せて欲しいからではなく、あくまでわれわれの置かれた社会的状況を認識して欲しかったからである。

たまたま別のことで『新建築』のバック・ナンバーを見ていて、「建築について」という磯崎新と篠原一男の対談を読み返す機会があった。昭和五〇年のことである。表題は「建築について」であるがその内容からして、「都市について」と読み替えていいのではないかと思った。そして現在日本で非常に影響力を持つこのふたりの都市に関する発言と姿勢は右に述べた他の多くの建築家たち（とくに前衛と称する人たち）の都市観に繋るところが多いと思われるだけに注目に値する記事であり、関心のある人はぜひ読み返すことをお薦めする。このふたりがこの対談でたがいに同意している、都市計画論でなくて都市論を、スローガンでなくて文化を、全体としての都市でなく部分としての都市を、コミュニティでなくて私的な都市を、そして、猥雑な都市はどうしようもないから自分の建築は防御型か攻撃型にならざるをえないという意見と感慨は、私自身としても心情的には十分同感できる部分が多かった。しかしここで明確にしておかなければいけないことは、これはあくまで、そうした感慨は彼ら自身がたどってきた長い建築経験の軌跡がつくりあげた現時点における彼らの実感の説明であり、他の人もそう考えたほうがよい、あるいはそうしなければならないという提案を彼らがしているのではない（と私は少なくとも思っている）。にもかかわらず、この種の対談の危険性は、同じ建築経験の軌跡を持たない若い建築家が、それを指針といったかたちに解釈してしまう場合がきわめて多いのではないかということである。つまり自分たちの建築も防御的か攻撃的でなければならないとするメンタリティが批判なしに容易に醸成されてしまいがちだということである。

考えてみるとこの数年、外国からやってくる新しい建築の波は必ずしも建築のポスト・モダニズムだけを標榜しているのではない。たとえば、ロッシ、クリエ兄弟たちのラショナリズムの運動も、レム・クールハースの最新書[2]におけるマンハッタン島論、ヴェンチューリの『ラスベガス』[3]、ベネヴォロの『近代建築の歴史』[4]、コーリン・ロウの『コラージュ・シティ』[5]、アンダーソンの『街路について』[6]、タフーリの『建築とユートピア』[7]など、最近重要だと思われる図書はほとんどすべて本質的には都市論ではなかったか。彼らは都市の文化を論じ、そこから建築の意味を探ろうとしている。アメリカのアイゼンマンの主宰する都市建築問題研究所の発行する雑誌『Opposition』も、イギリスの『AD』誌も最近の内容の半分以上はなんらかのかたちで都市の問題にかかわりあっている。

その本質が同じ都市論であった近代建築運動が日本にやってきた時、われわれの先輩たちはその本質に目を向けず、〈工学的建築〉に走った。その結果が今日のわれわれの都市である。そしてその都市が今日どうしようもないから、また都市と建築を分離して〈芸術的建築〉に向かう姿勢が、そして都市問題は他の人たちのすることとする風潮が、若いジェネレーションにもかなり浸透しつつある状況に私は深く考えさせられてしまう。ここでは常に都市はおきざりにされてしまう（もちろんこのジェネレーションには、象設計集団のように沖縄に取り組む人たちもいる。また安藤忠雄のような人もいる）。

私の事務所でこの一〇年、横浜市企画調整局や日本住宅公団関東支所とともに格闘してきた並木町の公共低層住宅団地はさまざまな理由から必ずしもわれわれが期待していたような建築的結果には向かっていない。しかしこうした団地設計はたとえ挫折することが多くても、何度でも挑戦してみたいと思う。なぜこんなことまで持ち出したかというと、たまたま今回の取材中、一緒に回ってくれた石堂さんに「この人たちは公共住宅の設計に興味を持っているんですか」と聞いたら彼は、「おそらく、すすんでやろうという気はないのではないでしょうか」と答えたからだ。石堂さんの推測が間違っていることを期待したい。

（中略）

大分饒舌が過ぎてしまったようだ。この稿もそろそろ終りにしなければならない。今度会った人たち、会わなかったがその作者たち、そして建築上立場こそ違うが同じような思い入れで仕事をしている人たち、全部ひっくるめて彼らをこの建築界での群像として考えた時、いったいどう考えたらいいのだろうか。小郡から岡山までふとそんなことを新幹線の車中で考えていた。時折車窓から垣間見える夕暮の瀬戸内の水面には残光が反射して美しかった。数日前の小田原、松山、三津浜、岩国、錦川、小郡から岡山、そして福渡と、夏の中国地方は昼の太陽こそ厳しかったが、その山水はあくまで穏やかで、そこここに数百年前と変わらない歴史すら感じることができたのだった。しかし時に田園に、また時として猥雑な都市環境のなかに突如として現れ、独りたたずむ彼らの建物の姿は確かにいま、他の周辺の建物は全部忘れ去っても、なおかつ、それだけは明瞭に私の意識のうえに浮かび上がってくるのであった。孤立した点の建物群と、対称的な古来からの日本の風物、そんなことを思い比べていた時、私は彼らの背後にふと戦国時代の野武士の像を見たような気がした。

　野武士は主を持たない。したがって権力も求めない。六〇年代に大学を卒業した彼らにとって、二〇世紀のマスターであったコルビュジエ、ライト、ミースらはもはや歴史上の人たちになりつつあった。そして彼らは学園闘争の時代を経て権力に対するシラケも身につけてきた。私自身知っている範囲で、彼らに共通していえることは皆いい人たちであるということである。いいという意味は権力指向型でないということを意味している。そのかぎりでは表でえらそうなことをいっていて裏で政治家をつかったりして仕事をとって歩く建築家たちよりずっと安心して付き合えるのである。また、彼らは時に奥深そうなことをいうが、本質的に教祖ではない（私は教祖と政治家は本能的に警戒することにしている）。そして彼らの施主たちもまた時の権力者ではない。金持の医者であっても、ナポレオン三世やロックフェラーではない。今度取材してみて発見したことのひとつに、彼らが仕事を得た契機はまったく偶然の場合がほとんどだったということである。たとえば誰かの誰かの誰かがたまたまその建築家を知っていたというように。そして施主たちは彼らが当初夢想だにもしなかったものを（もちろん例外はあるが）与えられて、しかしそれ相応に満足している。昭和の初めの赤星邸や若狭邸など当時ヨーロッパ帰りの施主たちは、建築家たちよりもはるかにいわゆる西洋的住み方について知識を持っていた。だから住宅は施主たちとの合作でもあった。今日の日本の建築文化はそうした基盤の上には成立していないようだ。しかし野武士たちは芸熱心（デザイン熱心）である。だから自分の芸を琢磨するにおさおさ怠りない。それが主を持たない彼らの唯一のアイデンティフィケーションであり、命の糧であるからである。そのことは彼ら自身が一番よく知っている。施主たちの話を聞いても、彼らは手弁当で遠いところまででも熱心に建物の監理に出かけ、つくりあげていったようである。そのことは皆一様に驚き、感謝しているようだ。設計をどんどん下請けに出したり、ジェネコンに書いてもらうのが当り前になりつつある当節、そのスピリットは貴重であり、少々おかしなものが出来上がってもその意気込みは買わなければならないだろう。昔はおそらく人から人への語り伝えで知られていった野武士の存在は、今はマスコミというより効果的手段に依存することになる。もちろんこれもひとつのサヴァイヴァルのルールである。

この野武士たちはどこへ行くのだろうか。それは私にもわからない。おそらく当分の間彼らは二本の刀を差して日本の建築原野を走りまわるに違いない。ただ望むべくは先にもちょっといったように、できうれば自ら望んで、より広い社会的なコンテクストを持った戦場にどんどん出かけ、彼らの思い入れたその芸を一段と磨いてもらいたいと思うのである。私はその時、もう一度あらためて彼らの戦歴の跡をゆっくり訪ねてみたいと思う。

註

(1) 一九七九年
(2) Rem Koolhaas, *Delirious New York: a retroactive manifesto for Manhattan*, Oxford U. P., 1978.
(3) R. Venturi, D. S. Brown and S. Izenour, *Learning from Las Vegas*, 1972(石井和紘・伊藤公文訳『ラスベガス』鹿島出版会、一九七八)。
(4) Leonardo Benevolo, *Storia dell'architettra moderna*, 1973(武藤章訳『近代建築の歴史』上・下、鹿島出版会、一九七九)。
(5) Colin Rowe and Fred Koetter, *Collage city*, MIT Press, 1978.
(6) Stanford Anderson (ed.), *On streets*, MIT Press, 1978.
(7) Manfredo Tafuri, *Progetto e utopia*, 1973(藤井博巳・峰尾雅彦訳『建築神話の崩壊』彰国社、一九八一)。

出典

槇文彦『記憶の形象——都市と建築との間で』筑摩書房、一九九二年(初出:『新建築』一九七九年一〇月号)

1980s

一九八〇年代
ポストモダンと歴史の再考

再び、日本は景気が活性化し、バブル経済の狂乱へと向かう。そしてポストモダンの華麗なデザインと思想が一斉に花咲く。過去の様式やモチーフを再考し、引用することが、現代の建築に結びつく。こうした状況と呼応するかのように、建築史家も重要な役割をはたし、江戸から続く東京の空間構造の分析、都市の痕跡の記号的な読解、近代の歴史観の相対化などが行われた。資本が建築を飲み込もうとした時代にあえて建築の可能性に賭けたのが、伊東豊雄である。（五十嵐）

1982

建築と文化

大江 宏

解説

大江宏は東京大学で丹下健三と同級であり、一九五〇年代にモダニズムによる「法政大学」の校舎を手がけた。しかし、その出自は伝統建築にどっぷりと漬かっており、大江の本領は六〇年代の作品から発揮された。父親の大江新太郎は、「明治神宮」の造営局技師や「日光東照宮」の修理を担当した大家であり、その建築的な教養をふんだんに吸収して育ったためであろう。

この論考では、日本と欧米の間に工業発展段階の格差がなくなったことで、より鮮明になった和洋間の文化的な質の差を捉えなおすことが提起され、他国に比べ、日本には異文化の受容における重層性があるとする視座から、建築創造における端緒をつかんでいる。

日本文化は、接触した異文化をむしろ積極的に取り入れ、従前の文化に同化させてゆくことが積み重なって洗練されてきた。これに対し、西欧や中国などの文化圏では、ひとたび革命が起こると、新たに生み出された制度とともに、新旧の価値基準がまるごと入れ替わってしまう。大江によれば、南蛮物資やキリシタン文化が伝来した桃山時代や、明治期に文化的な活力が旺盛になった所以は、日本人の日常生活で常態化している、しなやかな文化の受け入れ態勢にある。

大江の思考は、一九五〇年代に盛り上がった「弥生」と「縄文」の二つの類型で把握した伝統論争とは違う。丹下の「香川県庁舎」（一九五八年）が日本の伝統美をモダニズムへ吸収統合した弥生的建築であるのに対し、すぐ近くの大江の「香川県文化会館」（一九六五年）は、鉄筋コンクリートの躯体に木造が組み合わせられ、伝統とモダニズムが互いに譲ることなく同居する。その態度は「混在併存」というキーワードで説明されたが、二度の海外渡航も影響していた。一度目は北南米や西欧の一四カ国を訪問し、多様なモダニズム受容を実感する。二度目の旅行先を西欧文明の源流である地中海・中近東としたのは、ギリシアから法隆寺までをつなぐ伊東忠太の遠大な歴史観に触発されたからだ。

限られた要素による構成が偏重しているとしてモダニズムに疑義を呈した点で、大江の考えは折衷的なポストモダンと共振する。すなわち、伝統的な建築の形式と、建築家が追求した西洋建築の双方に立脚しながら、さらに幅広い源流の中で、多元的な整合性を確立すること。異なる時代の建築概念を混在併存させた彼の思考は、時代にも地域にも縛られない建築デザインを可能とした。

（石田大起）

関連文献

大江宏「総論」『新建築学大系 第一巻 建築概論』彰国社、一九八二年
日本の建築家編集部『大江宏――間の創造』丸善、一九八五年
大江宏『建築作法――混在併存の思想から』思潮社、一九八九年
五十嵐太郎『日本建築入門』ちくま新書、二〇一六年

建築と文化（抜粋）

大江 宏

1 工業化段階の差と文化の質の違い

明治以来、ここ一世紀余りにわたって、日本がひたすらに追い求めてきた目標は、欧米にあった。その目標とわれわれとの間には、常にある距離が存在し、日本の近代化とは、その距離を少しでも押し縮めることであるとされてきた。（……）結果として、現時点においては、少なくとも工業化段階の進展に関するかぎり、彼我の距離感はほとんど消滅したといってもよいであろう。しかしながら、工業化段階進展の度合いというものは、先進か後進かという単純な目安で測り得る格差でしかあり得ない。（……）現時点において彼我の距離感が消滅したとはいっても、それはあくまでも工業化進展の度合いの上でのことである。ということがここに改めて文化の質の違いというものをよりくっきりと浮彫りにさせる結果となっているのである。文化の相違は発展段階の差ではない。質の違いである。（……）

従来はともすれば発展段階の上での差と、文化の質的な違いが混同視されるようなこともあった。発展段階の進展によって文化の高さが測られたりするような錯誤もあった。工業化進展の度合いを測る普遍的な規準はあり得ても、文化の質の違いを測る共通の物差しはもはや存在し得ない。従来は近代西欧的な考え方やものの見方、あるいはその一般則を推し進めていきさえすれば、日本の文化も十分解明しきれるものとするような立場がひとつあった。またそれとは反対に、日本の文化の特殊性だけを抽出して、それだけを純粋に突きつめていこうとするような行き方もあった。しかし日本が現在迎えつつあるような局面に対しては、そのいずれの方向も不適切である。

（中略）

（……）文化の違いというものはあくまでもその

質の上での違いであり、それぞれに固有な質の相対関係においてのみとらえられるべき性質のものである。ということは、見られる対象が変われば当然その見方も変わってこなければならぬということをも意味する。いまわれわれは改めてそのような視座に立ってものを見、そのような姿勢でものを考えていかなければならないようなところへきているのではないだろうか。

2　文化の重層性と変革の型

（中略）

明治以来、われわれは西欧的な考え方、ものの見方に接し、極めて短日月の間に近代的合理精神といったものを身につけ、これを同化してきた。それと同時に、はるかそれ以前から持続されてきた、いわば土着的な諸要素をも引きずりながら今日に及んでいるのである。明治初頭、西欧の新制度が急激に導入された際にも、それ以前から累積されてきた価値が根こそぎ排除されたり、壊滅的な打撃を受けるという結果には、必ずしもなっていないのである。もし仮に、これがヨーロッパ世界に起こった異変であったとするならば、新たなる制度とともに、新旧の価値が徹頭徹尾入れ替わってしまったに相違ない。それこそが西欧世界における革命本来の在り方であった。東洋であっても、中国におけるような王朝交替の場合には、従前の価値の体系が根こそぎ打ち倒されて余すところがないであろう。それこそが中国における〝革命〟本来の語義でもあった。（……）

異国の文物に接し、これを積極的に摂取して短時日の間に同化していくといった歴史的体験は、幕末・明治初期におけるそれが決して初めてのことではない。初めてでないどころか、日本の文化の洗練度はそのような型の変換の度重なる繰返しの上に、その都度幅を広げ、奥行を増してきたのである。その建築に表れた相においても、最初に漢・六朝系の体系を導入した飛鳥期、宋・元系の手法をとり入れた鎌倉期、キリシタンあるいは数々の南蛮ものに接した慶長期、その他歴史的な不連続の認められる時期は幾度かあった。しかしながらそのいずれの時期をみても、新規の体系のすべてが旧来のそれにそっくりとって代わるという形はとられていない。旧来のものがそっくりそのまま残るということでは決してないが、そうかといって従前のもののすべてが新規の層の下に完全に覆いかくされてしまうということはないのである。必ずや古い層が各所に覆いのこされて、しかもあとあとまで持ち越されていく。このような特殊な相貌は、日本の文化のあらゆる面に表れた著しい特徴であろう。

制度の上ではその都度新たなる形式が導入され、革新されても、価値の面では依然として旧来の要素が末長く尾を引いていくという、この種の特異な変換の型においては、初めて接する異国の制度や、新奇なる価値に対しても、多分にこれを受け入れやすくさせている面がある。異文化に対して極めて寛容であるばかりでなく、さらにこれを能動的に受容せしめようとする性向は、このような日本の特異なる変換の型に基づくものである。

（……）日本が異常なテンポでの近代化を果たし得たのには、さまざまな要因があったが、その一つには新文明の受容をたやすくさせている変換の型に基づく面が多分にある。

もし日本に何らかの文化的特殊性が認められるとするならば、そのような異文化受容の型においてであろう。このことが新文明の受入れに際しても、これを容易なものにさせている。日本の文化のさまざまな面に表れた、新旧の、あるいは内外の要素が併存し合う重要性も、このような日本の特異な変換の型の度重なる繰り返しのなかに、次第に醸成されてきたものであろう。

3　和風と洋風

日本の住宅において、洋館が盛んに建てられるようになるのは一八八七（明治二〇）年前後のころからである。それは西洋建築移入後、およそ二〇年ばかり後のことであった。いずれも官界、財界その他上層の住宅建築における例が多いのであるが、その最も著しい特徴は、和洋併立の形をとる場合が圧倒的に多かったことである。初期は既存の和室棟に近接して洋館が建てられ、渡り廊下で接続された。新築の場合でも和洋両館が棟別に建てられ、渡り廊下で連結される。つまり和洋の両要素が渾然一体化して新たなる折衷形態が生まれるというパターンはとられず、どこまでも洋館は洋館、和室棟は和室棟として併立して連結される形が続いたのである。(……)

　この一世紀間に欧米の建築事情も大きく変わった。それにつれて日本の洋館建築の方も西洋式折衷様式から、リビングルーム中心の近代建築様式へと移った。現代のいわゆる*n*LKタイプも、いわばその延長上にあるものとみなされてよいであろう。いずれにしてもすでにわれわれは十分それを住みこなし得るところまで洋風住宅に順応し得てきた。同時に一方で和風の味をも懐かしむという、いわば二面性はわれわれの日常的な生活感情における二重性それ自体の反映なのである。この重層性こそは、日本の文化のさまざまな面を支えているかなり根源的な基盤であろうかと思われる。ところが、合理的思考、近代的意識のなかにはそのような二重性を二重性のままで容認することを許容し難いとする、ある絶対性指向の性向が強い。建築の領域においても、和と洋の両立・併存の状態が一種の不純とみなされ、何とかその両体系を融合して一体化したいと願う意識がこれまでもしばしば働いてきた。(……)伊東忠太は、「建築進化の原則より見たる我邦建築の前途」と題する論文のなかで、「欧式と日本式との折衷を唱うる説もまた肯綮(こうけい)に中(あた)らない、折衷は一種の手段となり得ることがありうるが主義方針とはなる間敷きものである」といっている。(……)和洋折衷に対する否定的、ないしは批判的な姿勢を示すものである。和と洋との共存の形態を一つの「あいまいさ」として受けとめ、互いに異質な二つの体系を融合して原理的に統一合体したいとする折衷への願望は、その後も引き続いて抱かれてきた。すべての事象を白か黒か、右か左かいずれかに決着をつけなければ承服し難いとする性向は、近代的なものの見方や考え方のもつ著しい特徴である。その後一九二〇年代に至って、近代建築思潮が入ってきてからは、この性向がますます助長されたのである。そのような近代建築の理念と、和と洋とをそれぞれに独立な体系として、二元的にとらえようとするような相対的な価値観とは互いに背反せざるを得なかったのである。

一九三〇年代に入って、たまたまブルーノ・タウトがナチスドイツに追われて日本へ亡命するということがあった。タウトは在日中日本の伝統的建築を見て回り、『日本美の再発見』その他の著作を発表した。そのなかでタウトは、伊勢神宮や桂離宮など日本の伝統的古建築にみられる合理的精神や、機能性指向のなかには、近代建築のそれにそのまま相通ずるものがあるとの見解を強調したのであった。タウトの著作が刊行された一九三〇年代の中期という時代は、折しも日本の民族的意識高揚の時期にあたり、日本の文化的遺産再評価に対する関心の強い時代であった。そのような社会的風調に乗って、このようなタウトの主張には、強く時流に投ずるものがあったのである。なかでも特に近代建築の理念を信奉する層にとって、日本の伝統的建築と近代建築の間にある共通の価値規準を求め得るとしたタウトの見解には、強い共感を誘うものがあった。ところがそのようなタウトの主張に対して強く反論を唱えたのは伊東忠太であった。タウトより約半世紀ほど前に来日して例の大森貝塚を発見した、エドワード・S・モースがほめたのは日光廟であったことなどの例を引用して、タウトの説に反駁したのである。伊東忠太にとっては、近代建築の理念そのものが飽き足らなかったであろうことは想像に難くない。しかしそれ以前に、ある特定な、単一の尺度を多様に存在する建築に当てはめ、その価値を一律に測ろうとしたタウトの見方や姿勢に対する反発が、その根底にあったのではないだろうか。

4　遠く隔たる異国への憧憬

（……）伊東忠太の歴史観のなかには、せまい西洋の埒をはるかに超えて、ペルシア、インド、トルコ等遠く隔たる異国の文物へと連なる広い目配りがあった。このような遠大な視野はすでに早くも最初に発表された「法隆寺建築論」（一八九三年）における発想の根元をなすものであった。つとにその時点において、法隆寺を通じてその視野は北魏に及び、さらにその背後に連なる西域世界を望見しようとする遠大な構想を秘めていたのである。伊東忠太が開いたこのような発想と歴史観は今日のような文化的情況において、改めて評価されなければならないであろう。

日本の過去のいろいろな文化的位相を思い浮かべてみて、その建築活動においても際立った活力を呈するのは、天平、桃山、明治というような歴史的変革の時期においてであった。そのいずれの時期をとってみても、その旺盛な活力の原動力となったものは、内と外との間を遠く分け隔てる文化的距離感にあったものとみることができる。

（中略）

（……）最近の事例としては明治期の「文明開化」がある。久しく閉ざされていたものが一挙に開かれた結果として、西洋に対する好奇と憧憬が急激にたかまりをみせたのがそれであった。従来、時としてそれは欧米の物質文明の無差別な移入と、それに伴う皮相的な新風俗の模倣として、やや蔑視的な目でみられ勝ちな傾向もなくはなかった。しかしながら、この成語のなかには、西欧の思想や人間観など、遠く海を隔てる彼方へと寄せられた明治の指導的知識層の精神が包括されている点を見逃されてはならない。その意味において明治初期の西洋館は、文明開化がもたらした文化所産の象徴であったとみることができるのである。

一六世紀の後半から一七世紀の前半にかけての約半世紀間は、日本があらゆる面で旺盛な活力を示した時代のひとつである。(……)信長をはじめその配下、あるいは京阪商人、泉州堺や長崎の貿易商から一般町民層に至るまで、その身辺の南蛮化が進むにつれて、日本人の日常生活は急速に豊かさを増していった。フェルトや羅沙、ベッドや椅子・敷物などの調度品から時計や燭台、さらにはパン、ビスケット、カステラ、金米糖(コンペイトー)など食品の類に至るまで、数えあげれば際限がない。この期に入ってきて日本化された外来語だけで二〇〇にも達するという。南蛮渡来のこれら珍奇なる品々が愛用される一方、キリスト教の布教に伴い、コレーヂオやセミナリオらを通じて、異国文化は広く人々の生活に浸透していったのである。建築をも含めて、桃山時代の文化的活力を最も旺盛にしたものは、これら南蛮ものの流入と、キリシタン文化の導入に触発された結果とみることができる。

5　書院と茶室——離見の見

桃山時代の文化相を象徴するものの一つとして、一方に書院造りの完成があり、同時にそれとは対照的な存在としての茶室・数寄屋の創出が平行して行なわれた。すでに室町時代において、日本の建築には堂・塔・祠・屋の別がすでに規範化され、その相互間にはある木割格差も次第に明確化しつつあった。そのなかで書院造りは屋の類に属し、工匠が本格的に取り組んだ居宅建築の規範である。それに対して茶室・数寄屋は自ら異質の存在であり、その創出は工匠の直接管掌する規範の系列とはおのずから別の埒に属するものであった。それは、武門、宗門あるいは町衆の別を問わず、優れた才気を備えたさまざまな文人たちの、それぞれの好みにまかせて自在に創出されたのである。工匠による高度に規範化された書院造りと同時に、脱規範を志向する境地に美の極を求めようとした茶室・数寄屋が共に併存する。そのような相貌のなかにこの時代の文化的特質の一面が象徴されている。例えば勧学院や三宝院のように高度に規範化されたものに対し、妙喜庵・待庵、あるいは孤蓬庵・忘筌のような脱規範志向のなかに洗練の極を求めようとするものとが併存することによって、少しも矛盾を来さない。矛盾どころかそれとは逆に、そのような両極が併立し合うことによって、その文化的活力がより高められたところに桃山の時代的特色が発揮されている。そのような、書院に対する茶室・数寄屋の位置づけは、本格に対する亜流といった一律の関係でないことはもとよりのこと、正統に対する異端というような、単純な序列関係では決してとらえ得ない。そこにはある高次の相互関係——共存・併立の相対関係をうかがわしめるものがある。

（中略）

この巻の一章「総論」[1]のはじめにも触れられているように、建築をつくる者の未来が、今ほど不確かな時代はないと言われる。果たしてそうなのであろうか。その不確かさの根底にはつくる者自身の個性と、そこでつくられる建築における創造性とは果たしてどうかかわるのかという根元的な問いかけが含まれている。私が本稿の各節において、さまざまな視点から探り求めようとしてきたのは、そのような根元的な問いかけに答えうるような、何らかの視座は成り立ち得ないものだろうかということであった。この稿の最後に、世阿弥の「離見の見」を引用したのも、つくる者の個性と、それに対応する創造における何らかの手掛りを模索せんがための一つの試みとしてであった。

出典

大江宏『建築作法——混在併存の思想から』思潮社、一九八九年（初出：大江宏ほか著、新建築学系編集委員会編『新建築学大系 第一巻 建築概論』彰国社、一九八二年）

註

（1）編者註　本論の初出『建築学大系 第一巻 建築概論』を指している。

1984

「秋葉原」感覚で住宅を考える

石山修武

解説

石山修武にとって、建築家という職能は図面を描くだけに留まるものではない。コンストラクション・マネージャーのように材料や職人を組織したり、工業化されていないラフな技術を寄せ集めたり、自ら部材の開発をするなど、建築生産の全プロセスにわたって工夫を凝らすことに、彼の最大の特徴は見いだせよう。

石山のこうしたスタイルの背景に、ハウスメーカーの台頭に象徴される一九七〇年代以降の日本における住宅生産と建築家の間に生じた乖離がある。経済成長のなか、一般的な住宅の生産・流通・消費のプロセスに、建築家が介入する余地はほとんどなくなってしまった。そしてハウスメーカーが供給するイメージ重視の商品を、石山は「ショートケーキ住宅」と呼ぶ。ゆえに、彼は生産・構法・施工のレベルで、建築への介入を試みる。

石山が主張するのは、住宅にも「秋葉原感覚」が必要だということである。ここで言う秋葉原とは「オタク文化の聖地」という平成時代に確立したイメージではない。少しでもよい性能やデザインの電化製品やその部品を、少しでも安く手に入れるために、消費者が主体的に探し求めるマーケット、すなわち電気街としての秋葉原の特質である。モノの価格と実質に対する鋭い感覚を消費者が持ち、それに従ってマーケット側も自由競争を展開する。そのような「秋葉原感覚」こそが、生産から消費まで画一化された住宅市場にも必要であると説くのだ。このように、石山の批判の対象は、高騰する日本の住宅価格に疑問を抱かない消費者と、そのような住宅市場を改善することなく維持し続けるメーカーや建築家の双方であった。

「秋葉原感覚」を説く石山の思想は、彼の設計した建築にも明快に示されている。土木工事で使われるコルゲートパイプを用いたシリンダー状の住宅である「幻庵」（一九七五年）や「開拓者の家」（一九八六年）、あるいは設計者自らが開発した部材を用いた「世田谷村」（二〇〇一年）が代表的な作品として挙げられよう。住宅市場を単に批判するだけでなく、自らの実践でオルタナティブな住宅の豊かさを証明しようとしたのである。

一九八二年に創刊された季刊同人誌『群居』は、石山をはじめ、布野修司、大野勝彦、渡辺豊和など、日本の住宅の在り方に危機感を持つ建築家や研究者が集まり、住宅をめぐる多様なテーマを中心にさまざまな角度から問題を明らかにする運動体としてのメディアだった。また、石山は早稲田大学で長らく教鞭をとったが、その教え子には「モバイルハウス」を提唱した坂口恭平や、「東京R不動産」を立ち上げた馬場正尊らがいる。いずれも既成の住宅生産や市場の在り方を疑い、新しい道を構築しようと実践を展開しており、石山の建築思想がかたちを変えつつ継承されている。

（山口智子）

関連文献

石山修武『笑う住宅』筑摩書房、一九八六年
石山修武『生きのびるための建築』ＮＴＴ出版、二〇一〇年

「秋葉原」感覚で住宅を考える（抜粋）

石山修武

はじめに

1　住宅の価格は高すぎる

日本の住宅を考えると、最後にゆきつくのは土地の値段のバカバカしさと、その土地に建てられる、さらにバカバカしい住宅の価格ということになる。デザインの問題、建設技術の問題、と考えてみても、結局は住宅価格の異常さが、さまざまな試みや技術的蓄積を意味のないものにしてしまう。

　住宅の価格は、住宅の全体を表示している記号でもある。私たちはその記号の体系と密接な関係をもって生きている。不思議なことがある。住宅を買う人や建てる人が、住宅の値段にまるで無知で無防備なことだ。（……）

　三〇坪ほどの家を建てるには、やっぱり千二百万円ぐらいは必要だろう――住み手も建てる人も、こうした考えを疑うことなく受け入れて、それを前提に家づくりの計画をたてはじめる。結果はどうなるか。システム・キッチンが欲しいのだけれど、この予算ではとても無理でしょうから、せめて居間の床だけでもフロアー・ヒーティングにできないかしら。寝室の壁紙は明るく、照明は間接照明で、子供部屋は、テラスは、おばあちゃんの部屋は……各論、各論、また各論と、断片的な各論の羅列になってしまうのだ。これではまちがった基礎の上に家を建てるのと同じである。各論に入る前に総論を、まず家づくりの全体を体系づける住宅の価格の問題から考えはじめなければならない。なぜならば日本の住宅の価格体系は狂っており、住み手としては、その価格体系のすべてを疑ってかかるのが正しいのだから。

　オーディオやヴィデオやカセットを買うときには、だれだって、その性能やスタイルや耐久性などを微に入り細を穿ち、根ほり葉ほりして調べぬき、価格を比較検討し、メーカーの体質や営業成績までも気にかけた上で、しかも最後には秋葉原まででかけていって、じっくりマーケットを歩きまわり、腰をすえて値切りにかかるではないか。（……）

なぜなのだろう。電気製品や車やレジャーに関しては、その値段と実質との関係をさぐるのにあれほど血眼になる人たちが、そのようなものの容器としての家となると、急にポカンとした間抜け面になってしまうのは。

日本の住宅の価格体系は大きく狂っている。それをはっきり意識することから始めよう。その狂いの全体を今すぐに修正し、まともなものにすることは不可能である。だとしたら、私たちも「住宅の秋葉原」にでかけてみてはどうだろうか。電気製品に秋葉原があり、カメラに新宿西口があり、雑貨に御徒町のアメ屋横町があるように、住宅にだって、きっと価格が自在な自由競争の場に置かれた本当のマーケットがあるはずではないか。私にとってのそれ――「住宅の秋葉原」の初体験はアメリカの西海岸だった。

2　アメリカ西海岸で体験したこと

なぜアメリカ西海岸が「住宅の秋葉原」なのか。当然のことながら、住宅の価格が安い。それは住宅を構成するさまざまな部材や部品が大量に生産され、合理的に流通しているからだ。この合理性はアメリカ的なスーパー・マーケットに近いものだが、とにかく日本に比較すれば驚き呆れるほどに安価である。

つぎに太平洋を船で送る運賃が安い。四〇フィートのコンテナに住宅用部品を満載すると、三〇坪程度の住宅三軒分の基本的構造材を積むことができる。その運賃がアメリカ西海岸の、たとえばオークランドから、日本の東海岸の、たとえば東京まで、およそ八〇〇ドルほどである。（……）

十年ほど前、私は西海岸に近いある製材所（ランバー・メーカー）のマネージャーに日本の住宅の図面を送っては、あちらの材木をそれ用にプレカット（あらかじめ工場で所定の寸法に切っておくこと）してもらうことにしていた。しかし、どんなに図面にくわしく書きこみ、図示しても、チンプンカンプンなミスや誤解が続出する。

「どうして四人家族の家にバスルームが一つしかないのか？」

（中略）

「乾燥室はないのか？」

こんな電話がしょっちゅう飛びこんでくる。なにしろランバー屋のオッサンたちは日本の住宅というものを一度も見たことがなかったのだ。そこで部品の直接輸入も軌道に乗りはじめたころ、かれらを日本に呼ぶことにした。ランバー屋のオッサンといっても、日本の材木屋さんを考えてはいけない。西海岸の、それこそ境界線も見えないほど広大な土地に、鉄道を引き込んだ工場をもっているようなビッグなオッサンたちである。（……）

（中略）

（……）家は六〇坪ほどの平屋で、コロニアルなやつだが、4ベッド・ルームの2サニタリー、つまり風呂と便所が二か所あって、リビングにはちゃんと暖炉もあって、それで一千万円ちょっとで買ったのだという。もちろん土地もこみだ。芝生にはスプリンクラーで撒水し、サクラメント川の船着場までついている。名山シャスタの山容もまぢかに、まったくの話、「おれ、悪い夢を見てるんじゃなかろうか」と一人ごちてしまったほどである。これで一千万円チョットだって！

なにしろ私たちの生活の現実ときたら、たとえば東京から電車を乗りついで一時間二十分、斜面にぎっしりと並んだ土地が五〇坪、そこに総二階のナントカカントカ・ハウスが延床で三〇坪程度――そのお値段、しめて四五〇〇万円也。おまけに二十年ローンで銀行に借金を返しつづけ、一生、土地にしばりつけられなければならない。

（……）一生かけて家を建て、その借金が払いきれずに次の世代にバトン・タッチする。それが異常でなくて、なにを異常というのだろう。

たかが家づくりに二世代が一生をかけなければならないとは——それも砂を嚙むように均質化され、玄関ドアの装飾や門扉のデザインにようやく微差を組み込んだような、容器としての家づくりにだ。

3　新興住宅団地の悲惨

(中略)

ランバー屋のオッサンたちを新幹線に乗せて大阪に行った。車窓から日本の住宅地の風景をとくと見せようと考えたからである。電車が走りだしてまもなく、オッサンたちの一人が私を呼んで、カリフォルニア気質丸出しで陽気にたずねた。

「ヘイ、あの丘の上の小屋ではなにを飼ってるんだい?」

E・C諸国が日本の経済成長のアンバランスを皮肉った「ウサギ小屋」という言葉が、日本でも知られるようになったのは、それからしばらくあとのことである。(……)

「人間の家族が住んでいるんだよ」

私が憮然として答えると、オッサンたちは飛び上がるほどに驚いた。「いくつの家族がどれほどの集落をつくるのか」といった民俗学もどきの質問もあびた。そう言われてみれば、たしかに近代技術の粋をあつめてビュンビュン走る新幹線の、内部から眺める日本の新興住宅団地の風景には、なにやら新しい種族の住居形態ではないかと思わせるような異常さがあった。(……)

(中略)

(……)この異常さを切開し、あたりまえすぎるみたいな言い草だけれども、人間の住み家らしきものにするためには、自由な眼で現実をしらべて、住宅の在り方を考えなおすしかないだろう。なにしろ今は、住み手も建てる人もつまらぬ通念にどっぷりと浸りきって、住むための根本的な勉学をおこたっているのだから。

4　バックミンスター・フラー

シャスタ山の木を買いに西海岸に通っていたころ、サンフランシスコの本屋で『ホール・アース・カタログ』や『ドーム・クック・ブック』など、一群の「ハウ・ツー・ビルド」の本を見つけた。どれも一様にバックミンスター・フラーの思想につよい影響を受けており、さらに深く、ヘンリー・デーヴィッド・ソローの『ウォールデン――森の生活』のヴィジョンを自分のものにしようとしていた。

それらの本との出会いは、私にとって、木材の買いつけを通して得られた経験よりも、はるかに大きなものであった。帰国後まもなくして、愛知県の渥美半島で木製のフラー・ドームをつくることになった。『ドーム・クック・ブック2』に忠実に、直径六・三メートルの球体を四分の三にカットしたものを二連につないだ。ジョイント（接合部）には、ヒッピーたちのドームづくりをそのまま模倣して、水道管を輪切りにしたものと、荷造り用のステンレス・テープを組み合わせて使った。すべての部材の値段は三〇万円くらいのものであった。（……）

それはバックミンスター・フラーの言うとおり、だれもがどこででも簡単に組み立てることのできる、ごくプリミティブな技術だけで構成されているシェルターだった。かれの思想の中枢には、こうした未熟練労働力を標準にして現代の建築技術を支えていくという考えがある。この技術の平準化に向けたまなざしこそが、かれの構築物から建築的な形式を放逐する原動力になった。それによって、かれははじめて「シェルター」の概念に接近し、試みを重ねることができたのである。

（中略）

渥美半島のドームは、付近の人たちにひとときの楽しい話題を提供しながら、一週間ほどで完成した。製作者もそのスピードと材料費の安さにいたく満足したようであった。ところが、やがて台風、そして秋の長雨がやってきた。フラーも言うように、たしかにこのドーム——球形の星のミニアチュールは風には強かった。だが、ジクジクと、それこそ球形の表面が乾く間もなく降りつづける日本の長雨には弱かった。ドームを形成する三角パネルがつき合わされた稜線という稜線から、雨水がとめどなく湧きだし、ほとばしり落ちてくる。それを傘で受けながら、製作者と二人、ドームのなかで憮然と過ごした時間を忘れない。

すぐに『ドーム・クック・ブック』や『ホール・アース・カタログ』の編集者、リポーター、ドーム建設の経験者たちに、大量の問い合わせの手紙がだされた。彼らは地球の資源は有限であるという考えをもっている。ただちに届いた返信のほとんどが、私の手紙の裏面を利用して書かれていた。それらにいわく——

「雨を恐れてはいけない」

（中略）

「どんな形式の住居でも雨は入ってくるのではないでしょうか。それに対する工夫をそれぞれに楽しみたいものです」

要するに、彼らはだれも雨に対する対処の仕方をもっていなかったのである。それどころか、最初から、どうにも防げそうにないと割り切ってかかっているようなのであった。そのときからである、どうやら彼らは、われわれとはとんでもなく違う住居感をもった人種であるらしいと考えるようになったのは。

（中略）

5　卵形の夢

三角フレームによるフラー・ドームの内部を体験して、それが直方体の体験——つまり「近代建築」スタイルのツルツルの箱の内部体験と似ていることを実感した。バックミンスター・フラーの整合した結晶体のような思考による構築物は、本を読んで予想していたほどに心地よいものではなかった。（……）あまりにも整合しすぎたものは使用しにくい。人間というのは、きれいに整合した結晶体の内部に住みこむことができるほど、そんなに強く、また抽象的な生物ではないのだ。

フラーの理論に疑問を持ちはじめたころ、私のまえに、まるで救いの神のように、蓼科の山中に自力で共同の山荘をつくりたいという人たちが現われた。彼らはたくましい実務家であり、ものの値段と価値との関係を見る鋭い眼をもった人たちだった。こうして山林のなかの斜面に、フラーのドームを卵形にひしゃげ、さらにその一部を切り落としたような、なんとも不思議な形をしたドームの奇形児が誕生することになった。

この卵形のドームが完成するまでには五年の歳月を要した。正確に言えば、使用者=所有者が同時に製作者でもあるこのような建造物には、完成ということはありえない。彼らはそれを使いながら造り、造りながら使いつづけているからである。

(……)私自身も、この小さなベニヤ板製のドームづくりを通して、じつにいろいろなことを考えさせられた。(……)とりあえず、卵形のドームをつくりながら考えてきたことのいくつかを、ここに投げ出しておくことにしよう。

① 工夫のしかた次第では、建築物をつくるのに建設会社や工務店は必要ない。

② 設計のしかた次第では、建設はズブの素人でも可能である。

③ 建築会社や工務店の類いを建設作業から除外すると、建築の値段は驚くほどに安価になる。

④ 建設作業からゼネコンの類いを除外すると、それだけで設計図のもっている意味が変質する。つまり、それが家づくりにとっての強力な武器になる。

⑤ こうしたことは設計やデザインに一種の細密さを要求するが、同時にそれをより自由なものにもする。

⑥ 繰り返しになるが、それらのすべてがただ設計の機能を拡大するだけで獲得できる。設計図とは建築の姿かたちを決定するだけのも

のではないということを再確認することで、新しい可能性がひらける。

さらにまとめれば、この蓼科の卵形のドームは以下の仮説を証明している。すなわち、建築物をつくるのに、建設会社や工務店は必要ない。設計の方法さえ工夫すれば、すくなくとも住宅スケールの建築は素人でも建てられるし、そうあるべきではないのか。その方が安価で、良く、自由で、面白いものができる。

しかも、こうした考えは人間の手の復権、セルフ・エイドの喜びといった弱者の立場から存在するだけではない。現代の生産・流通・消費のサイクルが、かえって、そのような建設方法を生み出しつつあるという不思議な矛盾について、考える必要があるのだ。はじめに戻って言うならば、このとき私の頭に浮かんでくるのが、あの秋葉原の光景なのである。秋葉原に行けば、電気製品の部品は大方のものが安価に入手できる。その値段は売り手との自由な交渉によるから、買い手にもモノを買う技術と、さまざまな商品に関する情報を組み立てることが要求される。つまりモノを買うことを勉学しなければならない。私はこうした秋葉原的市場の形態こそが、将来の日本における住宅生産と流通の原型にならなければならないと考える。日本の住宅をよりよいものにすること、その第一歩として現在の住宅の価格体系をつき崩すことは、こうした市場形態の構築によってしか実現できない。

（中略）

（……）買い手が売り手と渡りあい、買うことによって新しくモノをつくってゆくエネルギー――この「秋葉原感覚」とでも呼びたい現実を、住宅市場に、それこそ風のように送りこんでゆけないものだろうか。

出典
石山修武『「秋葉原」感覚で住宅を考える』晶文社、一九八四年

1985

東京の空間人類学

陣内秀信

解説

都市論がブームとなっていた一九八〇年代半ばにあって、陣内秀信はその流れに呼応しつつも、流行りの論調を退け、より根本的に「都市の成り立ちを認識する学問的方法の確立」を目指した。すなわち、破壊と改造が目まぐるしく繰り返される近現代日本の都市空間、とりわけ東京の都市空間について、その目新しさに飛び付き表層の変化のみを消費する刹那的な議論や、失われた古きよき時代を情緒的に論じる懐古的議論には与しない。陣内はより長期的なパースペクティブから「都市を読む」ことにより、江戸の過去から東京の現在まで歴史的文脈が重層／重奏する厚みのある〈テクスト〉として、東京の都市空間を立体的に描き出すことを試みる。

この「都市を読む」という分析手法は、陣内が留学先のヴェネツィアで、迷路のような都市空間をすみずみまで調査しながら体得したものである。観光客に人気のあるよく知られた場所を表層的に眺めるのではなく、「むしろ名もない住宅、広場、路地、運河」といった人々の生活の場に注意深く目を向け、地図を片手にていねいに歩き回り、〈生きられた空間〉の有機的構造から「水の都」の内的秩序を描き出した。

イタリアからの帰国後、陣内は東京の都市空間を同様の「都市を読む」手法で調査・分析する。まず幕末の切絵図を現在の東京の地図上で合成し、江戸の町を復元した。この復元図を片手に東京の町をすみずみまで歩き回り、各地域を実際に調査することで、かつて「江戸の町に成り立っていた都市の構成原理を細かい部分まで読みとる」ことが可能となり、文献調査だけではなし得ない都市形成史の研究が新たに展開されるのである。この地道な実地調査により、江戸の町づくりでは、変化に富んだ地形をうまく生かしながら住環境や景観が形成されていたことが明らかにされる。山の手の落ち着いたエリアには武家屋敷、水路のネットワークが巡らされた下町には賑やかな町人地、という具合である。また、江戸の都市は、江戸城を中心とした求心的構造ではなく、富士山をランドマークとした遠心的構造をもっていたことが指摘される。

こうした江戸の都市構造は、明治以降の東京にも引き継がれ、現在の東京の基層を成していることが浮かび上がってくる。東京の都市空間は、関東大震災と戦災とで壊滅状態になった後、戦後の高度経済成長期の急速な都市改造が追い打ちをかける形で、歴史や伝統、文化の一切を失ったとする考え方を、陣内は明確に否定する。むしろ、江戸という過去の都市の歴史調査・分析から、翻って現代の東京の都市の基本構造が浮かび上がるのであり、また、現代の東京の都市をくまなく歩くことによって、江戸の都市構造が実証されるのである。『東京の空間人類学』によって、それまで江戸は江戸、東京は東京として切り離されていた江戸・東京の都市分析手法の実効性が批判され、通時的に統合された江戸・東京論として転換を迎えることとなった。

（柳井良文）

東京の空間人類学（抜粋）

陣内秀信

都市の読み方

近ごろの出版界における「都市」ブーム、なかでも「江戸・東京」ブームはいぜん衰えそうもない。しかも高度成長はなやかなりしころの未来学的な都市への幻想は全く影を潜め、もっぱら歴史や文化に関心が集中している。明らかに人々の都市や環境への考え方が大きく転換しつつあるのである。

とはいえ、明治以降の近代の歩みのなかで破壊と建設をせっかちに繰り返してきた我々日本人は、自分たちの都市環境の成り立ちを認識することにかけては不得手といわざるをえない。都市の歴史を扱う本の多くは情緒に流れ、懐古的な叙述から抜け出ていないように見えるのである。あるいはまた、熱い視線の集まる「都市論」自体が一つのファッションになろうとする傾向さえ、一方では目だち始めている。昨今の都市への関心の高まりを単なるブームに終らせず、町づくりの方法の変革へと結びつけるためにも、都市の成り立ちを認識する学問的方法の確立がいま重要となってきている。

（中略）

そこで試みに、江戸時代の古地図を持って今の町を歩いてみよう。幕末に各地区ごとに描かれた切絵図が、完成した江戸の構造を見るのに最適である。すると、あらゆる情報が無差別にぎっしり記載された現代の地図を持って歩いたときにはまったく気づかなかった東京の都市の明確な骨格が、ベール――ビルや高速道路がつくる雑然とした近代都市の表層――の下からくっきりと浮かび上がってきて、新鮮な感覚で町を歩けるのだから不思議である。このことは、江戸の構造が基本的に現在の東京に継承されていることの証しでもある。

（中略）

このような「都市を読む」面白さは、実は私が水の都ヴェネツィアに留学中、迷路のような町の中を歩き回って調査をしながら体得したものであった。ヴェネツィアでは、観光客に人気のあるサン・マルコ広場や代表的な教会、貴族住宅よりも、むしろ名もない住宅、広場、路地、運河が相互に関係しながら有機的にできあがっている生活の場としての都市全体の仕組みに真の魅力がある。その脈絡を解き明かすには、地図を片手に町のすみずみまで歩き回り、陸側、そして運河側から、さらに住宅の内部からも充分に観察する必要がある。（……）

（……）近代都市計画の誤謬にいち早く気づいたイタリアでは、深刻な経済危機を迎えるなかで、古い町をすぐれた生活空間として見直し再生する気運が高まり、その成り立ちを分析する方法も確立されつつあった。私は幸い、一方でその新しい学問に触れながら、実際にヴェネツィアの迷路空間を徘徊し、その内的秩序を読みとる調査に没頭することができた。一九七五年頃のことである（拙著『都市のルネサンス』）。

帰国後しばらくして、このヴェネツィア体験を下敷きに、私はいよいよ、混沌とした巨大都市、東京の調査に乗り出すことにした。まず問題となるのは、石・煉瓦の文化と木の文化との違いであった。ヴェネツィアでは多くの建物が中世にまでさかのぼるのに対し、東京では百年前の家一軒探すのにも実に骨が折れるという有様である。

しかし、ひとたび形成された都市の歴史的構造は、たとえ木の文化とはいえ、簡単に崩れるはずがない。試しに今度は、幕末の切絵図に描かれた道のネットワークと大名・旗本屋敷、組屋敷、寺社地、町人地、百姓地といった土地利用の区別を現在の二五〇〇分の一の地図の上に復元してみることにした。切絵図の表記でデフォルメが著しかったり、今日までに変貌の激しい所についても、明治の正確な地図（明治一六、七年の参謀本部測量局五〇〇〇分の一東京図、明治二九年の東京郵便電信局地図など）を補助的に使うことによって、ほぼその全体を復元することができる。すると驚くべきことに、江戸の道ばかりか街区の形態、さらに敷地境界までそのほとんどが現状の上にそのままぴたりと重なり、一見して混沌とした東京のなかにきわめて明快な都市構造の全体系が浮かび上がってくる。

こうして、旧江戸の市内（ほとんど山手線の内側に収まる）すべての復元がすんだら、次に再び、その合成図を持って現地を徹底的に歩きまくるのである。ちょうど私がヴェネツィアの町を徘徊したように。（……）こうして初めて、起伏に富んだ地形と巧みに結びついた東京の町の成り立ちが実感として理解できる。また城下町江戸の地区ごとの性格の違いが現在の東京に様々な形で受け継がれていることもおのずとわかってくる。例えば山の手を歩けば、高台では、尾根道を中心とした旧武家地が閑静な住宅地や学校になっているのに対し、坂を下ると、谷道に沿って江戸時代の町人地がそのままにぎやかな商店街として生き続けている、というぐあいである。

都市は様々な要素が集まって組み立てられている。しかし、建物にしても道にしても決してばらばらということはなく、ある文法によって構造化され、文脈をもって並んでいる。したがって手順を追って読んでゆけば、都市は決して難解なものではない。東京の場合、その個性を演出している根底の文脈は、豊かな地形の上に展開した壮大な城下町江戸の建設とともにあらかた形づくられたといえる。だからこそ、混沌として目に映る現在の東京のなかに空間的骨格を見出すためにも、このように実際に自分の足で歩き、地形とその上に歴史的に成立した土地利用のあり方を体で感じながら「都市を読む」ことが最も有効な方法となるのである。

このような作業を通じて、人々がもはや現代と無関係と思いがちな江戸を対象に、その町づくりの手法やそれぞれの地区の構成について解き明かすことも可能となる。すなわち、こうして作成した都市の復元図は、古地図、文献史料では通常知ることができない町割、地割の絶対寸法、正確な方位、地形のレベル差などの情報をことごとく与えてくれるから、江戸の町に成り立っていた都市の構成原理を細かい部分まで読みとることができ、都市に関する歴史の研究自体が深められることになるのである。こういった方法は都市形成史を研究する上での定石ではあるが、それが東京のように変化が激しく過去と断絶しているかに見える大都市においても有効であるという点はまさに驚きであった。

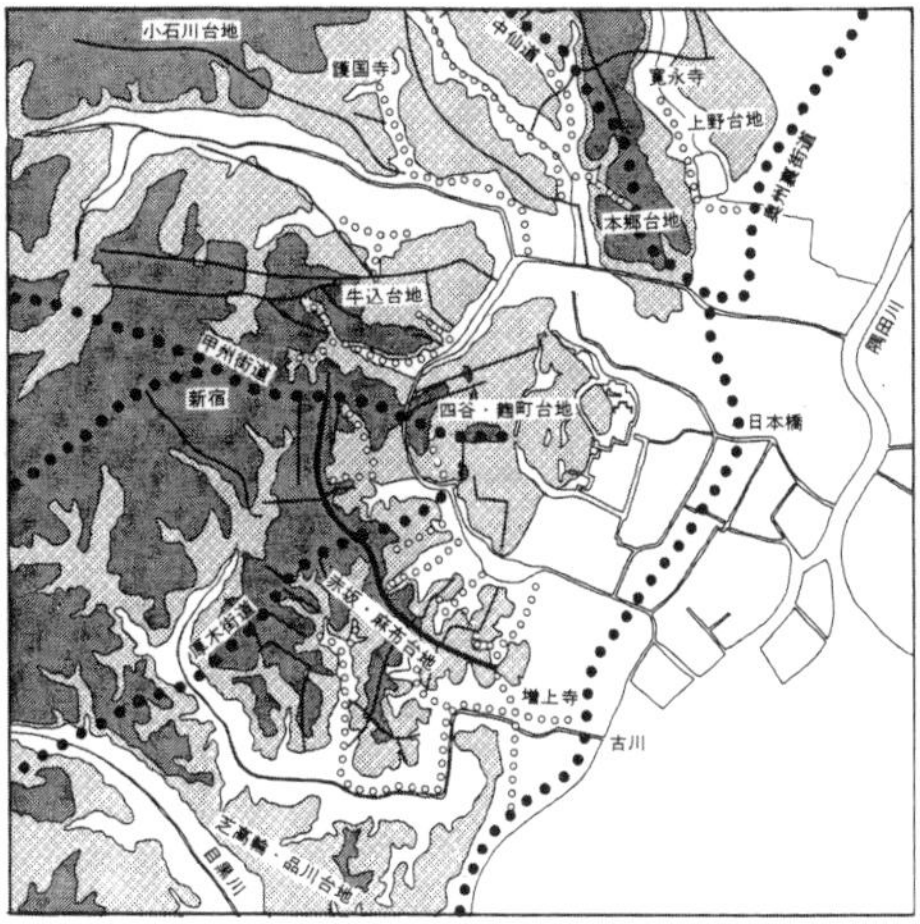

そしてまた、このような作業は同時に、そういった歴史的構造が、実は現在の東京の町を今なお根底から支えているという事実を明らかにしてくれる。現在の都市の成り立ちを理解するのに直接結びつく、生きた都市史研究がこうして可能となるのである。

山の手の地形と道のカテゴリー

●●●● 街道　—— 支尾根　▬▬ 環尾根　○○○○ 谷道

（後略）

出典
陣内秀信『東京の空間人類学』筑摩書房、一九八五年（文庫版、ちくま学芸文庫、一九九二年）

1985

直島飛雲閣

石井和紘

解説

石井和紘は、ロバート・ヴェンチューリらの『ラスベガス』を翻訳し、チャールズ・ムーアに師事した。そしてさまざまな要素を引用するデザインを行い、アメリカ流のポストモダンを実践した日本の建築家である。また茶室や数寄屋を中心とする古建築の再解釈を通じて、独自の設計論も展開した。この文章は、一九六〇年代末、大学院生のときに瀬戸内海に浮かぶ香川県直島の小学校の設計を引き受けてデビューし、その後も各種の文教施設を手がけた経緯を回想している。そして計画学の研究室出身として近代建築の延長を試みた七〇年代の作品から、それを超えたポストモダンの「直島町役場」（一九八三年）に移行した背景を説明したものだ。後者の設計にあたり、宇宙船のような異物として近代建築が景観をないがしろにしてしまうことが憚られた結果、古い村に風格を与えるべく和風を採用するに至ったという。かくして近代を批判するポストモダンは、日本回帰と接続した。

では、どのような和風がいいか。石井によれば、寺の屋根を模倣した帝冠様式は重苦しく、「暗い」のに対し、丹下健三の建築は神社をモデルとしつつ、「異種のものをコラージュせずに、一体にするところまで融け合わせ、軽快さ」を与えた。一方、石井は「私としては、大寺院や、大神社よりも数寄屋のほうが気が楽だ」という。ゆえに、町役場では「飛雲閣を本歌取りした」からである。「非シンメトリーと、窓や屋根の多様にしてアンバランスな集合が心地よく思えた」からである。数寄屋が好きだという自身の直感にもとづく語りは、モダニスト風のわれわれは〜すべきという宣言をしない、ヴェンチューリの私的な言いまわしにも通じるだろう。また暗さや明るさにこだわる感性は、一九八〇年代の日本で「ネクラ」と「ネアカ」が流行語になったことを想起させる。

建築に与えられた過剰な物語性や「あくまで庶民に好かれる配慮」なども、受容者を重視したポストモダン的な考え方である。また飛雲閣は各階の中心軸がずれ、左右非対称であり、多様な要素が混在し、ヴェンチューリが好む複雑さを持つ。石井はそれを日本で発見したのである。

彼は、「五四の屋根」や「五四の窓」などのシリーズに代表されるように、特定のモチーフのバリエーションを反復しつつ、集合させるデザインを得意としたが、彼の著作『私の建築辞書』（一九八八年）の断片的な記述スタイルに相通じる。文字通りというか、言葉と建築が一致していたデザインだった。もっとも、一九九〇年代を迎えると、石井の言説は変化し、地球環境を意識しながら、木材の使用が次の新たな可能性を開いていくと考えるようになった。

（石田大起）

関連文献

石井和紘『日本建築の再生——ポスト・アメリカンへ』中央公論社、一九八五年
石井和紘『私の建築辞書』鹿島出版会、一九八八年

直島飛雲閣（抜粋）

石井和紘

序

私は二十四歳の時、初めて直島を訪れた。そして文教地区構想の第一歩としての小学校が完成したのが二十六歳の時、一九七〇年であった。そして二十八歳の時にイェールへ留学し、通勤と称して往復しながら建築をいくつか完成させ、そしてその後は教鞭を取ったりしながら、イェールとの関係を続けてきた。その間に直島にでき上がった建築は一九七四年の幼児学園、一九七六年の町民体育館、一九七九年の中学校、そして一九八二年の保育所と今回の町役場である。

私の直島体験とアメリカ体験は、確かにパラレルに進行した。そして日本の中でひとつの島に十六年も通い続けるという経験も、アメリカのひとつの大学に通い続けて卒業し教鞭をとるという経験も、実はどちらも、そうは滅多にないことなのではないかと思うし、またそれらが同時に起こるということの確率はかなり低いといわざるを得ない。その意味で、この体験は私の建築人生にとって実はかなり決定的なことなのかとこのごろ思う。

直島との出会い

私たち建築にたずさわる人間は、自分の家や、自分の生い育った風土や、そういった自分の肉体の一部となっている空間に、そのまま自分を投げ出すようなそういう仕事以外に、自分の見知らぬ土地、少なくとも初めは自分が全く「よそ者」であるような土地で、手探りで自分とその土地の関係を確かめていく、そういう仕事も大切である。

そして、その地域の意欲的な努力に、彼の努力もまた生かされて、ひとつの建築的収束点が照準され建築という結実を生むことになる。

ここでいいたいのは、その時彼と地域の関係は一応終了し、建築は地域の一部となり、彼と地域の関係は今までと全く異質なものとなりはじめ、そして彼は以前の技術者に戻り、地域は再びその円環を閉じたかに見えるということである。そうした時の職能技術者の心情を黒沢明は「七人の侍」のラスト・シーンで、秋の取り入れに励む昨日までの恋人に、今日は他人として無視される若い侍として描いた。

あるいはアート・シアター系の「野のゆり」の黒人の主人公シュミットが、彼の献身的な努力でコツコツ造りあげた教会堂の、明日は落成式という晩に、あのエイメンを歌いながらステイション・ワゴンを飛ばして去っていく、それはその地との関係の終焉が、実は落成式という晴れがましさの中に用意されていることを、先取りして自ら避けて旅立っていった、あのラストシーンにもあらわれていた。

私が「直島」に通い始めてから、私にとっての最初の変換点は、やはりあの小学校の竣工式の晴れがましさの後にやってきた。直島は小学校を再びその体内に取り込んで自立したのだが、私は地域というものをそのとき改めて認識した。

（中略）

私が初めて直島を訪れたのは、修士二年の秋のことだった。瀬戸内の多くの島がそうであったように、直島も明治以降陸上輸送の発達による海上輸送の衰退によって経済的基盤を失い、島民の意見の分かれる中で大正六年三菱の銅の精錬所を誘致し、それによってとにかく一応の経済的安定を得るようになり、その後すぐに教育関係施設、文教地区の計画にとりかかったのだった。そして昭和四十年にその計画の依頼が香川県の建築課を通じて吉武研究室の方にあり、多くの先輩の努力の後を受けて、私は三人のチームの一員として計画に参加したのだった。

（中略）

島的存在

私にとっても島という存在形式の意味は大き

かった。毎日乗る連絡船、船待ちに費やされる時間の堆積、そして連絡船の中の互いに顔見知りの人びとの間に混じって、この人びとの小学校をつくりに島へ渡っていく自分、よそ者ということの意味をいやというほど感じるのはこうした時であった。孤立した島という状況を自立への発条（ばね）としていく直島と、建築という収束点を見出すことによって自立を果たしたい自分との、両方に内在する孤立への危機感、それは私にとっても、あの講堂の中の奇妙な暖かさと二重映しになったものだった。

瀬戸内海の島々は地中海のそれのように、ひとつのオリジナルな文化圏をつくりあげるというようなことはなかった。あるいはまたガラパゴス島のように生きた化石としての古代を遺すというような周囲と隔絶したものではなかった。むしろ、自立と孤立の関係の辛うじての克服がその島々の特性であるといえるのである。

瀬戸内の文化は地理的にも連続していて豊かである。直島の人びとにも倉敷はひとつのイデーであり、高松の現代建築群は良い刺激であり、文教地区計画、小学校計画も、知事、山本課長をはじめとする県の方々のバックアップによって出来上がったのだった。直島にも古くから舞台があり、船で大勢の人が見に来たというから、瀬戸内地域の文化交流がこの地域全体のポテンシャルを上げているといえる。

本村集落

直島の古くからの集落は島の東側にあって本村と呼ばれている。島の西北の方には宮の浦と呼ばれる港があり、鷲の松、ヘキ等と呼ばれる地域とともに精錬所地域を形づくり、南側の琴弾地（ごたんち）と呼ばれる地帯が以前藤田観光による海水浴場となっていたのに比べ、何といっても直島の中心であり古いたたずまいを見せている。それは幕末の絵図よりほとんど変化しておらず、路は陽が照ってしんとしており、島にしては規模の大きな旧家が並んでいる。私はこの本村に通い、そこでいろいろの打合せを繰り返したのだが、本村の旧家の人びとが今でも動かしている直島の政治は、その村の空間構造と呼応していて、私自身、本村のところどころに棟札を残す塩飽の大工とどうも重なってくるような幻覚に陥りそうになった。

（中略）

ここでの本村の風景は、もう「知らない街角の美しいあなた」といったキャッチフレーズとは無縁の、私たちが置かれているこの状況の根を今に伝えるものとしての生きた伝承であり、私たち自身の今立っているところを明確にするためにも、ぜひ伝えていきたいものである。

直島飛雲閣

ポスト・モダン建築の遠投点をめざして

直島の仕事は、文教地区と今回の役場にわかれている。そして、大別して文教地区と役場とは手法が違うように思われる。そして後者は前者の継承の上にある。

文教地区は、かたくいえば「モダン・アーキテクチュアの枠の中で、モダン・アーキテクチュアに欠落していた問題を提示しようとしていた」ように思われるし、役場は、モダン・アーキテクチュアの枠を越えてしまったところ、いわばポスト・モダンの範疇で仕事をしたように思われる。そして、このふたつの手法は、実は同根発展上にあるもので、決してどちらがどちらに優るというようなものではない。強いていえば、両方ともモダン・アーキテクチュアである。

ここで、ポスト・モダンとのちにジェンクスによって総称されるような方法を何故、出来れば避けたいと考えるほど、理解しにくかったかを語ろうと思う。私は吉武研究室の出身であり、機能を追求する態度は身についていたからである。

当時はヴェンチューリの「母の家」が出来て数年経ったころで、小さな家に与えた何げない偉大さと、インスタントな庶民的平明さに随分と興味を引かれた。ところが、ヴェンチューリの『コンプレキシティとコントラディクション』の本の内容が実はこの手の歴史的イコンとは直接関係はない内容で、しかもあまりにも対象が大きくて、歴史に対するあいまいさ、時間に対するコンプレキシティとコントラディクションに辿りつくのには読者としては随分時間が掛るのだった。

また困ったことに、彼の『ラーニング・フロム・ラスヴェガス』は、何とラスヴェガスという巨大な問題を抱き込んでいたために、またしても「母の家」から遠くなっていたのだった。ラスヴェガスに対しても、そもそもコントラディクションのある抱き込み方をしてくれれば読者は楽だった。

さらに混迷を深くしたのは、ムーアの「シーランチ」であった。近代建築の中心をル・コルビュジエ、ミース、グロピウスに見立ててそれを乗り越えようとする時に、もっとも登場し易いのがアアルトであり、次にライトであった。丹下研究室がコルビュジエとミースを採り、原爆記念館でコルビュジエの脚の上にミースの箱がのった。これに対するアンチはいろいろのところにあったが、私のいた吉武研究室はアアルトとライトであった。

(中略)

ムーアのシーランチは、アアルトである。アアルトの西海岸版である。だから、こういうモダンに対する抵抗は、実はヴェンチューリの「母の家」よりも、ひとつ時代が古いのである。(……)

町役場の設計の段になって、本村の中心に立つ建築ということが一番大切な問題となった。四百年近くも建つ民家の多くある本村の中に立って、古い家を見すぼらしく見せてはいけないということである。古い家を住みにくいといって、またメンテナンスが難しいといって嫌がっている人も少なくない現在の状態で、ピカピカの近代建築をそこに立てたらどういうことになるだろうか。多くの人は自分たちの家を恥ずかしいものと感じ、こわしてしまう人も出るだろう。(……)

(中略)

私にとって直島という島への思いは、もうひとつ上の、日本という孤立した島への思いへと変っていった。日本という島が周囲の強い影響を脱したときに、『源氏物語』や、安土桃山や歌舞伎のように開放されて、ハッピーに日本化していく。特に今は海外に開放されて、しかも自立しているところが安土桃山期に近いと思った。それが戦前の精神主義と違う文化をつくるのだ。

飛雲閣は秀吉の聚楽第にあったと伝えられる建築で、現在西本願寺にある。聚楽第には他に横浜三渓園に残っている臨春閣もあったと伝えられている。飛雲閣は元和三年（一六一七）に本願寺が焼けて、同四年に再建が始まったころ聚楽第より移築されたと言われているが定かというわけではない。

（中略）

飛雲閣が、金閣・銀閣と並ぶ三閣のうちで最も数寄屋的だと言われるのには幾つも理由があるが、左右非対称の建築であることが一番大きいだろう。これは金閣・銀閣と異なるところである。金閣・銀閣は上下が同じ大きさの平面である。茶の湯の道具の置合せなどからも類推できるものだと言われる。聴秋閣もそう言えば茶の湯との関係が濃厚で、しかも左右非対称である。

まず、三つの階はその中心軸がずれている。つまり、心棒のような軸線はここでは考えられていないので動きが出てきている。軸線の通しがない他に、異なる要素が混在していることが挙げられる。一階の左に船入の唐破風、右端に付書院の入母屋があって非対称である。二階では軒唐破風が正面より右寄りにつけられ、二つの花頭窓が左寄りにつけられていた。直島町役場は飛雲閣の形状を持った。

和風見立て三題

ここで九段会館、国立屋内総合競技場、直島町役場の三つを取り上げて歴史様式の引用の問題を掘り下げてみたい。随分偉大な建築と自分のを並べるではないかと御叱責が聞こえるが、それぐらいでなければ議論というものはそもそも発展的にならないのでどうぞ御寛恕のほどをお願いしたい。

まず、九段会館は、御承知のように帝冠様式である。（……）

（中略）

この重苦しさを払拭した人が、丹下健三であると思う。丹下作品が、帝冠様式と決定的に違うのは、異種のものをコラージュせずに、一体にするところまで融け合わせ、軽快さを与えたところだろう。（……）

国立屋内総合競技場は、その両面性と一体性が、もっと高度の技術を介して示されたものだと思う。吊り屋根の、何と日本的に見えることか。そして、それが何と吊り屋根という技術的範疇を全然出ずにとどまっていることか。

（中略）

さて、ここで、私としては、大寺院や、大神社よりも数寄屋のほうが気が楽だ。今回の直島町役場は、全体の形態は飛雲閣を本歌取りした。四層の建物というものは歴史上他にあまり良い例もなかったのだが、飛雲閣の非シンメトリーと、窓や屋根の多様にしてアンバランスな集合が心地よく思えたからである。やはり、寺院や神社より数寄屋のほうが見立てとしては好きだ。屋根の軽さ、多様な部分の面白い集合がである。

町役場は八幡神社や極楽寺とならんで直島本村の三極をなす建物であり、四百年もする多くの民家のなかに建つ。だから、機能的な意味での近代化や、コンピューター、ニューメディアの導入等とならんで、古い建物をみすぼらしく見せない配慮、古い集落に風格を与え、全体の不動産価値を上げる配慮が必要だと思った。そのためには、表現は、見立てによって選択されて構わないと思った。帝冠様式のように様式として問われるのでなく、機能の近代化と別のところで表現の問題として数寄屋が選択されたといってもよいのではないか。

そして、あくまで庶民に好かれる配慮を考えているうち、両脇に階段室がついて、現在の築地の歌舞伎座と構成は全く似てきた。前に看板が立ったところも同じだ。由緒あるものばかりでなく、庶民によく知られているものが見立てられるのは、それなりの効用がある。

自立と孤立と

本村という四百年の歴史を持つ集落の中に、町役場を設計するにあたって、数寄屋造りである飛雲閣を選択したのはそうした経緯であった。古い村に風格が出たと、直島の人々に喜んでもらえてうれしかった。

　直島が自立と孤立の間（はざま）を駆け抜けてきた生き方を、私も自分の孤立に投影して、それを自立へ転換する方途を学んだ。そして、直島がその間（はざま）を駆け抜けるために、二十四歳だった私に建設をゆだねた度量を持ったように、私もまた将来そうした若者に自らをゆだねる気概を持たねばならない。

　孤立を自立に転換する方途を島的存在に伝承していくために。

（後略）

直島町役場（北側正面全景の夜景）

飛雲閣

出典
石井和紘『数寄屋の思考』鹿島出版会、一九八五年

1986

路上観察の旗の下に

藤森照信

解説

藤森照信は野武士世代の建築史家であり、後年は建築家として実作も手がけている。著作には一般読者向けのものも多く、ユーモアのある文体や親しみやすいイラストの採用によって自らのキャラクターを確立していることが人気の秘訣だ。

このマニフェストは、美術家の赤瀬川原平やイラストレーターの南伸坊らとともに路上観察学会を設立した際に発表されたものである。冒頭でまず、新たなフィールドワークとして「路上観察」を提示し、その来歴と独自性について述べている。自らの活動を大正時代の考現学のリバイバルとして位置づけつつ、消費社会肯定論から距離をとりながら、観察対象を「路上」に求めることを表明した。このアプローチは、藤森が日本建築学会で発表した論文「看板建築の概念について」（一九七五年）にも共通するものだ。看板建築とは関東大震災後に出現した、タイルや銅板の外装で覆われた平らなファサードをもつ木造の店舗兼住宅のことである。建築家の手によるものではない建物の、しかも表層部分を扱ったこの看板建築論は、当時の建築学会で斬新な研究として受け止められた。そのように専門分化が進む従来の学会ではとりこぼされてきた都市の諸相に光を当てる仕事に、藤森は継続的に臨んできた。

路上観察学会が仮想敵として挙げているのは、都市を秩序づける「空間」の読解を重視する都市論ブームの担い手たちである。これに対して路上観察者は秩序から逸脱する「物件」こそを対象に据えるのだとし、その好例として藤森は「トマソン」を挙げる。「行き止まりになった階段」のように、意図しないまま役に立たなくなった都市の残留物であるトマソンは、鑑賞を意図として制作される芸術作品とは質を異にする。その名の由来が、期待を背負って来日したにもかかわらず成績不振に陥った元大リーガーの野球選手であることに示されているように、トマソンの醍醐味は、もともと備えていた「意味するもの」と時間を経た後の「意味されるもの」とのズレにこそある。この点で路上観察は、記号論に基づいて都市を把握する試みであった。

都市の遺棄物への注目ということでは、一九六〇年代末の遺留品研究所やコンペイトウの系譜を汲んでいるが、路上観察学会ならではの特徴として、マスメディアを積極的に活用したことは特筆に値する。設立時、藤森が学士会館前で報道陣を前に「発会の辞」を読み上げたこともその一例だ。ジャーナリズムとの結託は、当時の人文系論壇で勃興したジャンル横断型の知的交流とも共振する。そこから三十余年が経った現在、「物件」を拾い上げ、意味の書き換えを推進しているメディアはＳＮＳへと移行した。いまや路上観察は、スマホを手にした人々の無数のまなざしに委ねられている。

（渡邉航介＋菊地尊也）

関連文献

藤森照信「看板建築の概念について——近代日本都市・建築史の研究1・1」『日本建築学会学術講演梗概集・計画系』一九七五年一月
赤瀬川原平『超芸術トマソン』白夜書房、一九八六年
ジョルダン・サンド『東京ヴァナキュラー——モニュメントなき都市の歴史と記憶』池田真歩訳、新曜社、二〇二一年

路上観察の旗の下に（抜粋）

藤森照信

（前略）

まあいってみれば、今和次郎は、自分の観察眼を田園の畔道（あぜみち）から都会の路上へとグリッと一転し、そこで考現学を打ち立てたわけである。

彼自身は、東京の復興の完了とともに考現学をやめてしまうが、考現学という言葉の方は一人歩きして現在のジャーナリズムの常用語にまで成長している。

しかし、やや成長しすぎたきらいがないわけではない。心にくらべ肉体（からだ）ばかり発達して男好きのする、いや雑誌好きのする言葉になりすぎた。たとえば、食いモンの品定めのページに○○考現学と付けたり、ラブホテルの良し悪しを語るのに「ファディッシュ考現学」と題したりして、今の考現学という言葉は、なつかしい言い方をすると、「高度に発達したァ世界資本主義体制下のォ消費経済のォ販売戦略におけるゥメディア操作のォ結末なのでェあァる」

どうもそういうことらしいが、簡単にいうと、昨今の考現学は少し商売人さんたちの手アカがつきすぎている。康夫クンじゃなくて今和次郎と吉田謙吉が始めた最初の考現学のりりしい姿を思いうかべてほしい（2章六五頁参照）。彼らは店先の商品を観察したわけじゃなくて、商品のかたわらの板切れの看板の方を観察したのだった。それも、どういう看板だったら良く売れるかなんて関心はからっきしなくて、ブツとしての看板の面白さをチョクに採集したのだった。このブツにチョクという姿勢が大切で、間に色気や食い気の類をはさんじゃいけない。

だから康夫クンみたいに店の中に入って商品を手にしたり、テーブルについたりするのもよろしくない。今と吉田の二人連れは、いつも路上のための路上の人だった。

〈消費〉はペケ、〈観察〉はマル。〈店内〉はペケ、〈路上〉はハナマル。

これが正しい考現学のココロなのだ。だから、今さんと吉田さんの眼差しを自分の目玉の中に見つけてしまったわれわれとしては、アカまみれの考現学にしばしの別れを告げ、ズバリ、

路上観察

の四文字を使いたい。路上という言葉の〈通り過ぎる感覚〉がニクイし、観察という言い方の〈科学性〉がシブイ。これなら今さんも許してくれるだろう。

*

さて、路上と観察のコンビは、当然のように、反路上と反観察の領域に対し交戦状態に突入してしまう。というと大げさだが、そういう領域との間に細いが深い溝を感じてしまう。

われわれ路上観察者の正面の仮想敵国は、すでに先ほどカチャッと刀の鞘(さや)が当ってしまった消費帝国にほかならない。この帝国は、長い間、領土を店内に限ってきた。その限りにおいてはわれわれ路上王国と友好善隣関係も保たれていたのだが、しかるに、このところ、われらが住みなれた先祖伝来の路上に対し領土的野心を露わにし、着々と侵略の武器を蓄えつつある——という情報が入っている。たとえば、東京はD通りのH堂のオヤジさんなんか、「店内だけの商いじゃこの先あきまへんデェ」と言い切って、街ぐるみ商品化してしまおうと作戦を立て、すでに一部では渡河作戦に成功している。

この危機に当り、注意を要するのは、消費帝国は、今までのような、いかにもの大量生産と大量消費のコマーシャル兵器による大艦巨砲主義は中止し、なんとなく私的な眼差しを感じさせ、通り過ぎるような自由感をただよわす新兵器の開発にやっきになっていることだ。よって、おそらく、

新兵器に詰め込まれる火薬の主要成分には〈路上感覚〉が含まれることはまず間違いない。

しかし、正しく清い路上感覚とは、スリ減った鋳物のマンホールのフタにしみじみ都会の哀愁を覚え、道ばたの電信柱の切り株に阿部定を見、塀の貼り紙に人の世のいじらしさを感じ、不用になって突っ立っている鉄製のサビた手押しポンプの中に生えるハコベ草に壺中の天地を想う――そういう感覚なのだ。めったなことで消費の武器に使えるもんじゃない。やれるもんならやってみロイッ!!

と元気よく言ってはみたものの、近年の都市論ブームの多くは、消費帝国の路上進出作戦にどこか協力的なのがつらい。新聞の出版社広告で都市の二文字のついた本を目にすると、たいてい左脇の三行解説に、「都市の祝祭性」とか「感性と欲望を刺激された現代人は、街を舞台とするドラマの主人公であり、情報やシンボルを追うハンターである。都市の豊饒なコードを読み解き、その空間の魅力を縦横に語る」とか書いてあるが、この「祝祭性」とか「空間の魅力」とかが意外にクセモノだ。それは言葉の上では正しい指摘なんだが、いつも両刃の剣で、結局、現実的には消費帝国を利する場合が少なくない。今までのところ、この帝国に消費されなかったコンセプトは一つもないのだから、路上観察も安心はできない。

（中略）

＊

というわけで、われらが目玉は、消費帝国とも芸術村とも専門分化学問とも別れて、コロコロ路上にころがり出てしまった。そして、周りを見回すと似たような目玉がころがっているのに気づく。〈空間派〉の目玉である。

この目玉はなかなか蠱惑（こわく）的な瞳を持っていて、ここ十年ほどの間に、長谷川尭の『都市廻廊』はじめ前田愛の『都市空間のなかの文学』とか陣内秀信の『東京の空間人類学』なんかの名著群を生み出してきた。われわれと同じように路上での観察をベースとするという点では明らかに兄弟なのだが、しかし、どこか肝心な所で違っている。

どう違うかは、一緒に掘割なり川なり水のあるところを歩いてみればはっきりする。

空間派は、掘割にならぶ倉や護岸の石垣や石段、そうしたものが水の流れと一つになってかもす水辺の空間に注目する。そうした空間には視覚的印象を一つにまとめあげる秩序が隠されているから、その秩序を読み解こうとする。「都市を読む」とか「コードを読む」というのが空間派の必殺技で、方法的には記号論に近い。そして、読んだ結果何が見えてくるかというと、きまって古き良き秩序が見えてくる。江戸の町の水辺は活きていた、とか、下町の路次裏は良かったとか、そんな話になる。そうした秩序ある空間を混乱させ破壊した近代という時代を槍玉にあげ、その上で新しい秩序の再建を言う。この言い分は迫力十分で〈前近代の評価を通して近代を乗り越える〉なんて構図を見せられるとたいていの目玉はクラクラッとくる。

ところが、何が哀(かな)しゅうてか、われらの目玉はそうじゃない。掘割を歩くと、そこにただよう空間よりはまず先に、水面をただよう壊れた人形や木片やビンの類に目がいってしまう。なんともみっともないが、空間よりは物件の方に敏感なのである。こうした眼差しの傾向については、美学校生徒の南伸坊君が十六年前に赤瀬川先生に提出した宿題を見れば納得できる（3章一二二頁参照）。

物件に気をとられてしまうと、次々に目に入る物件の個別の面白さの方が印象に残って、全体を貫く秩序の方は網膜に跡を残してくれない。空間よりは個別の物体のブツとしての表情にチョクに反応するこうした感性を物件感覚(オブジェ)といっておこう。この物件感覚(オブジェ)の立場からいうと、近代以前の全面秩序、全面空間の時代というのは、個別の物件が全体の中に埋没してしまっていてあまり面白くない。刺激がうすい。

全体の中に組み込まれた物体がオブジェとして露頭を現わすのは、全体の秩序からズレてしまった時に限られるようだ。どうも物体は、空間——全体秩序の視覚的別名——からはみ出した分だけ物件になるらしい。

このことは、路上観察者が好んで採集する実例を並べてみるとすぐ分かる。どれも、本来の状態からズレてしまっている。

たとえば、実用性というこの世で一番強力な秩序からズレてしまったのがトマソン物件で、〈海部の純粋トンネル〉の例なんか笑ってしまったが、ちゃんとした鉄道のトンネルなのに、トンネルの上には山も丘もなくて、ただ空気を支えているだけなのだ。

マンホールのように、実用性を堅持している堅物(かたぶつ)でも、時々、実用一点張りの上に余分な表情をはみ出させてしまい、そこにつけ込まれて採集される不幸なヤツもある。たとえば、京都を歩いていると、時々㊙の文字が刻まれたマンホールのフタに出会う。地べタで鉄のフタが、「ワタクシハ、マンホールのフタで……」とつぶやいているのだ。このつぶやきに耳を貸すのが、路上観察者のやさしさというものだろう。

ズレには、位置のズレやスケールのズレもある。京都には、竜安寺や苔寺の名庭にまじって、〈壺庭〉と呼ばれるほとんど誰も訪れないタイプの庭が、往来のまん中に隠れている。アスファルトの道路にうがたれた径十センチ位の丸い穴に草が青々と茂り、時には小石まで配置されて、見事な風情をただよわせている。こうした京の壺庭タイプは、最近はじめて発見され、新種として話題を呼んだが、その後、古井戸の手押しポンプの中や、マンホールのフタの小穴の中や、さらに、ラブホテル前の生かわきのコンクリートに付けられた靴底の跡の窪みに誕生したカカト形の壺庭とか、いろんな変種が続々報告されている。

しかし、ここで、一つ注意しておきたいのは、ズレを好むからといって、パロディやビックリモノみたいにわざとズレや逆転を意図したのはいけない。観察というのは科学の営みだから、あくまでありのままの自然な路上を相手としたい。

　なぜこの点にこだわるかというと、われわれの目玉が路上にはみ出してきてしまった理由（わけ）は、〈意図されたもの〉が嫌になったからだ。美を意図する芸術も、その芸術の解体を意図する前衛芸術も、ウケを意図するパロディも、むろん買われることしか意図にない商品も、その意図された部分がアウトだった。見回すとこの世の物体はほとんど意図だらけで、疲れてしまう。もちろん、この世に存在する物体はすべて意図して作られているわけだが、しかし、われわれとしては、観察によって、その意図の線上からズレてしまった部分を発見しようとするのである。

　さて、このように、物件の誕生が、空間からのズレやはみ出しの上にしかありえないとすると、空間派と物件派は、同じ路上の目玉兄弟といっても、関係はちょっと難しくなる。敵対はしたくはないが、緊張はする。

　空間派が、調和ある全体性への回帰願望を心に秘めているのに対し、物件派は、予定調和的な全体からの逸脱に、最後の自由を賭けている。自由を賭けて……なんていうと大げさだが、もっと実感に即していうと、街をトボトボ歩いていて、いい物件を発見できた時はじめて自分の目玉を回復したような解放感がある。都市がその分少し自分のものになったような気がする。

（中略）

　路上観察者の目から見ると、路上のすべては〈事物〉の一語で括られる。出来事と物体の二つから路上の世界は成り立っている。その〈事物〉は、〈事〉と〈物〉に二分され、具体的事物にはそれぞれ〈件（くだん）〉の一字を付けて、〈事件〉と〈物件〉の名が与えられる。そして、それぞれを専門に取り扱う人間がいて、事件の方は街の雑居ビルの二階に事務所を構える探偵が扱い、物件の方は雑居ビルの一階に店を構える不動産屋が扱う——というのが現実だが、事件はともかく物件という貴い言葉が不動産屋のオヤジさんの口からしか聞かれないのは哀しい現実である。今や一部の業界用語に落ちぶれたブッケンの一語を、われらは、本来のオブジェの意味を込めて、もう一度、事件との兄弟関係の中でとらえ直したい。

路上観察者は、物件をもっぱら対象としているが、実は、目玉の裏では、いつも事件を意識している。裏に事件の存在を感じさせるような物件を好んで観察している、といってもいいだろう。事件を扱うのが専門の探偵の目で物件を探しているわけだ。

たとえば、トマソン物件がいい例だが、第一号として知られる四谷の祥平館の「純粋階段」が別名「四谷階段」とも呼ばれているように、発見者はそこに一瞬〈事件〉のニオイをかいでしまったにちがいない。もちろん現実に事件があったかどうかじゃなくて、事件があってもおかしくないようなニオイである。電信柱の切り株が「阿部定タイプ」と呼ばれるのも同じだろう。

水辺の例でいうと、岸辺に立って空間を感じても、空間は調和状態の産物だから、そこに事件の影はないが、一方、流れ下るビンや人形や胎児（3章一二九頁参照）に目を注ぐと事件のニオイがいっぱい詰まっている。

建築探偵が西洋館ばかりねらうのも事情は同じで、西洋館は日本の街の空間の中では異物としてオブジェ化していて、その結果、事件が住みつき易い体質になっているからだ。怪人二十面相のアジトはいつも古びた西洋館だった。

＊

さて、われらが路上観察は、芸術と博物学をなつかしい故郷とし、考現学を母として生まれ、長ずるにおよび専門分化、学問を離れ、消費帝国と闘い、また、血を分けた兄弟の空間派とも別れ、気がつくと、見知らぬ場所で一人淋しく震えていた。

ここは時代の先っちょなのか、崖っぷちなのか、
いったいどこなんだ！

一九八六年
天にはハレー彗星
地には路上観察者
地下には地下生活者

出典
赤瀬川原平・藤森照信著、南伸坊編『路上観察學入門』筑摩書房、一九八六年（文庫版、ちくま文庫、一九九三年）

トマソン第1号。四谷階段、もしくは純粋階段（出典：赤瀬川原平『超芸術トマソン』白夜書房、1986年）

1987

機能から様相へ

原広司

解説

原広司は、一九六〇年代以降の日本建築を理論と実作の両面からリードした建築家である。猥雑な都市空間の質を私的な住宅の内側に折り畳もうとする「住居に都市を埋蔵する」、ミースのユニヴァーサルスペースの文明的価値を論じた「均質空間論」、西洋的な弁証法とは異なる日本文化の論理構造に関する〈非ず非ず〉と日本の空間的伝統」など、科学や哲学や古典への幅広い参照をもとに繰り広げられる原の言説は、独特の晦渋さを含みながらも、後進世代に多大なる影響を及ぼしてきた。東京大学生産技術研究所で主宰した研究室からは多くの建築家を輩出している。

一九八六年に著された「機能から様相へ」は、近代建築とポストモダン建築の質的差異を「機能」と「様相」という概念によって鮮やかに描き出したテクストである。近代建築は、その関心をフィジカルな身体の次元に絞り込み、建築を機能にしたがって合理的に構成することに本質がある。モデルとなったのは「機械」であった。対するポストモダン建築（現代建築）は、身体ではなく意識の次元が考えられなくてはならない。物体に加えて、意識が知覚する現象すなわち「様相」こそが、建築のテーマとなる。モデルは「エレクトロニクス装置」だ。原は「様相」をこのように定義している。「事物の状態や空間の状態の見えがかり、外見、あらわれ、表情、記号、雰囲気、たたずまい」といった「経験を通じて意識によって生成され、保持される情景図式の様態」。「情景図式」も原の用語だが、人間が何らか空間を体験したときに獲得する図式化された印象のようなものを指す。

近代建築への反省と批判から生まれたポストモダンの機運は、一般的に、近代以前の古典建築やヴァナキュラーな集落に見られる豊かな装飾性や意味性、場所性への注目・回帰に特徴づけられる。原はこのような潮流の裏側に「機能」から「様相」へという建築理論の変遷の萌芽を見出した。そして、建築と都市は本来、機能合理主義的な整理ではなく「さまざまな空間からなる〈混成系〉」を目指さなければならないと指摘する。そのためにこそ様相論は詰められねばならないのである。ディテールや表層が多彩に変化し、建築それ自体が風景のように時間ごとに移り変わる「京都駅ビル」（一九九七年）や「梅田スカイビル」（一九九三年）は、原のこうした理論的関心の実作における展開だと言ってよい。

様相論は、近代建築以降、建築家がその主題としながら依然として曖昧なまま放置してきた三次元の「空間」なる存在を、より的確に把握し、コントロールするための理論だと言える。この点は、原が活動最初期の一九六〇年代に提示した、「閉じた空間」に穴（窓や扉）を穿つことでその空間環境の質を精密に操作する「有孔体理論」からの一貫性が読み取れる。また一九九〇年代後半に書かれた「空間の文法」は、「様相」の記述方法を現代数学を応用しながら模索する試みであった。

（市川紘司）

関連文献

原広司『建築に何が可能か』学芸書林、一九六七年
原広司『住居に都市を埋蔵する』住まいの図書館出版局、一九九〇年
原広司「空間の文法」『GA JAPAN』二四〜四七、ADA、一九九七〜二〇〇〇年

機能から様相へ（抜粋）

原 広司

（前略）

均質空間が支配的になるにつれて、私たちは、近代建築の総体を見直すと同時に、古典的な建築やヴァナキュラーな建築をふりかえるようになった。こうした見直しによって、機能論がとらえられなかった建築の性格を再認識し、その見逃されていた性格を今日の時代に適合するかたちで展開しようとする動きがポスト・モダニズムである。

関係概念に根ざした近代建築は、均質空間を理念とする近代の終局の建築を除けば、現象のうえからして画一的であったとは言えない。さまざまな建築があったのである。それら多様な近代建築のもつ魅力は、機能論では説明できなかったし、また、関係の切断に根ざす理論によっても説明できなかった。しかし、私たちは、もろもろの近代建築相互の差異を了解していたし、また機能論の影響下にある近代建築の総体的傾向と古典建築、あるいはヴァナキュラーな建築との差異も了解していた。こうした差異は、体験のうえから、つまり経験的に了解されており、了解は見直しによってますます深められたのだが、これを言語であるいは論理として説明することができなかったのである。

近代建築が関係の把握と、その合理的な実現をめざしたとして、このふたつの過程が一意に定まるとはとても思えない。一意にさだまらない理由を関係論に即して考えれば、ふたつの観点があげられる。その第一は、建築が論理図式や構造図式でないかぎり、具体的なものがあらわれ、情景図式としてあらわれる。この情景図式は、場面としての雰囲気、たたずまいをもっている。早い話が、同じ機械でも、表面の材質や色彩がかわれば、その見えがかり、外観がちがってくる。つまり、「道具」にも、見えがかりがあるのである。関係の物象化は、同一の見えがかりに到達するとは限らない。むしろ同一の見えがかりに到ることの方が稀なのである。それは、合理性の追求の極点である宇宙船の見えがかりさえ、異なっていることからもわかる。（均質空間を理念とする建築は、まさに表層だけが異なっている。）第二に、仮に一定の関係が成立するとすると、成立している基盤、その関係が、そこに「於てある[1]」座標面がある筈である。これを、〈場所〉といえば、関係論は場所を重要視していない。もし、場所の性格が相互に異なっていたら、一定の関係も異なった表示に到達する。このことは、私たちは数学的な写像として知っている。こうした表示は、第一の項でのべた表層の見えがかりだけでなく、事物の寸法関係、位置関係などにその影響を与え、結果として情景図式上の差異を生むであろう。（均質空間は、ここでいう場所を新たに定義しようとするもので、第二の差異は生まれない。）

　こうして、機能論・関係論は、関係の表層と関係の場所という二面からはさまれるかたちで、補強されてはじめて、近代建築のさまざまな差異を説明する論理になることがわかった。しかし、こうした差異や差異を生じさせているところの現象が、どれほど重要で価値あるものなのかはまだ説明されていない。奇妙なことではあるが、関係論が、あるいはこれを土台とした合理主義が支配的なさなかにあっても、建築家たちには、建築の魅力が関係の物象化とはちがったところにあることは、十分にわかっていたと思われる。しかし、建築家の想いが、うまく説明されるためには、古典建築やヴァナキュラーな建築の見直しの過程が必要であった。

　古典的、様式的な建築が、近代建築とちがった魅力をそなえていたところを整理しきるのは容易でないし、さしあたりの目標ではない。ここでは思いつくままの魅力の断片を列挙して、論の展開上の参考にしたいと思う。その一つは、様式によって意味づけられた建築の要素や要素の配列である。

これらは、形態に特性があるというだけでなく、特定の文化に帰属するが故に固有の意味をもっている。つまり、要素やその配列は、記号としての見えがかりをもつ。第二に、近代建築が排除したところの装飾は、様式的な要素や配列と同様に意味を表示すると同時に、建築の表層を特性つける重要な因子となっている。第三に、古典的な建築には物的あるいは空間的な趣き、雰囲気があり、それらの性格は範例あるいは範例の代表指標としてきわだっている。また同時にそれらは情景図式として体験者間で相互に伝達可能である。また、そうした情景図式を生みだしている仕掛け、組みたて方などを一定の手法として抽出できるのである。

一方、ヴァナキュラーな建築や集落の特性をみると、次のような事項がおおまかに要約できる。第一に、建築や集落と地域とが対応しており、建築や集落が「場所を生成している」、「場所と融合している」などの言いまわしによって説明されるような意味で、場所性をもっている。こうした特性のため、建築や集落の見えがかりは、地域を示す示標となりうる。第二に、建築や集落の空間の状態は、自然の周期的な変化に応じて、あるいはこれを和らげたり、増幅するかたちで変化する。一言でいえば、親自然的である。第三に、社会的な諸関係がある程度物象化されていて、制度が可視的になっている。また、通常は隠されている空間に関連した制度が、儀式や祭り、規約の違反がおこった時などに可視的になる。第四に、集落のような建築を要素とする集合にあっては、要素間に、同一あるいは類似と差異のネットワークが認められ、この構造が集落のルースなあるいはタイトな一体性を表出している。

かような反省、見直しによって、抽出された事項の多くは、事物の状態や空間の状態の見えがかり、外見、あらわれ、表情、記号、雰囲気、たたずまいなどと表記される現象であり、これらの表記は、経験を通じて意識によって生成され、保持される情景図式の様態を説明しようとする表記である。また、これら表記によって指示されるものは、自然、場所、制度、文化、様式、言語学的な秩序、幾何学、構築にかかわる技術や技法、等々のレベルが異なったさまざまな概念に依存して表出される。

これらの表記が指し示している空間の現象を、〈様相（modality）〉と呼んでみたい。

様相なる概念が、現代の関心を吸収し包括する概念であることについて、最初に検討しておこう。まず、ポスト・モダニズムの建築に見られる「表層」にたいする関心である。表層は強い装飾性をもち、ときに広いガラス面の周辺を写し出したり時間的に変化したりする性質が強調される。一般に、クリストがいちはやく建物や都市を梱包（パッキング）して表層の意味を明らかにしたように、類似した建築も表層を変えることによって全く異なったものになると考えられている。こうした表面の見えがかりは、様相の初源である。この関心が建物から都市に広がってゆくと、「街並み」「景観」への関心となる。これらは、町や自然の見え方の秩序、見えがかり上の特性などを実現してゆく目標をもつ点で直接様相にかかわると同時に、それにともなって、にぎわい、おちつきといった住環境の様相に関心がもたれる。

第二に、過去の建築の意味性に関心がもたれたが、ここでの意味とは機能上の意味ではなく、〈様相の意味〉であって、環境に文脈を見出したり、文脈を切断したりする素材としてあつかわれる。環境には、機能論的な文脈（関連性）だけではなく、様相論的文脈があるとする態度である。これは、都市や地域が時代の重ね合せとしてあり、過去と現在とが同時存在する共時的構造をもっているという様式論をふまえた認識と符合しており、そこから「地域性」「場所性」あるいは具体的な理念としてのアイデンティティが問われる。さらに、「聖なる空間」、儀式的な空間、祭りの空間、禁忌の空間等々が、文化人類学あるいは民族学などによって明らかにされることから、様相論的空間の所在が人々の意識のなかに滲透していった。さらにまた、環境の「制度」的な意味が、たとえば座のような「場」としての空間の所在によって把握され、この制度的な様相はたとえば「中心と周縁」なるモデルを誘発している。

第三に、日照、騒音、圧迫感といった空間の様相が、一般の人々の関心となってきた。つまり、機能論的な身体の快適さだけでなく、〈意識にとっての快適さ〉が問われるようになった。ここでは、物理的な日照や騒音の排除の必要性は当然として、陽があたっている、あたりが静かである全体的な様相が重要であるとされる。この住み手の意識の様態は、環境心理学の側からしだいに明るみにだされ、「隠された」心理学的距離、意識のなかの住環境図とその形成指標、テリトリーと回避する領域等々が明らかになる。そして人間一般の意識は、決して同じではなく、環境によって、〈意識の差異〉があることも確認されつつある。現在、こうしてしだいに明るみにだされた住み手の意識と計画とが、どのように結びつけられるのが適当であるかはさだかでないが、環境の計画や設計をする側が、住み手の意識にたいして強い関心を払うようになり、その結果、市民参加、住民参加の設計に意が払われるようになってきている。

第四に、建築にとっては、空間の状態こそ生命であることが確認され、建築家は固有の空間の状態の形成を目標にしている。この空間の状態をより包括的に表現すれば、空間の様相である。この様相には、あいまいさをもった意味があり、その意味は隠喩的な性格をもっている。具体的な今日の課題として、たとえば「ハイテック」といった表現によって示される新しい空間の様相の実現が目標とされている。また、一般的にいえば、建築や都市は、機械的な合理主義によって整理された空間の一様性にその理念があるのではなく、さまざまな空間からなる〈混成系〉の実現が目標であり、この混成系は、機能論を包摂したかたちの様相論の上に展開すると考えられる。

（中略）

さて、意識のなかをのぞきこもうとすると、同調、誘導、感応、増幅、ずれ、変換、記憶、再生、周期、経路、置換、等々の電子工学がとりあつかう現象や、電子工学が生みだした日用品の能力や現象を表記する言葉に頼りがちになる。おそらく、電子工学や情報工学に親しんでいる人なら、もっと巧妙に意識のはたらきを説明できるにちがいない。実際、コンピュータは、私たちの意識にせまりつつある。今日の身のまわりには、過去のそれと同じような性格をもった道具や機械があふれていると同時に、それらとは全く異種の装置類が出現してきている。もし、今世紀前半の「機械」に今日対応するものといえば、それはまちがいなく「エレクトロニクス装置」であり、一体この対比は建築や都市に現象するうえで何を示すのか、という問題を設定することができる。おぼろげな方向として、機械のもっていた力学的な体系に象徴される機能論がすでに有効ではないことはわかる。距離や時間を一気に捨象することによって生じる同時存在性、現実の風景のなかで異なった映像をみている多層性、記憶装置や（特に音楽にみられる）シミュレーションによる再現性や置換性、ふつうの人にはブラックボックスの表面の現象としか思えない表層性や自動性、これらの性質はどうやら様相論の対象になりそうである。

以上をまとめたかたちで、ひとつの対比的な図式をつくってみよう。

近代建築	機能 ―― 身体（フィジカルな） ―― 機械
現代建築	様相 ―― 意識 ―― エレクトロニクス装置

ただし、この表は、機能をとりこんだ様相、身体をとりこんだ意識、機械をとりこんだエレクトロニクス装置であると読みたい。さしあたりは、現代建築の特性を拾いあげ強調しているところもあって、差異に関心が払われてよいだろう。

様相の現象面がひとたび確認されるや、表現行為は昔から様相に依拠しており、それ自体は格別新しいことではないという意見がでてくるだろう。まったくその通りで、まさにそのために様相に対して関係に着目した近代が革新的でありえたのだった。したがって、ここでの要点は、第一に様相なる現象を伝達可能な意味の体系として正当な位置にもどすことであり、第二に関係もまたひとつの様相をもつとする認識にたって包括的な意味で様相をとらえなおすことである。さらに第三に、新しい様相の表現に芸術や建築は向うということである。これらの論述は、第一と第二の事項の所在を明らかにするためになされてきた。

第一と第二の事項は、表現活動の課題ともなりうるが（伝統的に意味づけられた空間の表出やコンセプチュアル・アート）、主として、様相に関する学問的な体系をつくる課題としてある。そのためにはまず、あいまいさや多義性を処理するための新しい論理学的基盤が要請されていると同時に、空間図式一般を体系だてる諸概念の整備が要請されている。

さしあたりの興味は、第三の事項にある。しかし、新しい様相の表現は、まさに発見的な表現行為の課題であって、解釈や説明は表現の後につづく。しかし、現時点でも、ある程度のおぼろげな方向を読みとることはできよう。

そのひとつは、これまでも再三触れてきたように、意識をのぞきこむ作業の継続にある。一言であらわせば、メタファを誘起することを表現目標とするのではなく、ダリ、キリコ、エッシャー、マグリット等が先んじて行ったように、メタファが生成される意識のメカニズムを表出すること、これである。この作業は、近い将来、絵画や彫刻や建築のプレゼンテーションなどによって示されるであろうし、気がつかないだけですでに行われているのかもしれない。もし巧妙な表現があるとすれば、意識を問い続けてきた文学にみられるだろう。建築の表現は、現実の慣性が原因となって遅れるだろう。この作業目標を起点として、記憶の再生、想像の自己誘導、現実と想像の二重構造的同時存立、空間図式の他者との共有性（これらの現象は文学や映画の描出課題であった）等についての意識のはたらきの機構、隠された機構が明るみにだされるだろう。それが、従来の意味でのメタファを新たに生成すると思われる。作業は、もちろん新しい装置をもってしてもよいわけだが、基本的には、レヴィ＝ストロースが言ったように「寄せ集め」でたりる。こうした意識の機構の表出が、〈混成系〉の新しい在り方を開示するのではないだろうか。

　おぼろげではあるが、当然なことなのでやや確かな面もあるもうひとつの手がかりは、次のようなものである。科学技術が瞬間的に、あるいは実験として照明した新しい様相の固定化、またそうなるであろうと予想される新しい様相の先取り。これはすでに、ハイテックの現象の中に含まれている。この作業を通してあらわれる、自然の再解釈と快適であることの再定義。そのひとつの分岐は、確実な固体性とフォーメーションをもつ構成的自然現象から、雲、霧、虹、蜃気楼、風等々のアモルフでアンビギュアスな、時間的に変化する様相論的自然現象による芸術的自然学の提示。

　こうして、意識ののぞきこみと科学技術が明るみに出すアモルフな自然への注視というふたつの方向がありそうなのであるが、先に示した対比表の〈様相——意識——エレクトロニクス装置〉という図式は、このふたつの方向が実は同じであり、重なり合ったところに、様相論とその表現が生成されることを主張している。

註

（1）場所に関するこの表記は、西田幾多郎の著作にしたがっている。

出典

原広司『空間〈機能から様相へ〉』岩波書店、一九八七年（文庫版、岩波現代文庫、二〇〇七年）

1987

アート・キッチュ・ジャパネスク――大東亜のポストモダン

井上章一

解説

井上章一は建築史・意匠論のほか、霊柩車、「美人」、名古屋の金シャチなど幅広いジャンルにわたって、ユニークな視点で日本の文化史に切り込む。桂離宮や法隆寺などをとりあげた初期の著作は対象そのものに対する個人の美的判断を保留し、むしろそれらがいかに語られ、建築界の欲望が反映されてきたかについて時代の変遷をおう。その際、膨大かつ詳細な文献資料が引用され、当時の歴史論文に内在するイデオロギーも暴くというメタ歴史学的な構えが特徴である。

本書は、戦争時下の日本趣味の建築を扱い、戦後の建築界にムードとして存在した、帝冠様式＝ファシズム建築という通説的な見解に対し疑問を抱き、反証を試みた点が画期的だった。

そもそも日本趣味の建築様式とは何か。ナチスが推奨した「第三帝国様式」は古典主義からディテールを剝いで、骨格だけを前面に押し出した威圧的な様式だが、これと同様、日本もファシズムの台頭とともに出現した建築様式があり、それを本書では日本趣味建築と総称する。すなわち、コンクリートによる近代的な躯体の上に、反りのついた和風の瓦屋根をのせる威風堂々とした帝冠様式だ。井上は、これがいつどのようにできたのかに注目した。

実証的な調査を重ね、日本趣味建築は日本のファシズムが推進した様式ではなく、ナチスの第三帝国様式とは異なる背景をもつという結論を導く。そして日本趣味建築は大東亜共栄圏による国家宣伝とは縁が薄く、むしろ社会の空気を読んだ建築家たちが閉鎖された文脈のなかで生み出した様式だという。なるほど、ドイツと違い、戦犯となった建築家はいないし、当時の日本では国家権力による瓦屋根の強要はなく、あくまでも伊東忠太らの通俗性においてのみ、ファシズムとつながる契機がある。井上によれば、戦後にモダニズムを賛美するために、敵としてファシズム＝帝冠様式のイメージが捏造された。この図式は同時に、日本のモダニズムがファシズムと関わった過去を隠蔽してしまう。実際、モダニズムの建築家は、ファシズムと徹底的に戦ったことはない。

興味深いのは、井上がデザインの自律的な変化の過程において、帝冠様式を位置づけたこと。つまり、古典主義とアカデミズムの規範が解体していく様式の空白期だからこそ、日本趣味が登場しえたのではないか、と。実際、当時は様式が混在する移行期であり、モダニズムが完全に勝利する前夜だった。ともあれ、浜口隆一の『ヒューマニズムの建築』（一九四七年）のように、戦後のモダニズムを民主主義の建築とみなす考え方に対し、これは冷や水を浴びせる挑発的な著作となった。また井上の主張に対し、一部ではイデオロギー的な反発を招き、左派の西山夘三や布野修司が批判している。井上の仕事は、ポストモダンの相対化にも近接するが、あくまでも文献実証主義にもとづく態度をもつ。

（山口智子＋五十嵐太郎）

関連文献

井上章一『つくられた桂離宮神話』弘文堂、一九八六年／講談社学術文庫、一九九七年
五十嵐太郎『日本建築入門——近代と伝統』ちくま新書、二〇一六年

アート・キッチュ・ジャパネスク
——大東亜のポストモダン（抜粋）

井上章一

むすびに

以前、この本で述べたことの一部を、建築学会の雑誌で発表したことがある。そのときは、学会の権威・西山夘三氏から厳しい批判をいただいた。左に紹介して置こう。

井上君の八五年一月号の論文では……いかに戦争を知らぬ世代とはいえ、歴史研究にとって最も大切な歴史から学ぶということを忘れた迷妄というべきである。このような議論をもてあそぶことは、敗戦後に建築学会の戦争責任追求が厳密に行われていなかったことと関連するが、人類絶滅の「核の冬」を招来しないためにも、きびしく反省されるべきである（西山夘三「特集『失われた昭和一〇年代』を読んで」『建築雑誌』一九八五年三月号）。

他にも、布野修司氏から同じような非難を頂戴したことがある。私の議論は、「露骨なイデオロギーのみを浮かび上らせるにとどまっている」というのである（布野修司「国家とポスト・モダニズム建築」『建築文化』一九八四年五月号）。比較的好意的に読んでいただいた藤原惠洋氏も、私を「戦前戦時の京都学派を髣髴とさせてやまない」と評された（藤原惠洋「〈呪われた〉ものへのまなざし」『都市住宅』一九八五年五月号）。

要するに、私は反動的で右よりで好戦的な、どうしようもない論客だとされているのである。ひょっとしたら、本書の刊行はこのイメージを決定的にするかもしれない。

勿論、そうしたイメージを抱かれるには、それなりの理由がある。

戦前、昭和初期以後、建築界では伝統的な日本建築の意匠を取り入れたスタイルが流行した。そして、これらは従来より、建築家による戦争協力として位置付けられてきた。「日本ファシズム」への加担と評されることもある。伝統的なデザインの採用により国体明徴の意を表わし、戦時体制に迎合したというのである。そして、こうした議論は主として進歩的と目される人々によって唱えられてきた。

だが、こうした考え方はまちがっている。当時の建築は、国体明徴などという観念とはほとんど関係がない。戦時体制とのつながりも、希薄である。いわゆる「日本的な」様式はそうした潮流からはある程度切り離して考えなければならない。私は、以上のように主張した。つまり、当時の「日本的な」様式を擁護しているように思われかねない議論を展開したのである。

むろん、私の意図は「日本的な」様式の復権にあったわけではない。歴史的な事実を、諸資料の調査を通じて、生起したままに叙述する。ただそれだけを目差していた。だが、その結果として、「日本的な」様式と「日本ファシズム」のつながりを否定的に考えざるをえなくなる。いわゆる進歩派の議論とも敵対せざるをえなくなっていく。反動のレッテルを貼られたのもそのためである。

とはいえ、こうしたレッテルは私にとってもあまり気持の良いものではない。この点については、是否とも一言弁明しておきたいと思う。

繰り返すが、「日本的な」様式は戦争協力云々とはほとんど無関係であった。にもかかわらず、一般通念としては両者をむすびつける考え方が定着してしまっている。「日本的な」様式はファッショ的だとする議論が横行する。いったいなぜか。

邪推をすれば、それは、本当の戦争協力を隠して置きたいための工作なのかもしれない。建築界が具体的に行なった戦争協力の実態を隠蔽する。例えば旧植民地での活動、技術者としての積極的な体制参加の意欲、などである。こうしたものを目立たせないためにこそ、ありもしない「日本的な」様式のファッショ性が喧伝されている……。

おそらく、そこまで意識した議論は少ないだろう。

だが、従来の一般通念は、結果的には戦争協力の実態を覆い隠す役割を果している。それこそ、反動的な機能を担っているのである。

西山夘三氏は言う。「歴史から学ぶ」ことは「歴史研究にとって最も大切な」ことだと。私自身は、必ずしもそうは思わない。歴史的な出来事の経緯を、能う限り傍観者のペシミズムに徹して描いていく。口はばったいようだが、それこそが歴史家の職業倫理だと思っている。実際、何らかの教訓を引き出そうというような視線は、歴史に神話的な歪曲をもたらすことが多い。歪曲の一掃はもとより不可能な話ではあるが、できる限りそれは排除されるべきだろう。

それに、「歴史から学ぶ」立場に立ったとしても、従来の一般通念が有効かどうかは疑わしい。平和を願うための教訓を戦争の歴史から学ぶ。そうしたとき、「日本的な」様式の戦争責任を問うことが、果してどれほどの意味があるのだろう。追求すべきものは、もっと他にあるのではないか。

これまでの議論は、戦争責任を「日本的な」様式になすり付けている。建築界全体として問うべきところを問わずに、ほとんどどうでも良いようなところばかりを問題にしてきている。(……)むしろ、それは、戦争責任の実態をごまかしてしまう点で、「歴史から学ぶ」態度からはほど遠いと言うべきだろう。まだしも私の一見反動的な歴史の方が、そういうごまかしを批判している分だけ進歩的だとは言えまいか。

最近は若手の建築史研究者の間でも、日中戦争期に対する関心が高まっている。特に、旧植民地での建築家たちの活動が、ずいぶん明るみに出されてきた。今後は、そうした研究成果の公表が増えていくに違いない。当然、戦争協力の実態も浮き彫りにされていくだろう。本書が、そのための露払いとなれば、これに過ぎることはない。

(後略)

出典
井上章一『アート・キッチュ・ジャパネスク――大東亜のポストモダン』青土社、一九八七年

川元良一「九段会館」1934年

渡辺仁「東京国立博物館本館」1937年

1989

消費の海に浸らずして新しい建築はない

伊東豊雄

解説

本論文は、一九八九年というバブル経済の絶頂期に建築家としての強い意志を表明すべく執筆されたものである。これは伊東豊雄の重要な二冊の著作の結節点にもあたるタイミングだった。すなわち、『風の変様体』（一九八九年）は、デビューした一九七一年から主に住宅を設計していた一九八八年まで、そして『透層する建築』（二〇〇〇年）は、公共施設を手がけるようになった一九八八年からせんだいメディアテークが竣工した二〇〇〇年までの文章を時系列に並べている。前者は自作の形態論のほか、菊竹清訓、磯崎新、篠原一男、坂本一成の作品論も収録し、批評家としての確かな視点を感じさせるだろう。一方、後者は現代都市の状況や情報化の時代から影響を受けながら、流動的なイメージの建築を追求している。

「消費の海に浸らずして新しい建築はない」の論考を要約すると、以下の主張になるだろう。消費社会に対して、良識ぶって本来の建築はこうあるべきではないと、反動的に現状を批判するのでもなく、かといってその大波にただ迎合し、溺れてしまうのでもなく、むしろ消費の海を泳ぎきって、その対岸に広がる未知の大陸にたどり着くことによって、新しい建築が出現するのではないか、ということである。資本主義に対するレム・コールハースの態度とも似ているかもしれない。

もはやバブル崩壊後の長い不景気からは想像しづらいが、当時の日本は地価が上昇し、異常な状態だった。「凄まじい勢いで建築が建てられ、消費されている。まったく恐ろしいほどにである」という書き出しは、その実感を伝えている。だが、どんな状況であろうとも、「私の関心はしたがってただひとつ、このような時代にも建築は建築として成り立つだろうか、という問いである」。その際、フォルマリズムではなく、新しい都市生活のリアリティを発見することから始めることを宣言するのだが、「リアリティは消費の手前にあるのではなく消費を超えた向こう側にしかないような気がする」という。

なるほど、すでに伊東は一九七〇年代の閉じた住宅から、都市に開く建築に変容しており、軽やかなテントをまとう「東京遊牧少女の包」（一九八五年）を発表している。コンビニ、カフェバー、ファミコン、吉本ばななの小説など、新しい現実を受けとめながら、「クールなアンドロイド」のような身体の可能性を見いだすこと。伊東は、荒波を泳ぎきった。だからこそ、一九九〇年代以降の快進撃につながったのである。しかも、その後もとどまることを知らず、海外にも活躍の場を広げながら、彼のデザインは変容を続けた。

（五十嵐太郎）

関連文献

伊東豊雄『風の変様体――建築クロニクル』青土社、一九八九年／新装版、二〇〇〇年

レム・コールハース『S,M,L,XL+――現代都市をめぐるエッセイ』太田佳代子・渡辺佐智江訳、ちくま学芸文庫、二〇一五年

消費の海に浸らずして新しい建築はない（抜粋）

伊東豊雄

凄まじい勢いで建築が建てられ、消費されている。まったく恐ろしいほどにである。十年前、いや五年前でも、街を歩いていると、ああこれは建築家の設計した建物だなとすぐ見わけがついた。でも今は違う。どこまでが建築家の作品でどこまでがインテリアデザイナーやディスプレイ会社の設計なのかまったくわからない。

一般誌やＴＶや新聞にも頻繁に話題の建築や建築家が登場する。建築に関わるシンポジウムやレクチュア、展覧会も年中、どこかで行なわれていて、外国のポピュラーな建築家も入れ替わり立ち替わり来日している。このような場所で発信された情報が巷の通りを埋めているコマーシャルな建築や住宅に複写され、都市空間は日々変わっている。建築家たちが、建築の世界にもようやく陽が当たりはじめたといってほくそ笑んだのも束の間、いまや新しいか古いかとか、巧いか下手かとか、オリジナリティがあるかないかとか、そんな議論が馬鹿馬鹿しくなるほどに混然一体、騒然とした建築的状況に陥ってしまっている。昨日ヒラヒラした布が舞っているような建築的イメージを呈示したとしても、翌日には建築雑誌のページをヒラヒラした建築が埋めている。

しかし建築が巷に溢れ、ポピュラーになっていく現象と、建築が紙屑同様に扱われ、消費の対象化されていく現象とはまったくパラレルである。まったくこの五年ほどの間に建築の、社会における存在の意味は変わってしまった。その状況は建築家自らが、こうした現象に肯定的であるか否定的であるかといった意識のレベルをとうに越えている。ＴＶや雑誌、ＩＤにしろグラフィックにしろコマーシャルなデザインやファッションの領域、そして芸術ジャンルでも、音楽や映画そして文学の世界でも、それはとっくに日常化している事実である。たまたま建築はその耐用年限が長いとか、それが土地に根をはった不動の存在であるといった理由から、消費されないと考えられていたのであろう。だが社会のあるいは資本のサーキュレーションのあまりにも急激な動きは、建築家のほとんどすべてを巻き込んでしまった。表層化、記号化などと批評的に叫んでいるよりはるかに速いスピードで都市空間そのものが記号化、表層化していったのである。だからこのような状況が建築家にとって危機的であるとしたら、それは建築家が消費社会を否定して生きられるかという問題ではなく、建築だけが消費の外にあり得るという想いを、建築家がどれほど徹底的に捨て切れるか、という認識にこそまずあるべきではないだろうか。

このような時代には形態の良し悪しとか、オリジナリティの有無を議論してみてもはじまらない。ヒラヒラの形が多少右に傾こうが左に傾こうが何の意味もないし、ヒラヒラの形をイメージしたのはオレのほうが先だと主張してみてもこれまたなんの意味もないだろう。要するにヒラヒラは形というより時代の空気みたいなものでしかない。この情報を含んだ空気はファッションや流行語と同じ速さで巷に伝播していく。どこの家庭のTVからも同じアイドルスターの同じメロディが流れ、どの女性雑誌からも同じイメージのファッションがグラビアを賑わしているように、ヒラヒラ建築もまた建築雑誌を賑わし、ファッショナブルなブティックの並ぶストリートを賑わす。それはごく当然の現象だ。建築家がそれに関わろうが関わらなかろうがそんなこともまったく関係のないことだ。嘆こうが嘆くまいが建築はもはやそうした存在なのだし、建築が社会的な存在であるという事実を断ち切れない以上、それは建築にとって不可避な道なのである。それに社会は、われわれの想像しているよりもはるかにドライにそしてラディカルに動いている。だから私はこうした現象になんらフラストレーションを抱かないし、こうした現象を嘆こうとも思わない。

私の関心はしたがってただひとつ、このような時代にも建築は建築として成り立つだろうか、という問いである。いかにこの消費的状況で建築するというゲームを楽しもうと、この問題だけは絶対に外すことができない。建築がファッションとほとんど同化し、建築家が、インテリアデザイナーはいうまでもなく、グラフィックデザイナーやコピーライターと見わけがつかなくなりつつある状況だからこそ、そうした消費的状況の内側で徹底的に建築成立の可能性を問うことには意味があるように思われるのである。つまりいま建築という存在の枠(トポス)は大きく変化しつつあり、その周縁で建築がなお建築として成り立つか否かを問うてみたいのである。なぜならば、常に刺激的で生き生きとした建築は、建築を成立させる枠を広げることによって、その縁から生じているように思われるからである。建築といえる土俵に消費という言葉を掲げながら揺さぶりをかけて、多少なりとも突き崩したり膨らませたりしながら、そのわずかなクラックにどのような建築を滑り込ませることができるのかを確認してみたいのである。

意識ある建築家ならば皆、建築という概念に想いをはせてきた。しかしほとんどの試みがどうも消費最前線に対して無自覚でありすぎる、つまり自らの建築を信頼しすぎているように見える。多くの場合、建築は社会から自律し得るという根拠をベースにしてフォルムの操作に頼っている。現代都市空間の錯綜、混沌、拡散の形態的シミュレーションモデルをつくるか、そうでなければクラシカルな建築エレメントの構成によって一見きわめて安定した秩序をつくり出しているかのいずれかに終始している。そしてそのいずれもがほとんどの場合にデコン風、ポストモダン風という俗称の下に、はかなくも次々と東京のような都市空間に、すなわち巨大な粗大ゴミ処理場へと回収されていくのである。

建築の自律性、芸術性への試みが有効であったのは七〇年代までであったのではないだろうか。確かに当時都市のなかに空白の美しい点を刻み込む行為はきわめて新鮮に見えた。都市は今ほど記号や虚飾に埋められてはいなかったし、建築を社会や都市の文脈で語ることがいかにも虚偽に見えたから、都市のなかに社会的文脈を断ち切られたフォルムが拠り所なく自律している姿はいかにも美しく見えるものだ。その状況は鈴木隆之が「建築批判」（『思潮』一九八九年第四号）の中できわめて巧みに語っている。まさしく「近代主義に対するラジカリズムというのは行き詰まりと空虚を認めてしまうところから出発していたのかもしれない」のだ。そして「ラジカリズムの行き詰まりは、空虚を発見してしまったということにではなく、空虚を空虚のままうまく操縦できなかったことにあったと僕は考える。連合赤軍と三島の割腹が示したことは、空虚を意味で充填しようとしたことによったのではないか。その点では空虚をオルガスムスで充填しようとする高度資本主義社会のほうが、その空虚の認識と操縦法の巧みさにおいて、ずっとポスト・モダンだといえるかもしれない。」という指摘にはまったく同感である。

最初に述べた通りこの数年間に都市空間は空虚な記号で充満してしまった。美しく輝いていた空白の一点は今や無数の空虚な記号の集積の間に埋め尽くされている。そして空虚をオルガスムスで充填しようとすればするほど空虚さはいっそう増幅され、オルガスムスは次なるオルガスムスを待望し、ノスタルジーはさらなるノスタルジーを喚起するという巧みな資本の操縦促進システムがフル稼働するのである。しかし表層的フォルマリズムの蔓延——空虚な記号の堆積場——オルガスムス待望と結ばれていく、このエフェメールな都市空間のなかで、われわれはノマドとしてひたすら空虚な記号と戯れ、建築的試みとしての記号の再生産に励む以外術はないのであろうか。それではあまりに虚しいではないか。

私は建築の概念を問おうとするときにフォルマリスティックな操作ではなく、まず新しい都市生活のリアリティを発見することから始めたいと考えている。この十年ぐらいの間われわれは、この凄まじい消費生活の増幅作用の中に失われていくリアリティのみを嘆いてきた。麻薬患者がドラッグにのめり込んでいくように、この社会でわれわれはリアルな身体を蝕まれ、ひたすら幻影の虚構に連れ去られていくようにのみ感じてきたはずだ。TVが流行り出した頃もそうだったし、ウォークマンやファミコンが世を風靡し始めたときもそうだった。カフェバーの大テーブルが若い人びとの集まる盛り場のあちこちに出現したときもそうだったし、二十四時間営業のコンビニエンスストアで冷凍食品が棚を埋め始めた頃もそうだった。テレビやファミコンがダイニングスペースから生まな家族のコミュニケーションを奪ってしまったように誰もが感じていたし、カフェバーの大きなメタルや石のテーブルが焼鳥屋のカウンターのホットで泥臭い議論を奪ってスマートでクールなおしゃれや食べ物の会話に置き換えてしまったように感じていた。ウォークマンの爆発的な売れ行きが若い人びとをますます孤の世界に閉じ込めたとも感じていた。

確かにどこかでわれわれの生身の身体と精神が遊離し、生活のリアリティが失われてしまったように感じてきた。自然とか人間の濃い血を拠り所にした生活やコミュニケーションが解体されていくことに喪失感を覚え、それを空虚と感じてきたのに違いない。過剰なまでにものが氾濫すればするほど、喪失感や空虚さは増幅され、意識的な建築家たちはそうした状況に苛立ち、消費されることを批判し、徹底抗戦を構えてきた。若い建築家たちがそうした状況に無自覚、無批判であることに苛立ちを覚えてきた。八束はじめが嘆いていたように(「ニヒリズムを越えて」、『新建築』一九八九年九月号)、建築専攻の学生たちの生活に対するリアリティのなさ、皮肉なファッションとしてのフォルマリズム追従に対して怒りの感情さえ覚えてきた。

正直なところそうした苛立ちの感情はいまでもないわけではないが、しかしそうした状況を批判しても始まらないと最近は思っている。空虚な消費記号は日々増幅され、自閉症気味の建築学生も増えているけれども、そのなかにある新しい都市生活のリアリティを垣間見ることができるような気もしてきたからだ。自閉症気味の学生たちにいくらもっとオープンに生活を語れと叫んでも、それはTVを見ながらハンバーガーを食べている子供にTVを消して親と会話しながら食事しようと言うようなものだ。それよりもわれわれはハンバーガーのおいしく食べられるダイニングテーブルを発見すべきではないか。カフェバーの大テーブルを嫌って焼鳥屋のカウンターにすがりついているよりはカフェバーの大テーブルに新たなリアリティを発見するべきではないのか。私は御影石やメタルの大テーブルの前に座るたびにそこに付着しているゾクゾクさせる消費記号を剝ぎ取って、単に宙に浮かんでいる厚さも重力感もない円盤のようなテーブルにしてしまいたいといつも思う。あの大テーブルのまわりには、皆が大きなテーブルを囲んで食べたり飲んだりしたいというきわめてプリミティヴな欲求と、隣り合わせていても素知らぬ顔で飲んでいられるという孤独への欲求とが混在している。ノスタルジーがファッションと結びついて疑似的なものの存在感に置き換えられている。この中途半端なものの状態を解き放って、恐怖を感じるほどの虚の世界へものを消去してしまうことだ。リアリティは消費の手前にあるのではなく消費を超えた向こう側にしかないような気がするのである。だから消費の海を前にしてわれわれはその中に浸り、その中を泳いで対岸に何かを発見するしか方法はないのだ。海岸に立ち尽くしてみたところで水かさは増すばかりだから、泳ぐことを拒絶することも、あるいは茫然と水に呑まれていくこともできないはずである。

しかし空虚な記号で充満された消費的な現代の社会が、われわれの身体をクールなアンドロイドのように変換しているにもかかわらず、生の最も根源的な行為への問いかけを繰り返すという事実は興味深いことである。食べるというきわめてプリミティヴで単純な行為をこんなに徹底的に触発した社会はこれまであっただろうか。過剰なソフィスティケーション、過剰な虚飾、およそ想像の及ぶ限りを尽くして消費社会は食に迫り、食を問いかけてくる。都市では日々信じ難いほどのスピードで新しい飲食店がつくられ、変わっていく。デパートの食品売り場を埋め尽くすきらびやかな食料品、雑誌、TVの食に関する夥しい情報、それらはまるでヒッチコックの「鳥」のように人びとを襲い、人びとを食べてしまわんばかりの凄まじさである。

(中略)

吉本ばななの小説のように具体的で、生き生きとしていて繊細な建築ができないものか、とある雑誌のコラムに書いたところ、先に引合いに出した鈴木隆之から飲み屋で早速反撃をくらった。お互い泥酔していたので議論にまで到らなかったのだが、彼女の小説にはコスモロジーが解体されていない、という意味のことを叫んでいた記憶がある。確かに小説を書いている鈴木にしてみれば、コスモロジーのない世界でいかに小説が成り立つかという問題を日夜必死に考えているに違いない。コスモロジーとか文学という概念に無自覚な少女の文章を手放しで讃められてはたまらないと思うのは当然に違いない。私だってこと建築の世界になれば、建築の概念だけに関心があるなどと叫んでいるものだから、ばななの小説のような建築が出現したら鈴木と同じことをいうかもしれない。それにもかかわらずあの具体的な日常会話のなかだけに、あれほどの豊かさを込められる彼女の素直さに感激せずにはいられないのである。

最近ブリュッセルで開催中の展覧会のために

「東京遊牧少女の包(パオ)-2」という原寸大モデルをつくった。三年前につくったモデルの改訂版ともいうべきもので、以前のものはモンゴルの包(パオ)のような家の形を半透明の布で表現したのだが、今回は多面体からなる宇宙船のように空中に浮かぶモデルとした。より未来的な表現ともいえるのだが、この表現の違いに、私にとっての都市生活への想いの差が表れているようにも思う。つまり三年前の遊牧少女に対して私はかなりシニカルであった。ファッショナブルな空間でおしゃれに身をやつし、食べまくり、消費最前線で都市生活を享楽する逞しさに半分は憧憬を抱きつつ、半分はその無自覚さをやり切れないと思っていた。しかし今回の遊牧少女に対しては、未来の都市空間のなかから新しいリアリティを発見して、未来的な都市生活を切り拓いていって欲しいという期待がある。だからばななの小説の主人公に出てくるような感受性をもった少女に住んで欲しいのである。

東京遊牧少女の包-2

地上12mの楽園

　また昨年、やはり展覧会のためにつくった架空のプロジェクト「地上12mの楽園」は、東京上空に浮かんでいた遊牧少女の包が、既存の市街地に舞い降りてビルの屋上にペントハウスとして定着した姿をヴィジュアライズしたものである。このプロジェクトも現実の都市生活そのものに少しだけ手を加えて、エフェメールでありながら、ノスタルジーを吹き飛ばしてしまうような、オープンで生き生きとした都市生活を楽しめる空間をつくりだしたいという想いを込めた結果である。自閉症気味の男どももこのペントハウスに引きずり上げて思いきりプリミティヴで未来的な生活を満喫させてみたいものだ。

そして次のステップはこのようにして獲得された都市生活のイメージを建築空間に置き換えていく作業だ。しかし、ここであまりに新しい表現を求めて思い悩む必要もないし、また意気込みすぎるにも及ばないだろう。表現を追い求め過ぎるとまたしてもフォルマリズムに陥ってしまうし、かえって消費されてしまうことはすでに述べた通りである。ともかく生活のイメージを既存の建築空間に詰め込むことだ。そして閉塞してしまっている建築空間のあちこちに風穴を開けること、そしてそこに新しい都市の風を、空気を、光を入れてやることだ。生活のイメージは建築空間への爆薬のようなものなのである。こうして既存の空間を少しだけ別の空間へずらしていくこと、このずらす作業を繰り返しているうちに、きっといつか新しい都市生活のリアリティにふさわしい新しい建築が生まれてくるに違いない。建築に固執すればするほど、それまでわれわれはこの都市生活をオプティミスティックに楽しみ、かつそれを超えることしかないのである。

出典
伊東豊雄『透層する建築』青土社、二〇〇〇年（初出：『新建築』一九八九年一一月号）

一九九〇年代

建築と都市の言説を開く

1990s

建築と哲学の対話、社会学やカルチュラル・スタディーズ、表象文化論を通じた都市論など、横断的な言説が展開した。またプログラム論が注目され、「メイド・イン・トーキョー」のようなポップなフィールドワークが発表される。非日常的なバブルの崩壊後、若手建築家は個性を抑えたデザインを模索した。そして一九九五年の阪神・淡路大震災は、建築家の社会的な役割を問いかけたほか、壊れたものを修復して、使い続けるリノベーションという方向性に光をあてる。

（五十嵐）

1992

Anyoneへの招待

磯崎 新

解説

磯崎新は、国際的なネットワークをつくりながら、ポストモダンの動向を牽引した建築家である。著書『Anyone』は第一回のAny会議の発言、その参加者同士の手紙でのやりとりなど、「Anyone」というキーワードをめぐる議論によって構成されている。ここで抜粋したテキストは、同書の冒頭に掲載されており、タイトルの通り、「Anyone」というテーマに読者を招待する手引きとなっている。

そもそもAny会議とは、一九八〇年代後半のディコンストラクティビズムの議論でも注目された「建築と哲学」をテーマにした一連の国際会議であり、批評家の側面をもつ三名の建築家、磯崎、ピーター・アイゼンマン、イグナシ・デ・ソラ＝モラレス・ルビオーが中心となって、一九九一年から二〇〇〇年にかけてロサンゼルス、湯布院、バルセロナ、ソウルなど世界各地で開かれた。参加者としては、ベルナール・チュミ、ダニエル・リベスキンド、下の世代ではグレッグ・リン、アレハンドロ・ザエラ＝ポロらが挙げられる。また哲学の分野からはポスト構造主義のジャック・デリダ、浅田彰や柄谷行人らが参加した。毎回の会議では、磯崎と浅田による掛け合いの討議が定番となった。またゼネコンの清水建設が難解な国際会議を支援していたことも興味深い。

すべての会議名は、Anywhere, Anyway, Anyplace, Anybody, Anyhow, Anytimeという風に、接頭辞の「Any」から始まり、決定不能性が主要なテーマとされた。とりわけ注目すべき第七回は、デリダの脱構築の哲学を参照するアイゼンマンらの世代から、脱中心的なリゾーム・モデルを提唱するジル・ドゥルーズの理論に注目するリンらのデジタル世代に移行する流れがあった。若手建築家の反乱は大きなうねりにならなかったが、本来は最終的にCIAM（近代建築国際会議）を解体に導いたチームXのような突き上げが期待されていたのかもしれない。もっとも、当初はモダニズムが国際コンペに敗北し、危機感から設立されたCIAMは、三〇年間も継続しており、その間にモダニズムの世界布教に成功し、ル・コルビュジエらの巨匠が高齢化したことで、着実に次世代が育っていた。それに対し、日本人が活躍した世紀末のAny会議は、わずか一〇年という圧縮された時間しかなかったために、劇的な世代交代は起きなかった。

しかし、一〇回の会議が終わった頃、時代の潮流は変わり、哲学的な言説はなりをひそめ、グローバル資本主義がもたらす新しい都市の現実と向きあうレム・コールハースや、マテリアルの表現にこだわるヘルツォーク&ド・ムーロンが台頭したことは皮肉である。とはいえ、会議の記録は二〇世紀末の建築を知るうえで、貴重な資料になるだろう。なお、同時代にスタートした批評誌『10＋1』や古参の『建築文化』でも、議論の軸は哲学から社会学、あるいはカルチュラル・スタディーズに移行していた。

（福岡咲紀＋五十嵐太郎）

関連文献

磯崎新、浅田彰『ビルディングの終わり、アーキテクチュアの始まり——10 years after Any』二〇一〇年、鹿島出版会

磯崎新、浅田彰編『Any　建築と哲学をめぐるセッション１９９１－２００８』二〇一〇年、鹿島出版会

Anyoneへの招待

磯崎 新

建築は、今世紀になって、みずからいかにもみじめな立場を選択してしまった。ヘーゲルがその『美学』において建築が唯一のノン・リファレンシャルな芸術であるともちあげていた時期では、「諸芸術の母」の位置を保ちえていたのだが、有用性・目的性だけにその成立根拠を求めた機能主義的な近代建築が大勢を占めてしまって以来、ひたすら他領域をリファレンスすることで、やっとその言説はささえられることになった。政治・経済的需要に基づく目的的な技術的解が、社会とテクノロジーだけをたよりにしていたことは言うまでもない。一九六〇年代に、この単一普遍的原理のようにみえた近代建築の批判が開始され、そのあげくにポスト・モダン期になったことになっているが、ここで設立できたのは広義の文脈主義で、歴史と都市の既存の文脈に適合する手段を開発することに集中した。他領域から自領域のリファレンスに転換したわけで、結果は自閉する他なかった。

これは意識化された建築の言説レヴェルにおける問題の推移であって、実は現実の社会のなかで、建築は構想され、計画され、実現されつづけている。人間が生きてしまうように、建築は構築されてしまう、といっても過言ではあるまい。構築されていくことに建築家は職業的にかかわっている。それだけに「構築」にかかわる言説に敏感でなければならないが、この問題は、建築家だけでなく、哲学、美学、社会学など他領域の芸術家を含め、共通の関心事になりつつあるのではないか。

その遠因は、いずれもの領域がみずからの言説の成立している根拠に疑問をいだき、ほとんど自虐的に既成の構図を解体してしまったことである。無根拠性を承認したあげく浮遊状態がうみだされた。この過程で建築的なものが逆にリファレンスされるという事態が発生した。構造・空間・様式・形式・生成・組織・細部・躯体・構築・構成・均衡・断片・配列・ゆらぎ・序列・振動・光・闇・場所・風・水・色・身体・行動・領域・囲い・視線とランダムに列挙した用語はいずれも建築において開発され定義づけられたものばかりである。建築的なるものの構成要因だったのだが、あらたに構築される言説にキーワードのようにしのび込んでいる。かつて建築が他領域の言説を根拠づけに利用していたその関係が逆転して、逆に建築的なるものがそれらの根拠を構成しはじめた。この事態は過去二世紀間に徐々に進行してきたが、おそらく今世紀の最後にいたって《建築》をあらためて再考する絶好の機会をうみだそうとしている。

私の同年代の建築家で、こんな状況認識を話し合う相手として、ピーター・アイゼンマンをみつけた。勿論私たちは二〇年程前はいずれもコンセプチュアル・アートの影響下にあったので、相互に発表する文章や作品に注目し合っていた。彼はニューヨークで建築・都市研究所（インスティテュート・フォー・アーキテクチュア・アンド・アーバン・スタディーズ）を主宰しており、ここは経済的に壊滅したが、私はその最期をみとるまでつき合ったりした。その後、彼は事務所をかまえて、実務的建築家を志したが、非アカデミックな建築的言説への想いが、私と同様にあり、何かのかたちでインスティテュートをつくるべきであろうという点で意見が一致した。

今世紀末の一〇年間に、毎年一回、世界のいずれかの場所で会議をひらく。その全記録を残すために出版する。そして、来世紀の最初の年、二〇〇一年に、その総まとめの会議を行なって、役目を終わらせる。構成するメンバーは、建築家が三分の一ぐらいの割合を占めるだろう。それ以上であってはいけない。そして可能な限り、他領域から、この問題に関心をもつ参加者をつのる。最初はいま六〇歳前後の参加者の数の割合が多くなるかも知れない。だが三分の一ぐらいが毎回、更新されていくと、結果として、若い世代が増え、二〇世紀的なものが消滅するはずである。ピーターや私の世代にとってその事実を遺言（テスタメント）にすることができるだろう。

そのインスティテュートの名称を「Anyoneコーポレーション」として、事務局をニューヨークに置く。さしあたり、アメリカをピーター・アイゼンマン、ヨーロッパをイグナシ・デ・ソラ=モラレス、日本をアラタ・イソザキが組織する役割を受けもつ。事務局の運営と記録の編集にはシンシア・デイヴィッドソンがあたる。このノン・プロフィットの編集事務局の年間経費一〇万ドルは清水建設の支援をあおぐ。こういう具合の組織ができあがり、その第一回の会議が一九九一年五月一〇日・一一日の二日間、ロサンジェルスのポール・ゲッティ財団で催された。その記録がここに訳出されている「Anyone」である。「構築」と言うならば、柄谷行人の『隠喩としての建築』が想起されよう。ここでの〈建築〉は、「形式化への意志」の隠喩であるとも著者は語っている。この論理は系譜的に決定論とかかわり合い、ゲーデルの「決定不可能性」に立ちかえり、いわばここから今日的な全領域にわたる言説が展開される。その契機をつくったのがジャック・デリダの「脱構築」であることもよく知られている。この二人に、法社会学の視点から建築の決定のされかたに深い洞察を加えていたロベルト・アンガーが加わって、このシンポジウムの最初の「哲学者のパネル」を受けもったのは、この会議の成立の歴史的な経緯を象徴している。いわば《決定不可能性（アンディサイダビリティ）の時代の構築》が通底音のように主題となるからである。

ANYを接頭辞とするひとつの群をなす言葉がある。Anyone, Anywhere, Anything, Anybody, Anyhow, Anyway, Anyplace……。ここでANYが意味させているのは確定された唯一の解法のない状態、すなわち「決定不可能（アンディサイダブル）の状態である。Anyoneはその群としての問題のなかから、個・主体・主体性といった造物する際の作者にかかわる領域を指示している。それを第一回目のシンポジウムの主題にしたのだが、第二回は、Anywhereとして、場所の力、敷地、ユートピアなど広義の場所論を扱おうとしており、より建築に近接した主題となる。それもANYがつくのでどこでもいいわけで、ノマドや不可視のネットワークのような非場所的な場所が論じられることが期待されている。第三回にどのタイトルが選ばれるか決まっていない。ANYがつくことだけは確かである。

毎回主題が変わるように会議の催される場所も変わる。原則的にAnywhereであるが、最初の三回は出発時の世話役が順次受けもつことになった。第一回はアメリカでピーター・アイゼンマンが責任者となり、ロサンジェルスのポール・ゲッティ財団で行なった。次回は私が日本で組織することになり、湯布院町で行なう。三回目（一九九三年）は、イグナシ・デ・ソラ＝モラレスがバルセロナで催す。ついで、モントリオール、ベルリンがライン・アップされている。

出典
磯崎新＋浅田彰監修、ＮＴＴ出版インターコミュニケーション編集室編『Anyone』ＮＴＴ出版、一九九七年（初出：『批評空間 臨時増刊号　Anyone』一九九二年）

1993

コミュニケーションが開く建築

長谷川逸子

解説

長谷川逸子は「野武士」と呼ばれる世代の建築家であり、菊竹清訓と篠原一男に師事した。一九八六年にコンペに勝利し、同世代ではいち早く大型の公共施設、「湘南台文化センター」(一九九〇年)を実現している。このテキストは、一九九三年、彼女を特集した『建築文化』の巻頭論文として発表された。ちょうど建築の設計にコンピュータが導入されるようになった時期であり、新しいテクノロジーとどう向きあうかを考察し、「メディアがつくる情報環境の多重化と、身体的なる生々しさドロドロしさがもつ活気をからませていく必要がある」という。またコンピュータを導入することで、「アトリエが共同作業していくときの新しい展開」を期待しつつ、現代科学のツールを「身体のサイバネティックな拡張」として捉えることが時代感覚と向きあうことではないかと述べている。

同時に長谷川は、代表作の「湘南台文化センター」において、当時はめずらしかった市民の意見を取り入れながら設計を進めたワークショップを振り返りながら、施主や使用者との討議や意見交換の重要性を説いている。特に住宅は、いわば「共同設計」であり、「コミュニケーションこそ設計そのもの」だという。そして建築家は未完成な空間「ガランドウ」を提供し、後は住まい手が仕上げていく。「すみだ生涯学習センター（ユートリヤ）」（一九九四年）や「射水市大島絵本館」（一九九四年）では、ハードの設計を行うだけでなく、行政や関係者との共同作業を経て、ソフトづくりが一冊の本にまとめられた。建築が長く愛され、社会性を持つことに価値があると考えているからだ。すなわち、長谷川の考える建築は、コミュニケーションを基にして成り立っている。

長谷川がいう「フェミニンなまちづくり」とは何か。それは建築の美を誇ることではない。「建築を通して共通の夢をつくり上げること」。彼女は、合理性にもとづく排他的な開発ではなく、アドホックな姿勢で、多様なものを包括して受け入れる建築を生みだそうと考えている。これはモダニズムを批判的に乗り越えようとしたポストモダンの態度にも通じるが、長谷川は現場のコミュニケーションを通じて、具体的に実践してきた。「第二の新しい自然としての建築」をめざした「湘南台文化センター」は、進歩するニューサイエンスの成果も意識しつつ、「自然と交感する装置」であり、「ポエティックマシンとして作動する」という。男性優位の建築界において、彼女の先駆的なアプローチは、海外でも高く評価され、二〇一八年にはイギリスで創設された第一回ロイヤル・アカデミー建築賞を受賞した。

（谷越 楓＋五十嵐太郎）

関連文献

長谷川逸子・建築計画工房編著『長谷川逸子／ガランドウと原っぱのディテール』彰国社、二〇〇四年
長谷川逸子『長谷川逸子の思考』全四巻、左右社、二〇一九年

コミュニケーションが開く建築（抜粋）

長谷川逸子

メディアが開く建築シーン

消費社会を続ける日本にあっては、都市も自然も貧しさを増すばかりで、その衰退の様相を埋め合わせんとばかりにメディアを発達させ、シミュラークルなものによる環境の人工化が進行してきた。シミュレーションは夢見の空間と連続しており、我々は自ら拡張したイマジネーションとコミュニケーションしているにすぎない。そしてそれは錯覚である。美しい自然もメディアを介さないと見えてこないから、次々につくり出されるフィクションを目の前にして生きているが、そのことはいつの間にかロングデュレ（長い持続）を尊重するモデスト（慎しみ深い人）の意識と大きなずれを生じさせてしまっていることがはっきりしてきている。

その対比が明らかになっていくなかで、そのようなシミュレイテッド・シティは環境、つまり生活の質や生命の質をますます貧しくしていくことに人びとは気づきはじめた。（……）

（……）一方建築は、十八世紀から始まって、世界の均質化と透明化をもくろみ、大地からの離脱のなかで軽さへ向かい続け、そして今日もその延長上にある。いま、人間の生き物としての質を問うとき、限界状態のなかに生きていることがはっきり認識できるようになってきたが、この限界を超えていくには、生命を包括する環境としての建築はどう転換し、どこに向かっていけばよいのだろうか。あるいは新しいテクノロジカルな環境に置かれた我々の想像力は建築をどのような方向に向かわせることができるのかが問われている。

（……）今日的状況から生ずる身体的なるものとシミュレーションの世界のずれは、テクノロジーの高度化にともなってますます大きくなり、時には人間を外部との関係が切断しやすい状態に誘いこむ危険性をはらんでいるのも確かだ。その閉鎖性を打開していくには、メディアがつくる情報環境の多重化と、身体的なる生々しさドロドロしさがもつ活気をからませていく必要がある。それは建築の設計においては、ハードだけでなくソフトづくりプログラムづくりを重視することにつながると考えている。

コミュニケーションが開く建築シーン

大牟田の〈不知火病院ストレスケアセンター〉の設計は、経済活動中心の社会にあってさまざまなストレスで精神を病んでいる人たちが急増していることに、既存の精神病院では応えられず、増設したいということからはじまった。クライアントのこの時代に適合した病院の建築を建てたいという積極性に惹かれて、この設計に当たっては、三年にわたり医療と建築のあり方について研究と意見交換を繰り返した。患者にとって、メンタルセラピー装置としての建築はどうあるべきか、看護する側にとって、訪問してくる家族や支えてくれている地域の人びととの関係はどうあったらいいかと、さまざまな角度からの検討をした。大学の実態調査の分析はもちろん、全国の病院見学、患者さんをはじめ看護婦さんたちとのディスカッションを繰り返した。

そうした客観的資料にオーバーラップさせて、私は自分のこれまで生きてきた経験から、（……）海辺に敷地を選ぶことを提案した。建築は経営上ローコストにならざるをえないもので、その表現はかつてこの地域に潜在していたものを掘り起こしつつ、この風景になじむものを重ねてみたいという発想がつくりあげた、不思議な住居群のように見えるものとなった。（……）

（……）メンタルセラピー装置としての建築とその実験的治療は、結果的には、薬いらずの治療が行われている。（……）ここでの設計手法は一例で、こうしたコミュニケーションを通して建築を建ち上げていくことは私の設計活動のスタートからつづいている。

スタート時、友人知人の住宅を設計するために積極的に住まい手とディスカッションをして進めていくうちに、この設計作法はつくられたのだと思う。住宅設計はクライアントとの共同設計であり、そのコミュニケーションこそ設計そのものであり、建築家はそのコミュニケーションのなかから抽出された諸条件を素直に立ち上げたガランドウの未完成な空間を設計し、後は住まい手自身にゆっくり仕上げてもらうべきだということでやってきた。新しい生活をスタートさせるきっかけだけを提示すればよいという考えは今日まで続いている。

公開コンペで一等を頂いた〈藤沢市湘南台文化センター〉の設計でも、この姿勢は延長しつづけてきた。私の要望と市民の人たちからの要望が重なって、実施設計を進めるにあたって相当数の集会をもった。使用する側に立つ建築に引き戻しながら、コンペ案を作品としてつくり上げたいと考えたからである。市民との集会だけにとどまらず、子ども会や学校の関係者と話し合うことで、子ども館の展示のプログラムやワークショップの二年間のプログラムをつくることになる。さらに施工にあっても手づくりの部分に左官職人と一緒に参加するということになった。（……）このアナログな仕事は利用者が建築に親しみをもつ機能を果たしている。

また球儀という特殊な形態をもつシアターは、敷地がかつて野原だったとき行われた盆踊り、豊作祭りなどの文化活動の延長として、多くのパフォーミングアーツの出発である野外での初源的劇空間を追求することで生まれてきた。球儀のなかの最高高さは二四・五メートルで、形態が生み出す無指向性と開放性による、天空の下での初源的空間と現代技術の融合をめざしてつくられた。

（……）この〈湘南台文化センター〉でのさまざまなプログラムづくりを通して、結果として建築の運営管理と事業のプログラムを残し、竣工後もアフターケアなどに参加するという関係を引き続きもつことになった。

その後指名コンペを得て設計した〈すみだ生涯学習センター〉にあっては、〈湘南台文化センター〉でのプログラムづくりをもっと積極的に進めることを私は望んだ。（……）ソフトづくりを通してこの複数の施設の機能を活かし、その相乗効果を実現したいと考えた。区役所内のさまざまな関係者との定期的な意見交換はもちろん、CG、AV、演劇や美術の関係者で、公共の場での生涯学習のことを考えている人たちとの意見交換、区民のまちづくり集会への参加などを繰り返し、そうしたコミュニケーションのなかからうまれた企画運営についての提案を一冊の本にまとめ、実施設計図とともに納めた。

（中略）

プログラムをつくることとは、運営管理のシステムやスタッフの活動から企画委員会のあり方、さらにはそこへの備品、展示、サインに至るまで提案することが含まれてくる。建築が単なる物理的なものとしてではなく、新しい出来事を引き受け、さらなるステップに活動を進めていくきっかけをつくるための場（place）であること、そうした生活と文化が営まれる場所であることを踏まえてつくり上げたいと考えて、ソフトプログラムづくりを進めている。

フェミニンなまちづくりが開く建築シーン

こうした意見交換を通して知る多くの人びとは、自らの環境を重視する余裕を得て、日常生活と関わってくる公共施設づくりへの関心も強く、そこに参加し使用者側に立った施設に引き戻したいという意欲をもちはじめている。一方、都市や建築を設計する側にあっても、建築家の思惟をリアライズ（実現）するだけではもはや不十分であると考えている。多様で自由な個人を許容する新しいシステムを建築のなかに取り込みたいと本気で考え、模索している。（……）これまでの公共性をもった建築は建築家の作品として完結され、その（時として排他的な）芸術性によって、社会的な価値を保証されてきたといえるだろう。それは、日本の都市のカオティックな無原則的なあり方を押さえる力を構築するものでもあるが、その力への過信がつくる側と使用する側との間に大きな溝をつくってしまっているのではないだろうか。

一方、地域に根ざして生活をしてきた人びとのエゴに基づく要求のなかに、未来に向かって生きていこうとするときのリアリティや大きな夢を描くことが見いだせなくなっている。（……）新しい時代性や身体性に十分応え得ない保守的で個別的すぎるコーポラティブ住宅と、建築家の理想的なビジョンを写真に収めるためにだけつくられているような生活や人間のいない作品としての住宅と、両者の食い違いのなかに同じ状況が反映されている。

日本の混迷する都市の様相は、戦後の民主主義の政治のもとに個人も企業も、私的な所有感覚だけで、公共性を考えることなく自由につくってきた結果といえよう。（……）地方自治体が上意下達のヒエラルキーに深くとらわれていて、国土の均質な開発という名目でマニュアルに添わないものはすべて排除されてしまう日本の政治状況の結果であろう。（……）

しかし一方では、個人的な仕掛け人を得た地域では、まちづくりを盛んに行っている。（……）意見交換は、社会的建築をめざし共通の夢を描くことをドラスティックに行うための手法の手がかりになりうると感じた。

同時代を生きる葛藤のうちで、建築家も市民のひとりひとりも、他者の生き方との関わりで、共有するビジョンにつながる素材をどのように組み立てていくべきかを発見することができるのである。より戦略的に捉えれば、公共建築を使用する側に引き戻すには、その建築に関わるさまざまな人びとを制作の過程のなかに巻き込み、各人が立ち上がっていく建物に主体的に意識的に関わっているという認識をもってもらう、そして愛されつつおおいに使用されるという過程をつくることである。（……）

〈湘南台文化センター〉で意見交換を成立させることができたもう一つの要因として、私が建築の実践としてあげている「第2の新しい自然としての建築」というテーマが日常感覚として共有できるものであったことも考えられる。我々の都市は、西欧のスタティックな様相を保持するものとは異なり、抽象化された自然空間であり、その建築も風・水や地形など自然の流れに逆らわず柔軟な関係を保持してきた。（……）私は建築に社会性を取り戻したいということより、建築を通して共通の夢をつくり上げることを原点において建築づくりをしている。

私は一貫して排他的な志向をするディベロップメントではなく、アドホックな姿勢で建築と向かい合ってきたが、それは多様なものを拒否し排除することなく、複数のことを同時に引き受け包括していけるインクルーシヴな建築を生み出したいと考えてきたということである。それは、一極集中的価値と関わる合理的な理性とは異なり、多極的価値を包括できるポップ的理性により、建築のリアリティを成立させたいという考えである。このような姿勢は多くの人びとの不可思議な意識を包括的に立ち上がらせ、集団のもつ多数性を具体化しうるものに仕立て上げるという点で、これまでの建築のパラダイムの転換を求めるものになるだろう。

デジタル＋反デジタルが開く建築シーン

私がこれまで設計した建築は、東京というカオティックな都市像と向かい合い、その都市シーンと初源的都市空間として「虹の立つところに市が立つ」というイメージとの接続を試み、自然現象のごとく立ち上がる建築の展開をもくろんできた。（……）

〈湘南台文化センター〉ではじめ建築的な丘

を建ち上げ、「地形としての建築」をテーマに、人間の身体がどこかに根源的な記憶を残しているように、その土地に帰属し潜在（latent）するものを凝集させて、そして「新しい自然（architecture as latent nature）」として浮上させ立ち上がらせたいと考えた。建築を新たにつくることは、その成立過程で放棄し失われた地形が、秩序をもった新しい自然として生まれくる建築によって、より豊かに生成されることだと考えてきた。新たなる建築は常に壊さざるをえなかった自然を祭る塚であり、自然と交感する装置として表現するということは、生命の質を問うという根源的レベルでのデュレを尊重することでもある。実践としての「第2の自然としての建築」というテーマを掲げ、建築を時代のテクノロジーとスピリットに応えられるものとして実現したいと考えてきた。そうした考えに加えて、ここ数年のニューサイエンスの飛躍的な進歩は建築の表現に無関係ではありえなかった。

（中略）

既成の枠に入りきれない自由な小集団として、コンピュータの導入は、アトリエが共同作業していくときの新しい展開となる方向を得たいと思っての挑戦である。これはひとつの共同の夢を描き、社会的なる建築を実現していくためのテクノロジカル・システムとなりうるのではないかということも考えている。（……）一方そうしたデジタル化と並行して反デジタルなコミュニケーションによる建築づくりを行うのは、建築に身体性と同時に社会性を取り戻し、建築を活気づけるためには、人びとの生活にまつわりつくさまざまなうさんくささやドロドロしさを持ち込みながら、改めて文化や生活について考え、新しい生活と環境の質を共同でつくり上げていくことが必要だと考えているからだ。このことは建築を共有の夢としてつくりあげることをめざしたいからだと言い換えられる。

（……）コンピュータを通して設計することには、

思考をいったん分解してベーシックなところから組み立て直す姿勢がある。同時に消費社会とその均質なる様相を打ち壊し、次のレベルに向かうには、人間の古典的な頭脳と、コンピュータというデジタルな外部装置とのSF的接続を図り、自らイマジネーションを拡張していかなければならないのではないかと考えるからであろう。こうした新しい環境のなかに置かれた私たちの想像力を建築に注ぐことによって、改めて時代の環境の質にどのような変化をもたらしうるかが問われだしているのだといえる。

出典
長谷川逸子『長谷川逸子の思考　2』左右社、二〇一九年（初出：『建築文化』一九九三年一月号）

長谷川逸子・建築計画工房「湘南台文化センター」1990年

1993 あいまいもこ

象設計集団

解説

象設計集団は、一九七一年に設立された設計組織である。U研究室（吉阪隆正・大竹十一主宰）出身の大竹康市、富田玲子、樋口裕康、早稲田大学吉阪研究室の重村力、これに神戸大学出身の有村桂子が加わり五人でスタートした。吉阪隆正の「不連続統一体」の実践として、多彩な個々人による創造的な協働を重視した。

TOTOギャラリー・間での展覧会と同時期に『建築文化』誌で発表された象のマニフェストは、「7つの原則」と「12の方法」と題された二つのパートからなる。前者は日常的に心がけている事項をまとめたものであり、自然環境と人間の感性を重視する姿勢を表明している。また表題にも掲げられた六番目の原則「あいまいもこ」は、特定のリーダーを持たず個人を大切にする組織像を言い表した宣言である。ここには人間性を排除し、経済効率を追求してきた近代社会への批判の念が込められている。

一方で後者は、「7つの原則」に則した建築を実現するための具体的な手法である。自然との調和を図り、身体や心理に適った空間を設計すること。その営みを経て象の建築には個性豊かな意匠がもたらされる。もちろん、単に奇を衒（てら）うことを意図しているわけではなく、一〇番目の方法「ギザギザダンダン」における擬態語への着目に象徴されるように、子どもにもわかる親しみやすさをはらんだ形態とすることに力点を置いている。たとえば「宮代町笠原小学校」(一九八二年)において、低・中・高の学年棟に囲まれる中庭に配された階段群、学年に応じて高さが変わる教室棟の屋根、字が彫られた柱など、愛着心を湧かせる要素を随所にちりばめているように。

象は一貫して地域とともにある建築を志向してきた。沖縄から東京を経由し、北海道へ。さながら旅する一座のように拠点を移していくなかで、そのつど風土への理解を深め、現地の人々と交流しながら、象は自らの足跡を刻んでいく。代表作「名護市庁舎」(一九八一年)では地元産のコンクリートブロックなどを使用し、木陰のような心地よい「アサギテラス」を設けることで、亜熱帯気候に適した公共建築をつくりだした。加えて一九八〇年代半ば以降には台湾でも活動を開始し、豊かな植栽で覆われた「宜蘭縣庁舎」(一九九七年)などを完成させている。ちなみに台湾の建築家集団フィールドオフィス・アーキテクツの作品からは、素材の用い方や外構のつくり方などの点で象との類同性を見出せる。十把一絡げにして断じることのできない象のネットワークは、あいまいもこ故に国境線を越え、各地にその根を張り巡らせている。

(福岡咲紀＋菊地尊也)

関連文献

富田玲子『小さな建築』みすず書房、二〇〇七年／増補新版、二〇一六年

あいまいもこ

象設計集団

7つの原則

1　場所の表現

私たちは、建築がその建つ場所を映し出すことを望んでいます。デザインが場所や地域の固有性を表現するよう努めます。村を歩きまわり、景観を調査して、土地が培ってきた表情を学びます。人々の暮らしを見つめ、土地の歴史を調べます。このようにして、デザインのなかにその場所らしさを表現するための鍵やきっかけを掘り起こしてゆきます。

2　住居とは何だろう？
学校とは？
道とは？

コミュニティ、学校、家族の基本的な生活のありさまをよく観察して、人々がつくろうとしているものの根本的な要求を知ることが出発点になります。時に人々は、自分たちの欲求や希望をはっきりとは自覚していないことがあります。そこで、人々と共に考え、新しい生活のしかたを提案していくことが、象の仕事の重要な部分となります。私たちの目標は、人々の今日の要求を満たす空間を創り出すこと、と同時に、その人たちの生活の地平を広げるための新たな機会を提供することです。

3　多様性

建築とは人々の出会いです。多様な空間特性が総合的に組み立てられた環境の中では、その環境を媒介にしてさまざまな出会い――人と人の、あるいは人と物の――が生まれます。私たちは計画する空間の中に形態、素材、スケールの多様性とそれらを結び付ける秩序を用意します。そこにやってくる個々の人が、強く引きつけられる部分や全体を発見し、それを共有する人の存在に気づき、そして共に平和を信じることができるよう願っているのです。これは均質で画一的な空間の中では期待できないことです。

4　五感に訴える

私たちは、人々の情感に強く訴える環境をつくりたいと考えています。人々が、光と影、音、香り、手ざわりや足ざわり、運動感覚を通じて空間の特性を感じ取り、さらにその外の世界とのつながりに心を向けてほしいと願うのです。私たちが用いる素材や形は、自然の要素を表現していることがよくあります。風、水、太陽、星、そして遠くに見える山を直接的に導入します。建築的な空間とは感覚的な体験であると思います。

5　自然を受けとめ、自然を楽しむ

建物は、自然の影響をかなりの程度コントロールすることができます。気候を楽しむためには、厳しい暑さや寒さや、湿気を和らげるための工夫が必要となります。深い庇、土に覆われた屋根、風の道、防風林、パーゴラ、木陰などは、私たちがよく用いる装置です。デザインの過程でもっとも重要なことは、建築と自然環境との調和を図ることです。建物の中で暑さや寒さを感じたり、季節の移り変りを感じたりできることは、大切な要素です。自然と共に暮らしてきた永い時間の中で、人間の身体は体内で時間の流れを感じるように進化してきました。私たちは、体内時計のリズムを守りながら、季節の移ろいに対する感受性を高めるような空間をデザインしたいのです。

6　あいまいもこ

あいまいもこは、限定されないで、どっちつかずで、はっきりしないことです。

建築か庭か街か、内部空間か外部空間か、建物か衣服か、遊びか仕事か、今か昔か未来か、完成か未完成か、秩序があるのかないのか、部分か全体か、本気か冗談か、生徒か先生か、誰がデザインしたのか、……

私たちはこのようなことがらについて、あいまいもこな世界に住み続けていきたいのです。

7 自力建設

自力建設とは、単に具体的な建設を指すのではありません。自らの地域を、自らの手でつくり上げてゆく哲学です。近代の制度を超え、地域を超える生命の叫びです。方法論を場所にもち込むのではなく、場所がもつ初源的な力を発見し、それらを収斂させることなのです。

機械よりは多くの雑多な人々、
知識よりは知恵、
速さよりは持続力、
理性よりは情熱、狂気、
妥当よりは過剰、
規範よりは埒外のものごと、
結論よりは終わりのない問いかけ、
形姿に求められるものは魔力。

最後に、空間の緑化がもっとも大切です。

12の方法

1 土地をつくる

平らな土地、段々状の土地、掘り込まれた土地、持ち上げられた地、いろいろな高さに〈土地をつくる〉。新しい土地は、決して単なる床ではない。そこに家が建ち、草木が育ち、鳥が集まる。人々が集まる。

持ち上げられた地面の上で、地上の生活と空中の生活の両方を楽しむ人々。掘り下げられた土地に展開する別世界。同じ高さの人と人、草花、水面。3次元的な結び付きが、生き生きとした空間をつくり、新しい生活の可能性を広げる。

2　軸

自然の地形、町の形態、天体や季節の変化などから、場に結集する〈軸〉を発見する。これらの地理的な、天文的な、季節的な、都市的な線の重なり合いから、〈軸〉を選択し、宇宙と地形のダイナミックな流れをつかむ。〈軸〉はエネルギーを建物に集める。建物の中に入れば、想像力は〈軸〉に沿って外の世界へと広がってゆく。人々が宇宙の一部に住んでいることを自覚できるような空間をつくりたい。

3　内↕外

建物の〈内と外〉をはっきりと区切らないで、縁側、パーゴラ、回廊などの中間領域を介在させよう。この空間は、建物の柔らかい外皮となって、日光と風、雨、音を調節し、深みのある表情、そして地域に独特な景観をつくりだす。

このあいまいもこ空間は、外から内への唐突な変化ではなく連続感をもたらす。コミュニティは建物のなかに流れ込み、建物の機能はコミュニティのなかに浸透してゆく。機能を限定されない自由な空間で、さまざまな出会いが生まれる。ここは、街と建物が手を取り合う場所である。

4　盆あるいは囲み

〈盆〉は建物の、街の、宇宙の自然が街に広がっていく放射軸の焦点であり、同心円の中心である。その断面はすりばち状、あるいは筒状であり、天を向いている。

〈盆〉は、建物の、街の、宇宙のエネルギーが集まるノード（結節点）だ。広場、中庭、外の部屋、まいまい井戸などの名をもち、人々が集まり、共に楽しむ場所だ。

〈盆〉は、半屋外空間で囲まれるとき、より強い中心性と生き生きとした活動の場となる。優れた空間特性をもつ盆をたくさんもつ街は魅力的だ。

5　屋根

〈屋根〉はさまざまな姿で現れる。あるものは、周囲の緑や山々の稜線に溶け込み、風景の一部となる。あるものは街の一員となって集落の家並みと連続し街の景観を形づくる。〈屋根〉はまた、その下で行われるいとなみを表象し、人々に呼びかけ、迎え入れる。あるいはひっそり静かに身を横たえる。

6　柱の森

太くて大きな柱の周囲には、人々を引きつけ心の安らぎを与えてくれる親密な空間がある。人々は立ち止まり、もたれ掛かり、その陰に座る。

〈柱の森〉は、人が集まり、出会いを求め、くつろぎ、時を過ごすような場所になる。柱は、グリッド、放射線、同心円、平行線などの生み出すポイントに置かれ、あるところは密に、あるところは粗く、さまざまな空間をつくり出す。

〈柱の森〉の中を、人々は漂い歩く。人も風景も見え隠れし、光は砕け、風が吹き抜ける。〈柱の森〉の濃密な空間は、人々の太古の記憶を呼び起こす。

7　光の井戸

闇がある。穴を穿(うが)つ。空から降る光の束が突き刺さる。穴は空間を貫き、そこに強いエネルギーを内包する新しい場を発生させる。穴は線状に延びると光路となる。光路は軸となって街に広がる。〈光の井戸〉は、冬の光を何度も反射させながら、夏の光はほとんど真っすぐに、深い井戸の底まで到達させる。

天空の光は、建物の奥まで満ち溢れる。

光は砕け、光は増幅する。

光と一緒に、雨、風、雪、時間、季節が侵入する。

とりこになる自然。

〈光の井戸〉の中で、人と空は直接的に結びつく。

8　柔らかい素材

コンクリートや石、ガラス、鉄などでつくられた環境に身を置くことはつらいことだ。生身の肉体には硬すぎて、人々を不安な気持ちにさせ、緊張感を高める。

私たちは土や木などの柔らかい〈素材〉、あるいは、瓦や玉石やレンガなどの小片の材料を好んで使う。安価で入手しやすく、人手で容易に加工組立てができるため、これらの材で構成される環境は、使い手によって維持され改善されてゆく可能性をもっている。一方、工業製品のような硬い材料は加工性が低く、一度出来上がったものに手を加えることは難しい。そのため環境に対して継続的な創造性を発揮することができない。

土や木は断熱性能に優れ、温度湿度を調節し、音を吸収する。その柔らかいテクスチュアは光を繊細に受けとめ、豊かな表情を現す。

9　不思議

いろいろな動物や植物のイメージやパターン、さまざまな言葉や文字を散りばめる。あるものは抽象的に、多くのものは具象的に表す。それらは、場のイメージを高めると同時に、全体構成から漏れ落ちた、生活の、個人的な、恣意的な、マイノリティの、しかし、それらなしでは成立しえない世界への共感を表している。また、これらのものたちは、建設現場に楽しい手仕事を提供してくれる。そして何よりも、ユーモラスな雰囲気を醸し出してくれる。

10　ギザギザダンダン／寸法と五感

ギザギザ、ダンダン、フワフワ、ゴツゴツ、クネクネ、グニャグニャ、シュワシュワ、ツルツル、ピカピカ、ザラザラ、サラサラ……。

物の形と質感をありありと伝えるすばらしい日本語だ。のびのびした部屋、ふうふう上る坂、ひやひやする塔のてっぺん、するする下りるすべり台、ごそごそもぐる穴。人と空間の関係を伝える良い言葉だ。ギザギザは鋭角的な手ざわり・尻ざわりの響きがあり、ダンダンはややにぶく、そこを人が上ったり座ったりする感じがある。スケスケは詰まっているところと空いているところが半分くらい。手摺はスルスル、鏡はツルツルが良い。掛け布団はフワフワが良い。誰でもすぐわかり合うこれらの言葉——オノマトピア。計画者は物の形、表面のありようを決めるとき、ダンダンかグニャグニャかトゲトゲか、そして誰にとってピカピカか、目標を明確にする。さらに正しい寸法とプロポーションと素材選択のみが、これを実現するだろう。

目指すところは、人と物が親しい関係をつくることだ。

11　色

古来より人は、自然の中からさまざまな〈色〉を抽出し、自らの衣服や住居や環境に取り込んできた。さまざまな民族や地域の文化は、固有の色彩をもっている。色彩は、人々の情感に強く訴える。人々は喜び、怒り、悲しみ、恐れの気持ちを色に託してきた。

環境の人工化に伴い、無味無臭、無彩色の世界が広がりつつある現代、私たちは、あざやかな色彩の復権を願って積極的に取り入れたいと思う。

12　木を植える

建物の周囲を、都市を、樹木で埋め尽くしたい。建物と緑をひとつのセットとして計画することを常に心がけている。

あらゆる計画において、可能なかぎりたくさんの〈木を植える〉。計画地が大都市にあって、〈木を植える〉スペースがないときには、つる性の植物によって壁面を緑化し、屋上に土を盛って植栽を施す。パーゴラを設け植物棚をつくる、窓辺に草花を置く。

緑は気候を調節し、果実を実らせ、鳥を育て、私たちの生活を快適にする。

出典
『建築文化』一九九三年一〇月号

象設計集団「名護市庁舎」1981年

1994

都市論の転回
批判の理論を超えて

多木浩二
八束はじめ

解説

一九九四年に創刊された都市・建築系批評誌『10+1』のカバー風のそでに記された編集委員の文章である。これは年二回の刊行で四号まで記載された。一九九六年の五号から季刊となり、毎回、異なるゲストを迎える編集協力の体制をとりながら、紙媒体としては二〇〇八年の五〇号「Tokyo Metabolism 2010/50 years after 1960」特集まで続く（ただし、多くの原稿はネットに公開されたデータベースから読むことができる）。一方でウェブ版もすでに開始しており、こちらを本格化していくが、二〇二〇年三月で更新を終えた。『10+1』は作品紹介に頼らず、特集主義をとり、批評を軸にフィールドワークやリサーチ・プロジェクトも組み込みながら、およそ四半世紀継続している。建築の枠組にとらわれることなく、社会学、表象文化論、カルチュラル・スタディーズなどの分野を含む、一九六〇年代以降生まれの多くの書き手を育成した。また一九九〇年代に興隆したメディア、ジェンダー、ポストコロニアルなどの切口による海外の論考をいち早く日本に数多く紹介している。なお、一九九〇年代の『建築文化』も、こうした動向を共有していた。

多木浩二は、都市論のパラダイム転換を指摘しつつ、「『かつて語られなかった言説』が生産されることを期待して、10＋1というひとつの場を開こうと思う」と述べている。また建築家・批評家の八束は、「都市と建築に関わる問題は、今や単に美学や思想や社会や技術の問題ではなく、しかもそのすべてにまたがっている」とみなし、「その論議の仕方もまた新たに構築されなければならない」という。実際、二人が企画した特集は、郊外のニュータウン、ビルディング・タイプ、多民族都市などを含む「ダブルバインド・シティ」、ノーテーションなどをテーマとし、世紀末に変容する都市の新しい様相を分析していた。もともと建築よりも広い領域をカバーする雑誌というINAX出版の意向を受け、八束が多木に声がけし、この体制が始まった。建築寄りの特集は、むしろ五号以降にときどき登場する。『10＋1』の前身としては、現代思想を織り交ぜながら、東京が過熱したバブル期に「ポスト・ポストモダン都市」を特集した『季刊都市』（一九八九年）が挙げられるだろう。実はいずれも編集者の荻原富雄が手がけたものである。

荻原は、建築専門の編集者ではなく、浅田彰らのニューアカデミズムの論客を後押しした『GS』（一九八四〜八八年）や、メディア・アートに焦点をあてた『InterCommunication』（一九九二〜二〇〇八年）などの雑誌のほか、美術批評のウェブマガジン『artscape』（一九九五年〜）も立ち上げた。それゆえ、建築批評誌としては特異といえる横断的な視点をもつ『10＋1』が成立したのだろう。ちなみに、『10＋1』という雑誌名は、アメリカのポストモダン批評を代表する美術理論誌『オクトーバー』（一九七六年〜）に着想をえて、それにプラスワンとしたことから決まったらしい。

（五十嵐太郎）

関連文献

「10+1 DATABASE」『10＋1』ウェブサイト

「建築・都市、そして言論・批評の未来」『10＋1』ウェブサイト、二〇二〇年三月

都市論の転回

多木浩二

文化を探る方法としての都市論は知の歴史の大きな流れ、あるいは世界を知る知的努力の流れのなかに、現実の都市の巨大化とともに、カテゴリーを超えた認識理論の先端として登場したものであった。それは人間のさまざまな感情、欲望、愛、生活様式、文化の形態、建築のありようなど、巨視的な視野のみならず、細部を探る方法としても基底をなしてきた。それは今後も多様な言説を生み、それなりの有効性をもつに違いない。しかし都市論はいまでも本当に知的探求の方法の先端を形成しているのだろうか。いまわれわれは文化的な実践の途上で、なにか見えない境界を超えたかのように、異様な世界に踏み込んだのではないかという知覚を無視できなくなった。都市論という方法自体がすでに別のパラダイムのなかで考え直さざるをえないところに到達しているのではないだろうか。それは終末でも、衰亡でもない。こうした時点において、まだよく分からない世界、見えない歴史の現在へ向けて、「かつて語られなかった言説」が生産されることを期待して、10+1というひとつの場を開こうと思う次第である。

出典
『10+1』第一号、INAX出版、一九九四年

批判の理論を超えて

八束はじめ

都市と建築に関わる問題は、今や単に美学や思想や社会や技術の問題ではなく、しかもそのすべてにまたがっている。単独では存在しない。多くのテーマが思考され、論議されるべきだが、その論議の仕方もまた新たに構築されなければならない。この問題に関わる「専門家」は存在しない。都市計画や建築家といった職能がそれだと考えるのは、問題の大きさと根深さを見誤っている。彼らの伝統的な概念や手法はその一端をしか扱っていない。もっと大きな視点を採用する必要がある。

しかし、われわれはこの議論が「批判的」なレヴェルのみにとどまることはよしとしない。短絡的な判断は慎みたいし、多くの疑問を積み上げたいと思うが、批判理論にとどまるのではなく、もっと能動的な行動指針につながっていくような言説を望んでいる。敢えて多くの方々の参加を望む所以である。

出典
『10+1』第一号、INAX出版、一九九四年

『10+1』第1号、1994年

1996

メイド・イン・トーキョー

貝島桃代&T.M.I.T.

解説

海外で最もよく知られている日本の現代都市のリサーチ・プロジェクトは、超機能主義というべき東京の複合建築に注目した「メイド・イン・トーキョー」だろう。これが初めて公式に発表されたのが、二週間、池袋で開催された「カメラ・オブスキュラあるいは革命の建築博物館」展（メトロポリタンプラザ、一九九六年）だった。このときプロデューサーの磯崎新に指名された四名のキュレーターのうち一名が、当時まだ二〇代後半の大学院生、貝島桃代である。彼女は割り当てられた会場のエリアをブティックに見立て、リサーチした物件の写真と情報をプリントしつつ、解説書や「メイド・イン・トーキョー」のタグをつけたTシャツを展示した（販売する計画もあったが、実現せず）。インスタレーションのポップな日常性は、彼らが紹介する建物と同じ性格をもつ。

メイド・イン・トーキョーの特長は「物流、交通、情報、製造、設備、住居などが渾然一体となってひとつの建物の中に組織されることであり、それによって高性能な全体が作り出されていること」だ。職住が異常に近接する「生コンアパート」、スーパーの屋上が自動車教習所になった「スーパー・カー・スクール」、浪費と消費のサイクルが完結する「パチンコカテドラル」など、ユニークな命名と明快なダイアグラムを通じて、「東京の都市のダイナミズム」が表現される。これらは「現代におけるもうひとつのファンクショナリズム」だという。貝島は、別名として「ダメ建築」と呼ぶ。建築家が設計したカッコいい作品でもなく、歴史的なビルディングタイプにも所属しないからだ。しかし、きわめて実用的である。ともあれ、堅苦しい哲学的な建築論とは違う、新鮮なマニフェストだった。

発表時はヴェンチューリらの『ラスベガス』（一九七七年／石井和紘・伊藤公文訳、鹿島出版会、一九七八年）と比較する向きもあったが、むしろ高密度な大都市に発生する建築の特殊なプログラム論として、レム・コールハースの『錯乱のニューヨーク』（一九七八年／鈴木圭介訳、筑摩書房、一九九五年）の継承者と位置づけるべきだろう。貝島とアトリエ・ワンを共同主宰する塚本由晴も、メイド・イン・トーキョーの教えとして、「空白を埋めろ！」と「細分化しろ！」を挙げる。つまり、東京という地価の高い環境がもたらした建物なのだ。その後、このプロジェクトは海外で展示され、各地で影響を与えた。また彼らは巨大インフラに注目した「首都高速ガイドブック」（一九九九年）や、極小構築物を調査した「ペット・アーキテクチャー」展（二〇〇〇年）など、ガイドブックという形式を用いながら、都市の観察を展開し、その成果を設計にもフィードバックしている。

（五十嵐太郎）

関連文献

貝島桃代・黒田潤三・塚本由晴『メイド・イン・トーキョー』鹿島出版会、二〇〇一年
東京工業大学建築学科塚本研究室＆アトリエ・ワン『ペット・アーキテクチャー・ガイドブック』ワールドフォトプレス、二〇〇一年
貝島桃代・ロラン・シュトルダー・井関悠『建築の民族誌――第16回ヴェネチア・ビエンナーレ国際建築展日本館カタログ』ＴＯＴＯ出版、二〇一八年
塚本由晴＋香川貴範＋小林太加志＋長岡大樹＋吉村英孝「首都高速ガイドブック」『10＋1』一六号、ＩＮＡＸ出版、一九九九年

メイド・イン・トーキョー（抜粋）

貝島桃代&T.M.I.T.

多くの人とものが集中する東京特有の「メイド・イン・トーキョー」（東京で製造された）ともいうべき建物がある。その特長は物流、交通、情報、製造、設備、住居などが渾然一体となってひとつの建物の中に組織されることであり、それによって高性能な全体が作り出されていることである。そこでは東京の環境から具体的にその建物に求められる機能や敷地条件が読み取られ、物的に定義されることを通して、東京の都市の臨界点に達した状況が直接的に形として記録されている。しかもそれはコンクリートや鉄骨、ALCパネル（発泡性コンクリート板）の架構に吹き付けタイルで仕上げるといった安価な素材とシステム化された工法によって、東京の中に大量に建設され、環境を分節しつづけている。これはバウハウスで語られていたような近代建築のもつ原理の美学とは異なるが、近代建築のもたらした結果であることには変わりない。

これら「メイド・イン・トーキョー」の建物において、環境から建築への変換の過程で、無意識に見いだされた新たなファンクション（関数）が成立する場合がある。そこには特定の権力や建築家個人の表現によって限定されない、これまでの建築がよりどころにしてきた歴史や文化的価値・スケールを越えて、東京の都市のダイナミズムが実現している。例えば、「生コンアパート」（NO・15）では、生コンの製造過程に人やものが区別なく組み込まれるために、生コンプラントの脇に社員寮が隣接する構成となり、また「タクシービル」（NO・25）ではそれがタクシーのエネルギーステーションであると同時に、タクシードライバーが仮眠する施設でもあるために、タクシーが斜めの床、人は平らな床という違いこそあれ、タクシーと人が並んで休憩するといった構成が生まれてくる。（……）「スーパー・カー・スクール」（NO・29）や「倉庫コート」（NO・1）はスーパーマーケットや倉庫といった巨大な平面を必要とする建物の屋上に、同じ大きさの平面を必要とする自動車教習所やテニススクールが重層したものである。「広告マンション」（NO・20）では、巨大な壁面が外部へのインターフェースとして、上半分は羽田空港から飛び立つ飛行機のための広告に、下半分はマンションの住戸の開口部に用いられているが、マンションは広告塔の基壇のようでもあり、そこでは機能の主客逆転が起こっているのである。「ハイウェイデパート」（NO・3）や「エレクトリックパサージュ」（NO・2）は都市の真ん中をいやがおうもなく突っ切る自動車や電車の高架線の長さを、デパートや商店の間口が微分する構成になっている。「銭湯ツアービル」（NO・24）は、「コインランドリーで洗濯しながらお風呂に入って、コンビニで漫画を買い、屋上で夕涼みしながらビールを一杯引っかける」という一連の行動がひとつの建物に圧縮されたものであり、時間が折り畳まれた建物とも言える。

具体的な表現ではあるけれども、行儀のいい計画では考えられないさまざまなものが共存している。ここではある形式によって、異なる機能のものが同じ枠組みではかられる。異なる機能の中に共通性が物的に発見されているのである。カラオケボックスなどの見いだされた物的な環境の単位xと、積層や隣接など建築を構成するある種の関係性f( )、それらが掛け合わされることによって建物yが出現する。このy=f（x）をファンクションと考えると、「メイド・イン・トーキョー」の建物は、現代におけるもうひとつのファンクショナリズムであると言えなくもない。

（後略）

出典
磯崎新監修、田中純編『磯崎新の革命遊戯』TOTO出版、一九九六年

1998

壊れたものを直すということについて

宮本佳明

解説

一九九五年の阪神・淡路大震災の後、最も有名なプロジェクトとなったのは、全壊判定を受けた築九八年の実家を事務所として再生させた宮本佳明の「ゼンカイハウス」（一九九七年）だろう。この文章は、文化財的な価値がなくとも、彼にとって記憶の器である住宅を意地でも残そうとした経緯とマニフェストを記したものである。

宮本は、彼の主著『環境ノイズを読み、風景をつくる』でも論じたように、周辺の環境を読み解き、建物だけではなく、敷地の記憶や風景の「ほころび」に配慮する建築家である。敷地をズームアウトして、周辺の環境の全体像とその背後にある構造、記憶、出来事を見抜くこと。その姿勢は、一貫している。例えば、「芦屋川左岸堆積体――Topographical Healing」（一九九五年）は、川岸沿いに、一・五キロメートルにわたって自然防波堤のように震災の瓦礫を積み上げる計画だった。これは土地区画整理事業に対して提案されたものだが、自然災害の経験を単なる防災機能の強化に終わらせて何事もなかったかのように忘却するのではなく、人びとの記憶に震災を形態としてとどめておくことを目的としたプロジェクトである。また一九九六年のヴェネチア・ビエンナーレ国際建築展の日本館では、震災の瓦礫二十数トンを会場に持ち込み、床一面に積み上げて、廃墟のインスタレーションを制作し、金獅子賞を受賞した（日本館テーマ「亀裂」／コミッショナー：磯崎新／出典作家：石山修武、宮本佳明、宮本隆司）。

ゼンカイハウスは、文字通り、地震の応急危険度判定で「全壊」判定を受けた木造軸組工法の生家に対し、新たに設けた鉄骨のフレームを挿入することで、異質な内部空間と外観を生みだした。例えば、内部では、長屋の和室に鉄骨の大梁が室内を斜めに突き抜ける。つまり、真壁構造で構成された昔ながらの和の空間に、異質の素材＝鉄骨梁が混入し、ハイブリッドな建築になっている。新しい物と古い物、柔らかい物（木造）と硬い物（鉄骨）が、日常のごくありふれた出来事と日常でない出来事（震災）の対比を表している。またきれいに修復・補強して震災を忘れるのではなく、ギプスのような痛々しい表現にしたことは、家自体に「震災」という出来事を刻み込むデザインと言えるだろう。

ところで、『ＳＤ』一九九九年八月号の特集「東京リノベーション」などを端緒に、一九九〇年代の末から日本でもリノベーションが注目されるようになったことを踏まえると、宮本のゼンカイハウスは、その先駆け的な作品と声明だったと言えるかもしれない。また東日本大震災の後、彼はコンクリートの基礎だけが残る街に花壇をつくる「基礎のまち」や、建屋に和風の屋根をのせる「福島第一原発神社」などのプロジェクトを提案した。

（米島一朗＋五十嵐太郎）

関連文献

五十嵐太郎＋リノベーションスタディーズ『リノベーション・スタディーズ』ＩＮＡＸ出版、二〇〇三年
宮本佳明『環境ノイズを読み、風景をつくる。』彰国社、二〇〇七年

壊れたものを直すということについて

宮本佳明

記憶の器

これは私の生まれた家だから壊すわけにはいかなかった。長屋だし、子供の頃はすごく嫌で、引っ越したときには何か脱出したような気分だった。その後はずっと人に貸していたのだが、途中一度だけ内部を見る機会があって、そのときにはもう建築を学び始めていたからだろうか、いつの間にか、懐かしさとかではなく素直にこれはよい家だと思えるようになっていた。すでに実家は別にあったし、まさかもう一度住めるとは思っていなかったが、ちょうど東京から戻ってきたときに借家人が出ることになったので、一五年ぶりにふたたび住むことになった。そして普請道楽というほどのものではなく、でも少しずつだが手を加えていった。もちろん較べるべくもないが、ジョン・ソーン自邸や、あるいは同じ宝塚市内にある村野藤吾の自邸のことを夫人が「これは村野のおもちゃですから」といっていたというエピソードなども少しは影響したかもしれない。そして震災。避難したままとても戻れるような状況ではなく、「全壊」の判定を受けて流れにまかせて公費解体を申請した。

まわりの雰囲気に押されるかたちで申請した公費解体だが、これはすぐに取り下げた。震災当時すでに築後九五年を経ていた老朽建物だったが、それだけに意地でも修繕して住んでやろうと考え直した。建築は、特に文化財的価値を持つものでなくとも、住まい手にとっては記憶の器としての側面を持っている。今までほとんど一〇〇年もったのだから、もう一〇〇年をなんとか生き存えさせたいと思った。まずは、アトリエとして使っていた、こちらも「半壊」判定を受けた芦屋のアパートの取り壊しを機会に、アトリエをこの家に移転することにした。小屋組みが完全に倒壊した隣家からの雨の侵入が激しく、しかも構造的にはボロボロのままで、自宅として住むには少し怖かった。アトリエだからといって別に安心できる訳でもないが、少なくとも夜寝るのだけは避けたかった（それでも、スタッフは泊まっていたようだが）。

修復という思想

きっかけは、ある新聞に載った藤森照信氏の「神戸の建築は大胆な補修で二一世紀の路上観察者の目を楽しませてほしい」という内容の一文だったように記憶している。ただでは起き上がりたくなかった。せっかくだから、この国らしい「修復」とは何かということについて考えてみようと思った。

修復をめぐる思想は様々である。たとえば、一九世紀のフランスでは、ヴィオレ・ル・デュックが強引な様式主義的立場から、ひとつの統合された理念に基づいてあくまで破損したものを元通り「復元」することを主張した。イタリアで修復といえば、現在でもアウンテンティコ（英語のauthenticに相当する）といって石のひとつひとつが正真正銘のオリジナルであることが問われるほど厳格なものである。これも「復元」に近いといえるだろう。では修復と復元とでは何が違うのか。修復と復元は、同じrestorationの訳語であっても、その背景となる考え方が根本的に異なる。決定的な相違は、前者が「繕う」というニュアンスを帯びていることである。その結果、修復は復元と違って、仮に機能がそのまま担保されたとしても形態や内容には微妙な変化が生ずることになる。

そもそも式年造替に象徴される、空間の形式性と精神性だけが継承されていくシステムを潔しとしてきた日本の精神風土にあっては、復元という概念自体存在したのかどうかさえ疑問である。確かに、近いものとして、「継ぎを当てる」「突っ支い棒を支（か）う」といった表現で表されるような、どちらかというと女女しい感じのする「補修」の概念はあった。あるいは、こんな問いはどうか。「ロボコップ」のアイデンティティはどこにあるのか？　少なくともロボコップは、復元と呼ぶにはあまりに人間としての原形を失っているし、修復と呼ぶにしてもその「改造」はあまりに大胆すぎる。ただデザインの力が生の肉体の損傷を凌駕して、ロボコップという新種の生命体を成立させているように見える。ここでは、ロボコップが人間なのかロボットなのか、とは誰も問わないだろう。

何よりもまずは、モノはコワレル、という当たり前のことを知った方がよい。都市も、建築も、愛車のシトロエンも、人間関係だって同じことだ。でも諦めることはない。「修復」すればよい。正確には、修復する意思さえもち続けていればよい。たとえ復元することは無理でも修復する意思をもち続ける限りにおいて、モノはどんなにコワレたとしても無用にはならない。「モノはコワレルものなので修復して使う」というのと、「モノとはコワレないものだから、もし万が一コワレたらそれはもうモノではない」というふたつの思想の違いがもたらす結果はあまりにも隔たっている。一方は存続であり、一方は廃棄である。いい換えれば、たとえ家を建て替えたからといって、それだけでは何も解決したことにはならないということだ。ただコワレタモノを背負うこと、生きている限りにおいて、私たちにはただ背負い続けることだけが許されているのかもしれない。

九八年目の修復

私にとっては至って現実的な修復計画であっても、それは隣家を所有する不動産屋にとっての現実とは著しくずれていた。長屋全体としての同時解体撤去とその後のマンション建設を念頭において、あくまで崩壊したままでの放置を主張する不動産屋との調停のため、何度も裁判所に足を運ぶことになった。結局、損傷のひどい隣家だけを、双方で費用を折半して切り離した上、単独で公費解体してもらうまでに二年を要した。

隣家の解体後すぐに、自宅部分の室内に仮筋交を設置すると共に、まずは既存の木造軸組に対して損傷部分をギプスのように金物で固めて応急の補強を施した。その上で、最終的な修復方法についてゆっくりと考えることにした。最初は、更地となった隣地を借りて単純に木造のバットレスを建てることを考えたが、敷地外に頼ることが何か不純な気がしてやめた。だいいち土地を貸してくれるはずもなかった。したがって自分の敷地の中だけで、つまり実質的には室内で片をつける必要があった。そこでどうせやるのならと、既存の木造軸組に新しい鉄骨造フレームを組み込んで本格的に補強を施すことを計画した。壁、床、階段、ブリッジのそれぞれに愛着がある。それらをできるだけ残しながら、必要な建具の開け閉てを確保した結果、鉄骨の柱梁は不規則なフレームを構成することになった。斜めに飛び交う鉄骨の迫力で、既存建物のインテリアの基調である民芸の罠から逃れられるかもしれないという読みもあった。

幸いなことに既存建物の中央部に中庭状の土間があって、二階はすべて吹抜けとなってブリッジが架かっている。ここに巨大な基礎を沈めて「大黒トラス」と呼ぶ、水平力の大部分を負担する巨大な組柱を置いた。また建物の前後にもほんの狭い土地があって、そこに異形ラーメンの薄いフレームを建てることができた。これらと大黒トラスをつなぐように、断面形状とレベルがそれぞれに異なる梁を架け渡している。さらに何とか生活の邪魔にならないスペースを見つけてブレースや方杖をセットしている。その結果、全体の構造計画としては、長屋という方向性のある建物形状に対応して、X方向は異形ラーメン構造、Y方向はブレース構造となっている。

この計画を簡単にいえば、家の中にもう一軒同じサイズの家を建てたということになる。読んだ人にしか分からないかもしれないが、筒井康隆の作品に『融合家族』という（いかにも筒井康隆らしい）短編がある。ひとつの敷地に不動産屋の手違いからふたつの住宅が同時に重なって建ってしまい、その結果ふたつの家族が重なり合いながらもお互いに意地を張って平然と生活を続ける、といったストーリーである。もしそのうちの一軒を木造にして、もう一軒を鉄骨造にしたら、きっとこのような感じになるのではないかと思う。

現場は難渋を極めた。事前に予想されたことではあったが、既存建物を正確に計測してみて驚いた。コケて、バチって（平行でないという意味の現場用語）、「く」の字に折れて、ついでにひねりまで入って、つまりはムチャクチャで基準となる通り芯の引きようがない。それがまた工事の進捗に伴う荷重状態の変位を受けて日々変化していく。つくづくアホなことを始めてしまったと思った。建方の準備でどんどん既存の部材が外されていって、最後に屋根がなくなったときには、引き返せないと思うと悲しかった。これも分かっていたことだが、建方は一筋縄では行かなかった。正確に計測してノミを使って慎重に開けたつもりの貫通穴に鉄骨が通らない。ハイテンションボルトを締めるための手が入らない。そもそも上部に既存の床があってクレーンが使えないところは、ステージを組んで人力でじわじわとH鋼の梁を運ぶしかなかった。現場溶接は、バケツをもって既存木造部分に水をかけながらの作業となった。これも少し考えれば分かることだったのだが、設計事務所として通常の業務を継続しながらの工事というのも無理があった。デッキプレートと堰板の継ぎ目にはコーキングを打って万全を期して臨んだはずの屋根スラブのコンクリート打設であったが、トロ箱と雑巾をもって事務所内を走り回る羽目になった。仕上げ工事に入ると今度は、コンピューターもコピー機も大抵のＯＡ機器は、ホコリに悲鳴をあげてエラーを続出することになった。

本当のはなし

多分信じてもらえないかもしれないが、この家には座敷童子が棲んでいる。さらっと書いてしまったが、私は直接話したこともある。近所の数寄屋造りのお屋敷からウチに「引っ越し」てくるときにはじめて会った。今から六年前、一九九二年のことだ。真白いカッターシャツにブレザーコートを着たオカッパ頭の男の子。ジョギング中にちょうどそのお屋敷の前を通りかかったとき、その子がいた。一度は通り過ぎたのだが、気になって引き返した。なんせ夜中の二時である。泣いているので「君、ウチどこ?」と聞くと、お屋敷の蔵を指差す。何のことかよくわからないし、とりあえず「ウチに来るか?」と声をかけてみたが「いい」というので、そのまま放って帰ってきた。だが、結局ついてきたらしい。その後仕事を片づけていると、どうも外でズルズルと足音がする。気になって見に行くと誰もいない。それで思い出した。昼間、さっきの蔵を見に行ったのだ。とてもいいお屋敷なのに急に解体が始まって、残念で、勝手に仮囲いをめくって見学して回ったのだった。蔵は荷物を運び出した後でガランとしていた。

それ以来、ときどき階段の上にウンコを置いたりとかの悪さもするが、吉兆ということになっているのでそのまま棲んでもらっている。そんな訳で、座敷童子に出ていかれたら困る、というのもこの家を壊さなかった大きな理由のひとつである。実際、震災後界隈で残った古い家はウチを含めて数棟しかない。その中では「修復」を済ませたウチが間違いなく一番居心地がよいと思うので、当分は居てくれるだろうと思っている。

出典
宮本佳明『「ゼンカイ」ハウスがうまれたとき』王国社、二〇〇六年(初出:『新建築　住宅特集』一九九八年二月号)

1998

非作家性の時代に

みかんぐみ

解説

驚くべきことに子どもが通う幼稚園のクラス名を名前の由来とする「みかんぐみ」は、およそ建築家らしくない事務所の名前だろう。これは女性やフランス人も含む、上下関係のない対等なパートナーシップにより結成された建築家のユニットである。彼らが手掛けた「大町の家」と「相模原の家」とともに掲載されたテキストは、一九九〇年代に登場した若手建築家の傾向を象徴するマニフェストとなった。「今までにない新しい提案を行うとか、個性的なかたちを用いるとかの、なにかしらのユニークネスがなければ建築家としての存在意義がないというふうには、私たちには思えないのだ。（中略）作家性、つまり建築家としての過剰な表現が前面に現れないようにデザインすることがみかんぐみとしての共通した指向性であり、それが普通の感覚でつくるということなのだ」

みかんぐみは問題を単純化する明快なコンセプトや、突拍子もないラディカルな表現といった、建築家による作家性の表明に疑問を投げかけた。そしてバブルが崩壊した九〇年代の日本社会におけるリアリティを模索し、非作家性の時代の方法論として「パラメータの豊富化」と「複雑さの受容」を掲げた。それは、つくり手側の価値の押しつけにより事実をねじ曲げないように、住宅に求められる機能性、社会性、経済性や、クライアントの個人性といった多角的かつ具体的な設計条件＝パラメータをできるだけ多く設定し、飽和させ、それらを等価に扱いながら全体を統合していくという方法である。後の藤村龍至の超線形設計プロセス論は、その手続きをブラックボックス化せず、可視化したものと言えるだろう。

これに対して建築評論家の飯島洋一は、『崩壊』の後で──ユニット派批判」において、みかんぐみやアトリエ・ワンなどの数人で共同設計を行う若手建築家をひとくくりに「ユニット派」と命名し、阪神・淡路大震災後のニヒリズムは彼らを「普通」のデザインに向かわせるが、理念がなく何も生まない、と彼らの態度を批判した。これはユニット派論争を巻き起こし、議論が停滞化した建築界に反響を呼ぶこととなる。五十嵐太郎は飯島への反論を展開し、新しい情報環境を指摘しつつ、各建築家の差異にも注目し、普通さと理念、内部と外部などといった二項対立の構図自体を疑うべきだとした。

みかんぐみは、建築家の職能を改めて問い、複雑性のなかで、自分たちの置かれた状況を建築としてデザインすることを試みた。普通であることをうたう態度には、彼らの出自である東京工業大学の坂本一成の影響も読みとれるだろう。

（中谷圭佑）

関連文献

飯島洋一「『崩壊』の後で──ユニット派批判」『住宅特集』二〇〇〇年八月号（所収：飯島洋一『現代建築・テロ以前／以後』青土社、二〇〇二年）
飯島洋一「反フラット論──『崩壊』の後で２」『新建築』二〇〇一年一二月号（所収：飯島洋一前掲書）
五十嵐太郎「ユニット派あるいは非作家性の若手建築家をめぐって」『10＋1』二二号、ＩＮＡＸ出版、二〇〇〇年（所収：五十嵐太郎『終わりの建築／始まりの建築──ポスト・ラディカリズムの建築と言説』ＩＮＡＸ出版、二〇〇一年）
五十嵐太郎「反フラット建築論に抗して」『10＋1』二七号、ＩＮＡＸ出版、二〇〇二年（所収：五十嵐太郎『戦争と建築』晶文社、二〇〇三年）

非作家性の時代に（抜粋）

みかんぐみ

（……）私たちは五人のパートナーの共働で設計を行っており、住宅の場合もそのやりかたは基本的に変わらない。敷地調査から基本設計をまとめるあたりまでを、全員で議論しながら設計を進めている。

普通であること

共働で設計を行っているうちに、次第に五人に共通する、ある指向性がはっきりしてきた。それは一言でいえば普通の感覚で住宅をつくりたいという気持ちである。住宅を設計するに当たって、今までにない新しい提案を行うしか、個性的なかたちを用いるとかの、なにかしらのユニークネスがなければ建築家としての存在意義がないというふうには、私たちには思えないのだ。逆にユニークネスが先鋭化したところのエキセントリックな作家性に違和感を感じてしまう。だから住宅に作家性が表れることを注意深く避け、あらかじめ脱色された作品をつくろうと考えている。作家性、つまり建築家としての過剰な表現が前面に現れないようにデザインすることがみかんぐみとしての共通した指向性であり、それが普通の感覚でつくるということなのだ。そしてそのための具体的な方法として私たちが採っているのが「パラメータの豊富化」である。

パラメータの豊富化

たったひとつの家族のための住宅とはいえ、これをとりまく今日の状況はかなり複雑で、設計者が考慮すべき問題は多種多様である。住宅に求められる機能性、社会性、経済性、あるいは建主の個人性などから割り出される雑多な条件のひとつひとつを設計におけるパラメータと呼ぶとすると、私たちの理想とするやり方は設計のプロセスで取り扱うパラメータを豊富化することである。できるだけ多くのパラメータを拾い上げ、それらに優先順位をつけずに極力等価に扱おうと考えている。たとえば今回のふたつの住宅設計で扱われたパラメータのうち、配置計画に関するものだけでも「街並み」「隣家」「プライバシー」「採光」「通風」「騒音」「眺望」「敷地の勾配」「積雪」「建物の見え方」「樹木」「樹種」「盆栽」「アプローチ」「駐車場」「アウトドア料理」「物置」「配管」「足場」「設備機器」「ソーラーパネル」「地盤」といった具合に挙げることができ、これらが同等な重みをもって設計に組み込まれる。

ただし、たくさんのパラメータを等価に取り扱うとはいえ、それらを無秩序に並立させたり、あるいは意識的に「豊富なこと」をプレゼンテーションしようとも思わない。私たちにとって大切なのはそのようにパラメータを扱うというプロセスであり、結果的にそうした意図が可視化されているかいないかにはこだわらない。それよりもなるべくさりげない印象をもつように、全体を統合することができればよいと思っている。

クライアント

住まい手の人となりを把握するため、設計のスタート時点でスタッフを含めた全員が建主との顔合せを行う。そして初期の建主との打合せの中で彼らの要望を出してもらうが、その際には設計者というよりはインタビュアーに徹してとにかく話を聞く。機能的な要求から漠然としたイメージまでできるだけたくさんの建主の考え方を聞き出した後、個々の要望を他の前提条件と共にパラメータとして設計に取り入れる。（……）

複雑さの受容

建主へのインタビューとかパラメータの豊富化という言葉から、ユーザーフレンドリーな親切設計を目指しているように思われるかもしれない。（……）だが、私たちの意図は別のところにある。

本誌一九九七年一二月号の編集後記のｍｔ氏による『親切設計』の名を借りた安直な妥協を続ければ、角を矯めて牛を殺すことにもなりかねない」という危惧、そして「何をやりたかったのかがダイレクトに伝わって」くることや「コンセプトをいかに実現していくか」を重視する価値観は、今の私たちには理解はできるがどうも馴染めない。

絞り込んだ条件を切れ味のよいコンセプトで一刀両断するような問題解決の仕方は確かに明快な建築を生む。戦後の住宅建築史を振り返ってみればそうしたわかりやすい作品がきら星のように並んでいる。しかしこれだけ複雑さを増した現代社会において、そのような単純明快な方法で問題が片づくとは私たちには思えない。この複雑な時代を生きる私たちが取る道は、複雑さをそのまま受け入れ、その中でバランスを失わないようにものごとを判断していくことだと思う。私たちにとってパラメータを豊富化することは、そうすることで複雑な時代を肯定的に受け入れ、この時代にふさわしい設計方法を模索することにつながっている。

さらにいえばひとつの住宅を取り巻く状況は時間と共にどんどん変化していくわけで、パラメータを増やすことはでき上がった建物にそれが設計された時代を色濃く反映させることにもなる。

わかりにくさとダイナミズム

（……）みかんぐみの住宅は、たとえば見学会に訪れた知り合いの建築家たちなどから、「何がやりたいのか不明」、「プランが外観に表れていない」といった批判を受けることになる。端的にいえば私たちの設計した住宅は「わかりにくい」のだと思う。目立った表現をもたず、問題を単純化せず、それでいて「豊富さ」をアピールするのでもないから、そうした批判は出て当然といえる。私たちにとってそんな意識的なわかりにくさは自然で身近な存在なのである。

一方で、私たちが五人で設計をしていると、基本的な方向性は共通しているとはいえ、さまざまな局面で個人個人のブレが表れてくる。この個人差がデザインを展開させるエネルギーのもとだろうと感じている。また、それがなければグループで活動する意味がないと思う。そうした個人差によるブレが設計をどのような展開にもち込んでいくのかは誰もわからない。かなりくねくねとしたプロセスを経ながらエスキースは進んでいく。こうした予測不能なプロセスから生じるわかりにくさというものが、みかんぐみの設計のダイナミズムだと思う。

非作家性の時代の方法論を探して

過剰な表現を抑制することも、パラメータを豊富化することも、住宅に作家性という自我をもち込みたくないというひとつの根から発している。さらにいえば、私たちが五人のイーブンパートナーシップで設計を行っているのも、個人の自我の表出よりも視野の拡張の可能性のほうを重視しているからにほかならない。逆にいえば私たちは現代において作家性を表明することにうまくリアリティをもてないのだ。

世代論にしてしまいたくはないが、作家性を否定したり、あるいは重視しない建築家の一群が若い世代に現れてきつつあるように感じる。昨年東京で開かれた三〇代の建築家の会議&エキジビション（30×100architects展）にみかんぐみも参加させてもらったが、このエキジビションを見た上の世代のある建築家が「どれも同じように見える」と感想を述べたという。たしかに個性的であるよりは、同時代的であろうとする姿勢が少なからず表れていたように思う。

今日の建築の状況を非作家性の時代と呼ぶべきかどうかは異論のあるところだろう。でも少なくとも今回のふたつの住宅の設計を通して私たちがしてきたことは、非作家性の時代の方法論を探すことだったと思っている。

出典
『新建築　住宅特集』一九九八年三月号

1998

建築家の社会貢献

坂　茂

解説

坂茂は、紙やコンテナなど、ユニークな素材と構法によるデザインで知られるとともに、一連の災害や紛争に際して人道支援を継続してきた建築家である。彼が被災地のプロジェクトに取り組んだきっかけは、ルワンダの難民のためのシェルターや阪神・淡路大震災の被災者のための紙のログハウスだった。これ以降、中国、トルコ、インド、イタリア、フィリピン、ニュージーランドなど、世界各地で災害が起きると、素早く現場で行動している。水害や食糧難を視察するために、北朝鮮も訪れていた。

デザインが目立つ建築家は社会性が薄くなり、逆に社会的に活動する建築家は普通の形態になりがちだが、彼は両方を成立させている。それをつなぐのが、建築を学んだアメリカ仕込みのプラグマティックな態度だろう。実際、避難所で導入された簡易間仕切りのシステムは、コンパクトな運搬と誰でもすぐできる構法にもとづく。一九九五年は日本のボランティア元年と言われるが、なぜ、彼はいち早く神戸に駆けつけたのか。文章の冒頭に記されたように、ボランティア活動を最初に意識したのも留学時代だったと回顧している。日本ではあまり根づかない、専門性をもった職業人が果たすべきミッション（使命）を抱いたのも、アメリカの体験に由来するものだった。

歴史を振り返ると、建築家は時の権力者や富裕者に仕えてきた。が、モダニズムの時代になって、ようやく一般人の住宅や集合住宅のほか、公共施設も重要な課題として認識される。坂は「ずっと以前から『我々建築家は果たして社会のために役に立っているのだろうか？』という疑問をもっていた」。そしてエゴを表現する浪費的なデザイン、デベロッパーの手先、特権階級のためのモニュメントではない仕事、すなわち「世界規模でのホームレスの問題、そして頻発する大災害による被災者など、一般大衆以外のマイノリティー層の人たち」のための活動が、重要になると考えている。

これは東西の冷戦が終結した後、世界各地で紛争が勃発し、温暖化による災害が増え、グローバル資本主義によって格差がさらに広がるポスト近代を踏まえた社会の認識として興味深い。かつてエジプトの建築家ハッサン・ファトヒーは「貧しい人のための建築」を唱え、地元の昔ながらの構法によるセルフビルドを実践したが、坂は世界で流通する工業部材を臨機応変に使う。また謝英俊は、軽量鉄骨の自社生産や被災者のセルフビルドによって、台湾や中国の復興プロジェクトを手がけている。なお、坂は多くの建築家が奔走した東日本大震災の被災地でも活躍し、改めてその先見性と行動力が立証された。実際、建築家の社会貢献が、日本で大きなテーマとして共有されたのは、二〇一一年の巨大津波による街の破壊が起きてからである。

（五十嵐太郎）

関連文献

坂茂『坂茂の建築現場』平凡社、二〇一七年
伊東豊雄『あの日からの建築』集英社、二〇一二年

建築家の社会貢献（抜粋）

坂　茂

ボランティアが苦手な日本人

初めてボランティア活動を意識したのはアメリカ留学時代だった。当時、イタリアの建築家パウロ・ソレリがアリゾナの砂漠にアルコサンティという理想郷（？）を建設していた。その建設は全国から集まるボランティアが行なっており、私の行っていた大学、サイアークからも夏休みになると学生が寝袋を持って参加していた。日本の学生は遊ぶ金を稼ぐためにアルバイトしているが、アメリカの学生は日本の学生より自立しているのでほとんどが生活費か学費のためにアルバイトしている。そんな中、さらにボランティア活動をするというのは、まったく驚きであった。

アメリカの学生のボランティア活動の目的は二つあることに気がついた。一つは純粋に社会貢献である。これは宗教理念からきているのかもしれないが、欧米では子供の頃からボランティア活動を通じ社会との接点をもつ。そして大人になり社会的成功を収めると、事業家でもスポーツ選手でも芸能人でも様々な慈善活動を始める。（残念ながら日本ではほとんど聞かない。）二つ目は特に自分の専門分野で社会に出る前に経験、トレーニングを積むことである。だから履歴書にも様々な活動を書きアピールし、雇う側にとってもそれが大きなプラスアルファーの要素になる。

話は少しそれるが、日本人は自分をアピールするのがとても苦手だ。私の所にも多くの若い人が求職のため履歴書を送ってくるが、ほとんど定型の履歴書にそこにある項目だけを埋めて送ってくる。面接時のポートフォリオも、自分で工夫したポートフォリオでなく、学校に提出した図面そのまま、会社で書いた青焼図面そのままで持ってくる。欧米の人は皆個性豊かな履歴書やポートフォリオを作り、自分独自の才能を表現しようとする。

ボランティアは自分自身のために、自分自身のアピールとして行なう行為だと思うのだが、日本でボランティア活動がこれまで根付かなかったこと自分の個性のアピールが苦手なこととは、無関係でないように思う。

フィランソロピー（慈善行為）も同様である。日本ではフィランソロピーは企業による文化事業のように考えられている。それゆえに景気が悪くなると止めてしまう。しかし本来は、まったくそれとは別な社会貢献である。例えば、アメリカの田舎町に、知名度の低い企業（または外国企業）が新たに工場を作る時などにフィランソロピーは行なわれる。その町の何かイベントが開催される時、企業名の入ったTシャツを着た従業員がボランティアでお手伝いをする。それはこの町への貢献でもあるが同時に企業名を売り、新しい土地のコミュニティーに企業が溶け込む絶好のチャンスでもある。さらにこの企業の社会的信用にもなり社員の誘致にも役に立つ。つまりボランティア活動と同様、フィランソロピーも社会貢献であり、同時に企業の社会性を高め間接的な企業利益につながるのだ。

相手の立場に立った援助を

ボランティアで何か行なう時、相手に対して「やってあげる」という気持ちをもつのは、相手の尊厳を無視した思い上がりである。前にふれたように、ボランティア活動は最終的に自分自身のためにやっていると考えた方が自然であり、活動も長続きする。そして援助する内容も自分の思い込みでなく、相手の立場に立ったものでなければならない。日本が行なっているODAの使い道にしても同様である。日本のODAは、間に入っている商社の利潤が優先していたり、国際貢献におけるアリバイ援助にもなりかねない。内容的にも、ハイテクすぎてオペレーションやメンテナンスしきれない機械を送ったり、十分なリサーチなしに土木工事を行なっている話をよく耳にする。

ODAではないが、阪神大震災の後に建てたプレファブ住宅をアフリカの難民に使ってもらえないかという話があった。相手のライフスタイルや現地のコンテクスト（環境）を考えない一方的な話である。つまり、普段土壁と土間の家に住んでいる人たちに日本的なプレファブ住宅はまったく住み心地がよくない。また、工業的素材でできた壁やガラス窓など、破損した時、修理はできないし、その外見もアフリカのコンテクストの中に溶け込むはずがないのだ。

別の例では、先日私のアフリカでの活動を知った見知らぬ方から、自分はゼンマイ仕掛けのラジオを考案したので、難民にあげたらどうかというお話をいただいた。その気持ちは大変ありがたかったが、次のような話をしてお断りした。何百何千世帯ある難民キャンプの全世帯に渡せるわけがないし、その中の一部の人に渡せば、それをもらえなかった人との間の争いの種になりかねない。そして何より気になるのは、普段電気もない生活をしている人々に突然ラジオという文明の利器を与えることはいいことなのだろうか。あるいは、文明の利器だけでなく、余計な情報を与えることは彼らのためになるのだろうか。

この問題は実は難民の問題だけでなく我々にとっても同じで、今の社会のように日々新しくなる機械や情報は我々にとって必要なのか、さらにそれらは本当に我々を幸せにしているのだろうか？　その答えは「NO」である。少なくとももう後戻りのできなくなった我々の矛盾を、援助の名のもとに不自然に拡大させるべきではないことは明白である。

建築家は社会の役に立っているか？

ずっと以前から「我々建築家は果たして社会のために役に立っているのだろうか？」という疑問をもっていた。自己のエゴの表現としての浪費的デザインや、ディベロッパーの金儲けの手先、そんな建築家の姿ばかりが最近目につく。特権階級（行政、企業、金持ち）のために素晴らしいモニュメントを作ること、それを建築家の仕事として否定するわけでは決してない。歴史的にみてもそれらは人類の重要な遺産である。しかし今世紀に入り、産業革命後都市化が進み、また大戦により多くの人々が家を失い、ローコストの住宅が大量に必要になった。そこで建築家は（巨匠たちも）、集合住宅や工業化住宅の課題に取り組み、量のみならず質的にも数々の名作を生んでいる。このことは、モダニズムの技術面やスタイル面以外の大きな業績である。つまり今世紀に入り建築家は一般大衆のための仕事を始めたわけである。現在、東西冷戦は終わったが、それにより世界の至る所で民族紛争や地域紛争が勃発し、多くの難民が発生している。さらに世界規模でのホームレスの問題、そして頻発する大災害による被災者など、一般大衆以外のマイノリティー層の人たちが大量に生み出されている。モダニズムの一側面が、一般大衆のための建築だとすれば、よくモダニズム以後などといわれるが、これからは建築家がいかに社会のために、そしてマイノリティー層のために仕事をしていくかということは重要な要素になるのではないだろうか。

（中略）

ゼネコン名前入り現場用シート計画

アーティストのクリストによるプロジェクト、特に都市を舞台としたものに、世界規模でのNGOによる人道支援のひとつの規範を見る思いがする。彼のアート作品は大きな布で、様々な物（建物、橋、自然のランドスケープなど）を梱包するので有名だ。パリのポン・ヌフ、ベルリンのライヒスタークを見てもわかる。まず、状況を把握し、計画立案する。そして行政との交渉、ファンド・レージング（お金集め）、ボランティア集めにパブリック・リレーション（広報活動）。一般市民はそういったプロセスを知らず（知る必要はないのだが）、結果として出来上がった梱包された歴史的建造物の、歴史的意味とフォルムの美しさを再認識する。最後に、梱包に使ったプレミアつきの布を切り売りし、次のプロジェクトの資金を集める。

前にもふれたが、日本では伝統的な美徳として「不言実行」、つまりいいことをするとき名前も名乗らず黙って行ない去るというのが良しとされてきた。しかしこれからの国際社会ではそれは通用しない。誰が、何を、何のために行なうか事前に理解してもらう必要がある。そして、これを単発的な行為で終わらせず、継続的な活動とするためにPRし、資金集めも行なう。

一般的に日本では、ボランティア活動をただで行なう慈善行為と思いがちだが（もちろん個人の単発的なそのような慈善行為も非常に重要なのだが）、本来は個人の出費などの負担をかけず、活動を長期的・組織的に行なうため専属スタッフを養っていかなければならない。つまりお金を作り出さなければならないわけである。ただ、株式会社とNGOの違いは、株式会社がお金を個人の利益のために稼ぎ還元させるのに対し、後者はお金を次の活動のために稼ぐわけである。

これまで、神戸、ルワンダ、カンボジアの被災地を回り、水、食糧、薬のほか緊急時に共通して必要なものに、雨風をしのぐためのプラスティックシートがあることに気がついた。UNHCRや国際赤十字は自分たちのロゴ入りのプラスティックシートを緊急時のために備蓄している。そこで我々もシートを備蓄し、まずはルワンダやその近隣国で使用するため、日本中のゼネコンから、ゼネコンの名前入りの中古現場シートを寄付してもらおうと考えた。そしてそれを被災地で使い、例えばルワンダの難民キャンプの屋根に日本中のゼネコンの名前が出て、それを世界中のマスメディアが報道する。日本でも、日本のゼネコンはこんな素晴らしい国際貢献をしているのかと話題になるだろうし、寄付してくださった方々も具体的に寄付したものが有効に利用されているのを見れば、また引き続き支援しようという気持ちにもなっていただけるのではないだろうか。とりわけ、一九九五年には日本中の人々が神戸のために寄付し、それがどう使われているかまったくわからず、がっかりした経験があるだけに、支援の結果が具体的に広報されるということは、次の活動に繋げるという意味で人道支援にとって非常に重要なことである。それゆえに、ＵＮＨＣＲや国際赤十字でさえお金をかけてでも支援物資にロゴマークを入れているのである。そういった意味で、これからの国際貢献では、クリストの戦略はたいへん参考になるものである。

NGO・VANの設立

　これまで述べた背景のもと、実際に進んでいる活動の資金を、公的助成にもとめるため、一九九六年八月、正式にＮＧＯ・ボランタリー・アーキテクツ・ネットワーク（ＶＡＮ）を設立した。正式にといっても政府のＮＰＯ法案が決まらない現在は、公的助成団体が神戸での活動実績、収支報告などをもとに、ＶＡＮをＮＧＯと認め、助成対象としてくれたということである。

（後略）

出典
坂茂『紙の建築　行動する——建築家は社会のために何ができるか』岩波現代文庫、二〇一六年（初出：『紙の建築　行動する——震災の神戸からルワンダ難民キャンプまで』筑摩書房、一九九八年）

二〇〇〇年代

グローバリゼーションの到来

2000s

新世紀の幕開けとともに、一九七〇年代生まれの建築家たちがデビューを果たした。個人の作家性を武器にする者もいれば、各種の建築メディアが廃刊・休刊するなか、インターネットに新たな言説の場を見出す者もいた。サバイバル的な状況は海外でも苛烈を極め、スター建築家も関わる大規模プロジェクトが世界各地で勃興した。また、今日も議論されている持続可能性やエコロジーの問題が喫緊となったのも、この頃からである。(菊地)

2000

アクティビティと空間

小嶋一浩

解説

小嶋一浩は、すぐれた学校建築の計画とデザインで知られる、シーラカンスおよびC＋Aトウキョウ（CAt）の共同代表として活動した建築家である。また教育者としても、東京理科大学や横浜国立大学大学院の建築都市スクールY-GSAなどにおいて、後進の育成に注力した。この論考は書籍『アクティビティを設計せよ！』の序文として執筆された。タイトル通り、既存の計画学を乗り越えて、人の活動を生みだす設計の手法を論じたものである。同書は、設計教育の場でエスキスを行った経験から抽出した六〇項目によって構成されている。この本が興味深いのは、人がいない建築写真ではなく、たくさんの子どもが写り込む写真を多く用いていることだ。これは「空間とそこに登場する主体とのレスポンスのありようが、何か新しい場面を展開している」という彼の思想をよく表している。また「家具」のトピックからは、教職員のために手描きのマニュアルを用意していることがうかがえる。使う人に建築をただ手渡すと、抽象度の高い空間に放り込むことになってしまうかもしれない。そこで建築を使い手が成長させるために、多少の「ささやき」を伝えているのだ。

小嶋にとって「アクティビティ」とは、不特定多数のファクターによる複雑かつ流動的なものであり、空間的・時間的な境界が曖昧である。ゆえに、アクティビティを誘発させるためには、固い境界を持つ部屋の集合としての建築ではなく、空気のような場を設計することを目指す。つまり、機能主義にもとづき部屋を配列する建築の計画ではない。あるいは、図式的・ダイアグラム的なプログラム論とも一線を画す。さらに彼は空間を使う不特定多数の人を単純な集団として扱うのではなく、個人の行動の意思の集積として扱うことで、人間と空間の対応だけでなく、人間同士の相互作用も含めた「アクティビティ」の可能性を考えている。学校の計画では、人の位置を点だけでプロットするシミュレーションの方法などによって、人の行動を予測したという。

別の論考「『黒』と『白』」において、小嶋は特定の使われ方をする目的的な部屋を「黒」、さまざまな使われ方ができる目的的ではない部屋を「白」と呼んだ。学校などの建築において「黒」の多い空間は窮屈である。一方で「白」が多すぎると、それら自身が目的というマニュアルを持たないため、設計者はその空間のあるべき姿が見えない。が、もし「白」の空間の中で人間が動き始めると、その空間にはアクティビティを喚起させる力があると言える。こうした空間こそ応答に成功した空間であり、小嶋が目指した空間ではないだろうか。すなわち、使う人によって、いきいきとしたアクティビティが発生し、そして自ずと歩きまわりたくなるような空間を。

（福岡咲紀）

関連文献

「使う人が成長させる建築／山本理顕氏が談話」『日刊建設通信新聞』二〇〇六年十月十八日一面
小嶋一浩「『黒』と『白』」『JA』六一号、二〇〇六年
小嶋一浩「スペースブロック」『JA』六一号、二〇〇六年

アクティビティと空間（抜粋）

小嶋一浩

アクティビティとは

アクティビティは「活動」である。この言葉の主語は直接人間である必要はない。たとえば「経済活動」のことを「経済のアクティビティ」という。同じように「都市のアクティビティ」といった言い方をする。これらは両方とも、個別の売買や契約、あるいは建設事業を指すのではなく、その総体として現れている現象を指して使われることが多い。ファクターが不特定多数なのである。全体はもちろん部分の集積であるが、マクロに見たときに現れている現象そのものを分析するときには、個別の活動の相互作用などの複雑な変数が関係することが前提となる。

活動等高線（アクティビティ・コンタ）[1]というものがある。天気図がいちばん馴染みのある事例だ。時々刻々変化していく気圧などの変数を等高線で表記する。いろいろなものの分布は、すべて活動等高線で表記できる。

（中略）

この本で扱っているテーマは「空間とアクティビティの応答」である。ここで、アクティビティの主語はもちろん人間だが、同時に、いま述べてきたような大量の変数というイメージがいつも私の頭の中にはある。だから、個別の人間の活動は「行為」と呼んで「アクティビティ」とは区別して用いている。

興味があるのは「パーソナルなアクティビティ（＝行為）の集合としてのマス・アクティビティ」である。一人一人の人間は、おのおのの意志をもって空間の中で行為を連続させていく。人間の行為にはいつも目的がある。そうそう不合理に人は動かない。ところが、その総体をマクロに見ると、単に合理性では割り切れない別の様相とでもいうものが浮かび上がってくる。（……）

（中略）

（……）天気が均質にならないのは、地形などの要因や地球の自転、天体の運行などといったことが関係した結果だ。ある場所の天候は、おもに地形などで規定されている。大量の人間のアクティビティが均質にならないのも、空間に常に偏りがあるからである。空間の偏りのなかでわかりやすいのは、職場、学校、繁華街、住居などの意味づけられた領域である。家で睡眠をとり、働くために職場へ出かけていくというアクティビティがここから生まれる。建築の中でいえば、室名が与えられた部屋の分布と廊下という動線のセットも同じことだ。部屋の並べ方のパズルで設計しているかぎりにおいては、よほど不合理な並べ方をしないかぎり、アクティビティは部屋の名前（つまり機能）と動線で決定されてしまうから、話はここでお終いになる。設計の巧い下手は並べ方ということになる。

この本の中で扱われる話は、この先である。（……）部屋名という目的が解体された、流動的で広がりのある、ある意味で自然や都市そのもののような空間の中で、何百人というロットの人間が同時にかつ個別の意志をもって活動するときに、私たち建築家が設計を通してできることは何か、というのがこの本のテーマである。

実際の人間の行為は、その都度何か一つの目的に集中しているわけではない。音楽を聴きながら本を読む、というように複数のことを同時に進行させている。ある行為から別の行為への切り替えもそんなに明確ではない。空間的・時間的な境界はいつもあいまいなのである。部屋、あるいはその集合としての建築には固い境界があると信じられているが、それは相当不自由なことなのだ。そういう境界をあいまいにし、空間を流動化させ、なだらかにつながるものへと切り替えていくときに、設計の対象となるのは壁ではなく、別の行為の起点となるようなものなのではないか。天気図の変化に対する地形にあたるものは、私たちが設計している「建築」でいえばどういうことなのか。そのことを、多くの事例のなかから探し出そうというのがこの本での試みである。目的によって意味づけられた部屋ではない空間と人間のアクティビティはどのように応答しているのかを、多くの事例を用いて観察し記述しつづけてきた、そのレポートがこの本である。だからここにははっきりした結論はないのであるが、単純に整理することなく、同時進行する大量のアクティビティと空間との個別の応答を扱う方法が発見できないだろうかという課題が共有されてほしいと願っている。

空気をつくる

私は建築は、その場所の「空気」を設計することだと考えてきた。床や壁、柱といった事物ではなく、それらがつくり出す空間の状態が「空気」である。英語だと「スペース」でいいわけだが、日本語の「空間」では少し堅苦しいと思われるので「空気」という言葉を用いている。

建築によっては、アクティビティ（活動の気配）そのものがその場所の空気をつくることがある。人の気配のない小学校、あるいは子供たちが元気でない小学校では、どんなに建築物のプロポーションがよくて光が美しくても、空間は死んでしまう。言葉を換えれば、感動させるものがない。アクティビティそのものが空間（場）をつくるこのようなケースでは、建築の設計でできることは、最初から美しい空間やファサードを考えることではなく、どういうふうに空間を設計すればいきいきしたアクティビティが喚起できるか、ということだろう。それが、アクティビティをテーマにしはじめたきっかけである。（……）

使い勝手が「よい、わるい」の話ではない

誤解を恐れずに言えば、建築が機能的かどうかなどという話は後から付いてくるものだ。最初にも述べたように、機能別の部屋を用意することで使い勝手にプライオリティをおいてつくったよう

な建築は、使われ方と空間が一対一対応すること になるから窮屈だ。時間が経過して使われ方が変化したときに、空間が対応できずに取り壊されることになったりする。使う人の想像力を喚起しないような空間は退屈だし、使い方を強要することで監獄のように固定されたものにもなりかねない。

（中略）

マス・アクティビティから パーソナルなアクティビティの集合へ

従来型の、教室ごとに四〇人以内の子供と一人の先生がいて、空間はおおむね八メートル角で閉じており、廊下があるというタイプの小学校では、人間だけの分布で考えれば、まず授業時間と休み時間の差がはっきりしている。学校の中で人が高密度に存在する場所とそうでない場所は、時間の切断面ごとにとてもはっきりしているだろう。あいまいさのないこうした人の分布は、いろいろな行為や目的に対応する空間を必要諸室として切り分け、それを動線として必要十分な幅員の廊下でつなぐという方法に起因する。目的的な何それの授業といった行為別で切り分けられた空間では、自発的なアクティビティは期待できない。活動は一人一人個別のものというのではなく、集団（マス）の単位に単純化されてしまっている。私たちがここで記述しようとしているのは、従来の「マスアクティビティ」を「パーソナルなアクティビティの集合」に還元したときの、空間とアクティビティの応答についてだ。そのときの前提として、空間は部屋の単位から開放され、より流動的なものとなっていることを想定していることは先に述べた。こうしたアクティビティの話は、いままでそういった視点から語られることの少なかった公共のスペースにフィットしている。一人の人間の行為と空間との厳密な対応が主題ではなく、多人数の人間が同時にいることで起こる人間同士の相互作用までを含むものである。

なぜ「学校」か

教育のプログラムが拡張されはじめたのがきっかけで、小学校の空間も、従来型の教室と廊下の組合せや、単に廊下を広げて教室との壁を取り払っただけのオープンスクールでは、ソフトで求められていることに対応できなくなってきた。いままでは、あるクラスの四〇人以内の子供たちは基本的に同じことをやっているのでアクティビティは単純だった。しかし「チーム・ティーチング」に代表される学習をサポートするプログラムでは、時間も空間も切り分けられないものに替わっていく（……）。

（中略）

学校では、そうした変化が際立っている。だからトピックスも多い。だから学校をスパインにして本を構成することになった。でも、もう少し踏み込めば、多人数の異なるアクティビティが混在する空間ということを考えていくことで、あらゆるビルディングタイプで同じことがテーマになる。建築と周囲との境界は揺らぎはじめる。（……）

アクティビティそのものを検証するのに、「使われ方」の調査がある。建築計画の領域で、実践的に建築を把握し設計にフィードバックするのに有効な方法である。誠実な方法であるし、現実的かつ実証的でもある。この本の内容のかなりの部分もそうした方法として受け取られるかもしれない。しかし、そこからだけでは、新しい空間の可能性は生まれにくい。「アクティビティ」という観点は、むしろ設計作業中に想像力を刺激し、ブレイクスルーさせるファクターだと考えている。だから、ある程度図式（ダイアグラム）としてアクティビティの話をとらえてほしい。

「行為」と「アクティビティ」の違い

行為と空間については、伊東豊雄さんがいろいろ言及している。行為をもとに場所をつくるという発想や、まず敷地に建築の絵を描く前に家具だけを配置してみるというアイデアは伊東さんのものであり、私は伊東さんが大学の学生に出題した住宅の課題で、最初にまず家具だけを配置した案を提出させてエスキスするというステップを踏んでから建築の設計に入るという話を聞いて刺激を受けたことを覚えている。こうした思考から、伊東さんの「透明な建築」「あいまいな境界」といった展開が生まれているのだろう。ただ、冒頭でも述べたように、「行為」は個別性の高いものである。それに対してここでの「アクティビティ」は、そうした「行為」の集積をそのまま全体としてとらえようという視点であり、ニュアンスが少し違う。

空間は人への働きかけを停止することはできない

建築を設計するときに、「ここでこう感じてほしい」とか「ここをこう使ってほしい」というふうに、設計者が感情移入することをどう考えるかである。結論から言えば私はそういう感情移入がなされて設計された空間は嫌いである。暑苦しく感じてしまうのだ。空間とそこに登場する人とは離れて立っているべきだと思う。「こうしてほしい」と思うには前提として、建築された空間が人に働きかける力があるということになる。この力は否定できない。この力を直接使って建築を表現行為のメディアにすることはできる。そういう意図を感じたときに、私はそこから逃げ出したくなる。

私自身も、設計した建物をメディアを通して記名入りで発表しているのだから、作家であろうとしていることは否定しない。しかし、それは直接空間で何かを語ろうとしているのではない。空間とそこに登場する主体とのレスポンスのありようが、何か新しい場面を展開していることが重要でありテーマとなるのだ。

（中略）

活動と空間

いろんな出来事・行為が同時にあることを許容し、喚起する、緩やかでひとつながりのスペースが「よい空間」なのではないかと思う。この本で取り上げた事例に共通するのは、そうした空間である。緩やかにつながる空間の中に家具や建築で形成されたコーナーがいくつもあるようなものが多い。そうした事例では、異なる活動がひとつながりの空間の中にあることを許容している。それらは、空間から人への、ささやき・きっかけのさざ波に満ちた空間と言い換えてもいいだろう。「ささやき」とは、一〇〇人いたら二〜三人が気付く程度の、あるいは小学校生活六年間の二〇〇〇日で一度気付くかどうかの微妙な働きかけである。(……)建築はどの程度なら人に働きかけてもよいのだろうか。沈黙はありえない。ノイズも困る。押付けがましいのも敬遠したい。だから、ささやきとなる。働きかけられている、などと思うと人はその通りにはしない。あまのじゃくなのである。子供は少し素直かもしれないから、小学校などでは特に設計者に注意深さが必要だ。(……)

(中略)

「計画学」を再考する

建築空間が設計・建設され使われはじめるとき、通常そこには「機能」が措定されている。ビルディングタイプ万能と信じられていたときは、簡単だった。学校は学校、病院は病院として最も効率よくなるように、配置計画・必要諸室から備品に至るまでが体系づけられた。いまも大筋は、この体系によって建築は計画されている。(……)もちろん、そうした「計画学」が必要とされた時代背景があった。だから勢いもあり、その論理は力強かった。そこでは、「教室」らしい「教室」は、黒板に向かって集中できて授業を受けるところ、ということに迷いはなかった。問題はその後である。いらなくなったら壊せばよかった。「体系＝制度」として一度作動しはじめたら、疑いを向けられなくなるのだ。制度が勝手に暴れまわり、スタンダードになってしまう。学者主導で構築された「学」であったそれらの論理は、単純化・抽象化しやすいものを好んだ。必然的に雑多な意志をもつ多くのユーザーをマスとして抽象的な人格の集合に仕立て上げた。そうした計画学では、いきいきして見える「個」が消失してしまう。「個」を排除した建築は、目的に対する性能は一見よくても、別の視点からは監獄のような空間になるかもしれない。

いわゆる機能を行為の根源に遡行して考えたのがL・カーンである。カーンの言うform-shapeは有名である。「学校というもののフォームは一本の木の下に、教えることのできる能力を持った一人の人間とその人から何かを教わりたいと願う人々の集まりである」云々は、あまりに象徴的な言いまわしである。カーンの教えは、その象徴的／抽象的な言いまわしから考えることで何かをつかみなさいということであったかもしれない。言葉を換えれば宗教的であるかもしれない。この本の主題は、カーンの言う「木」と「人」とを同時にシミュレートすることである、と言えるかもしれない。ここで述べてきたような思考の先に現れる空間は、人がいないときにはフォトジェニックではないかもしれない。もちろん、本当にすぐれた建築は写真に撮ってもわかるだろう。しかし、建築はモダンアートの抽象性だけでは成立しないし、するわけもない。そうしたものを古く感じさせるような、新しいいきいきした空間を生み出したいものである。

註

(1)「活動等高線」は、大学院時代の恩師である藤井明氏の専門で、研究室ではAC（Activity Canter）論と言っていた。その内容にはほとんど触れることなく大学院を出てしまったが、詳しくは藤井氏の論文を参照されたい。

出典

小嶋一浩編著『アクティビティを設計せよ！——学校空間を軸にしたスタディ』彰国社、二〇〇〇年

2000

粒子へ砕く事

隈研吾

解説

引用型のポストモダンを過激に実践した「M2」(一九九一年)は、バブル期を象徴する建築になったが、その後、ミニマルなスタイルに変貌し、隈研吾は圧倒的な成功を獲得した。とりわけ、グローバルとローカルを架橋するデザイン手法として、ルーバーを導入したのは、ある意味で発明だろう。ミニマルなデザインの水準を担保しつつ、それぞれの敷地で固有の材料を使うことができるからだ。そこで重要な概念となるのが、この論文を収録した本の書名でもある「反オブジェクト」だろう。「はじめに」で彼はこう述べる。「自己中心的で威圧的な建築を批判したかった」、と。隈によれば、オブジェクトとは周囲の環境から孤立した建築である。

『反オブジェクト』の最終章「粒子へ砕く事」は、「一番最初にルーバーを用いたのは、『水/ガラス』のルーフである」という一文から始まる。つまり、一九九五年に隈の重要な手法が登場した。そして「弱さ」を求め、面の重たさを消去すべく、粒子の集積体とすることを考え、「光の変化に対し、ルーバーが最も敏感に応答する」ことにたどり着く。重要なのはルーバーの、客観的な自分の姿がなく、環境や主体の関係性に応じ、さまざまな姿で立ち現れるインタラクション性である。この後、アール・ヌーボーや印象派など、近代の歴史を振り返りながら、オブジェクトを解体するチャンスがあったものの、結局、オブジェクトを待望したことを論じる下りは、西洋建築史と同時代の哲学を再読した『新・建築入門』（一九九四年）と同様、隈の独壇場だろう。やがてルーバーは彼以外の建築でもよく使われる流行のモチーフになったが、最初のコンセプトはこうだった。

さらに建築がどのように受容されるかというコミュニケーションの様相に注目し、隈の文章はメディア論的に展開する。興味深いのは、近代建築をメディア論から分析したビアトリス・コロミーナを参照しながら、一九世紀以前は写真（透視図法）的な建築、二〇世紀は動画的な建築だったと整理したこと。ただし、いずれもオブジェクトから逃れられなかった。また伊勢神宮のお白石のほか、桂離宮や能舞台などに言及したように、しばしば『反オブジェクト』は日本の古建築を再評価し、自作のデザインにつなげる。これを裏返すと西洋＝オブジェクトの構図だろう。その後の彼が「和の大家」と呼ばれるようになったのは興味深い。そして同書は、二〇世紀を支配した外部なき「エンクロージャー（囲い込まれたもの）」の原理を壊し、自由に粒子が運動するイメージをつむぐ。思想家のドゥルーズの影響を受けたアクロバティックかつ流動的な議論の最後は、石や竹など、素材と構法の特性を読み込んだうえで、改めて関係性を固定化しない粒子化の手法を具体的に説明している。

（五十嵐太郎）

関連文献

隈研吾『新・建築入門――思想と歴史』筑摩書房、一九九四年
ビアトリス・コロミーナ『マスメディアとしての近代建築――アドルフ・ロースとル・コルビュジエ』松畑強訳、鹿島出版会、一九九六年

粒子へ砕く事（抜粋）

隈　研吾

一番最初にルーバーを用いたのは、「水／ガラス」のルーフである。フロアとルーフという二枚の水平面の間に、透明なガラスの箱を挿入するというのが、「水／ガラス」の基本的な構成である。ルーフは海へと向かって長く張り出している。ルーフを不透明なパネルで作ったならば、その下に巨大な黒い影ができる。さらにルーフ自体が、ひとつの強いオブジェクトとして、存在を主張してしまう。なんとかルーフを「弱く」したい。そこから様々なスタディーがはじまった。

（中略）

最終的に選択したのは、ステンレス製のルーバーである。（……）

その理由は、素材の光沢でも反射性でもない。光の変化に対し、ルーバーが最も敏感に応答するからである。（……）環境に応じ主体との関係性に応じ、様々な姿で立ち現れるのである。環境のリフレクターと呼んでもいいが、単に環境を反射しているわけではない。環境と主体との間に立って、その関係を反射しているのである。ゆえにリフレクションと言うよりはインタラクションに近い。そして変わる事のない固有の色、固有のテクスチュア、固有の透明度を持っている素材を絶対的素材と考えるなら、ルーバーとは相対的な素材である。相対的な素材とは、デザイナーや計画者がすべてを決定するのではなく、受け手に委ねられた素材であり、受け手が参加する素材であり、受け手の自発性に開かれている素材である。そのような相対的な存在を、受け手は、生き生きとしたもの、キラキラしたものと感じるのである。ゆえにルーバーは、虹に似ている。虹も相対的な存在である。相対的であるとは、受け手が虹を作っているという事である。虹という絶対的な存在がどこかにあるわけではなく、太陽、水の粒子、受け手という三者の関係性が、虹を生成するのである。粒子の集合であるがゆえに、虹は相対的な存在となりえているのである。粒子である事が肝要なのである。

（中略）

十九世紀以前の西欧建築において、技術の基本は組積造であった。石や煉瓦をひとつずつ積み上げ、モルタルのような液状の物質を用いて固めながら建築物を作る方法が、組積造である。この方法で作られた建築物は、ひとつの鈍重な塊とならざるをえない。（……）一言で要約すれば、この塊を粒子へと分解する技術が、工業化と呼ばれたのである。（……）

（中略）

（……）世紀の転換点における粒子化の実験はことごとく敗退せざるをえなかった。絶対的、一方的、威圧的で環境から切断されたオブジェクトが勝利したのである。もし、あえて再び粒子を取り戻そうとしたならば、すなわち曖昧で揺らぎ続ける相対的建築を取り戻そうとしたならば、われわれはコミュニケーションの部分に再度介入しなければならない。（……）

（中略）

二十世紀をリードしたヴィジュアル・メディアは動画である。映画であり、テレビである。にもかかわらず、二十世紀における動画情報のコスト、アクセシビリティ、操作性のもとでは、建築情報を動画の形で必要とするマーケットは存在しなかった。動画的な時代において、写真を用いて配信する事。これが二十世紀建築に与えられた最大のメディア的与件である。動画と静止画とのギャップを埋める事が、二十世紀の建築に課せられた、大きな課題であったというわけである。建築だけではない。二十世紀においては依然として、二次元の静止画像こそ支配的で最もポピュラーなメディアであった。動画的なるコミュニケーション・システムの先導と、写真的なメディアの残存。そのギャップにこそ、この時代の本質があり、このギャップがこの時代のあらゆる文化の形式を決定したのである。

建築において、このギャップに対する最も見事な解答を用意したのは、（……）ル・コルビュジエである。（……）

（中略）

（……）ビアトリス・コロミーナはコルビュジエの建築写真を分析し、彼が家具や眼鏡などの小道具の撮影によって、人物を暗示し、視線の存在を暗示したという指摘を行った（Beatriz Colomina, “Privacy and Publicity”, 1994）。（……）さらに動線もまた、大きな役割をはたした。（……）動線は、そのラインに沿って移動する人物を暗示し、その人物の視線を暗示したのである。（……）他者の視線を暗示し、しかも同時にわれわれの視線の代入を可能にする事。その二つが共に重要だったのである。その時はじめて、循環運動が発生し、写真をながめている第三者が、そこに写されている空間に対して接続され没入するのである。

コルビュジエは、写真的建築を、動画的建築（正確には映画的建築）へと転換した。彼はオブジェクトを様々にデザインし、操作しながら、この困難な転換を可能にしてしまったのである。しかし、写真的なるメディアという限界の内部で、この転換を行うために、彼は依然としてオブジェクトに依存しなければならなかった。（……）

では、どのようにしたら、この拘束、限界から逃れる事ができるのか。この問題を考えるには、主体と環境との関係を再整理しなければならない。

まず、主体と環境との切断があった。そこが重要である。主体と環境とのシームレスで平和な接続が失われた時、すなわち「見知らぬ環境」が出現し、「見知らぬ環境」に主体が投げ出された時、その切断を解消するために、環境と主体とをつなぐ媒介として、メディアが登場するのである。そして同じ動機が、建築という媒介を出現させる。建築もまた、主体と環境とを接続する媒介である。それゆえ、ひとつの時代に属するメディアと建築は、類似の形式をとらざるをえない。そして建築が、その時代のメディアの上に表現されるのである。同一の環境の産物であり、同一の切断の産物であるがゆえに同一の形式を共有する建築とメディア。それらがお互いを写しあうことによって、共振し、増幅する。同一性はいっそう強化されるのである。

切断の後に、主体と環境とは、まずひとつの小さな点を媒介として接続される。まず点的な関係が発生する。メディアにおいては、透視図法がそれに相当する。透視図法とは点と点の接続である。観察する主体は固定された一点であり、対象もまた無限に連続する環境の中から選択された、動かぬ一点（オブジェクト）である。写真的関係もまた、その延長にあった。点と点とが、シャッターという一点を媒介にして接続される。無限に連続する時間の中から、シャッターが開放される一瞬という「点」が選択される。無限に連続する感覚要素の中から、視覚という「点」が選択される。すべての意味において、写真とは「点」であり、僅かにその針のような一点を通じて、すべてが接続される。

点的なメディアは、点的な建築とパラレルであった。一般に建築は環境の中での点（オブジェクト）であり、独立し孤立している。それゆえ透視図法は建築という点を対象とする事を好んだ。その時に、透視図法は最も効果を発揮したからである。写真もまた建築を好んで対象とした。メディアと対象とは共振する。点と点とが共振するのである。

線は点の拡張である。線的な建築とは、体験の連鎖としての建築であり、内部空間としての建築である。室内は体験の連鎖として認識されやすい。建築の外部が、環境の中に立つ点として認識されやすいのに対して、建築を室内として認識した時、建築は線として出現するのである。

同様に動画とは線である。動画とは「点」のメディアの空間的、時間的、感覚的拡張である。点は運動によって、線へと拡張される。対象は点から線へと空間的に拡張され、点的時間から線的時間へと拡張される。視覚のみの点のメディアから、聴覚をも包含する線のメディアへと拡張される。それらの拡張によって、主体はより広く、深く、環境と接合されるのである。

しかし、動画的関係はひとつの致命的欠陥を抱えていた。動画における関係性は、すべてワン・ウェイだったのである。（……）

（……）動画においては映画監督が、そして室内においては建築家だけが、自由な運動を享受し、自由に空間と時間とを操作するのである。受け手はただ閉じた空間と時間、すなわちエンクロージャー（囲い込まれたもの）を与えられるだけであった。

自由、しかし一方的な自由。ここに動画的関係、室内的関係の逆説が存在した。しかし、逆説が問題なのではない。真の問題は、この一方性が巧妙に隠蔽され、忘却されてしまう事である。映画におけるカメラワークと室内における動線計画とによって、この一方性は隠蔽されるのである。

（中略）

（……）隠蔽されるのは、一方性だけではない。特権的な存在（メディア）によって与えられたひとつの限定された時空間（エンクロージャー）が、環境の全てであるという錯覚が生じる。受け手である主体が、環境の全体に対して、深く確実に接合されているという錯覚が生じる。それによってエンクロージャーの閉鎖性が隠蔽される。二十世紀を支配したのは、この錯覚でありこの隠蔽であった。

そして、この隠蔽の最も成功した実例が、テーマパークという空間形式であった。（……）

（中略）

目的とするところは、エンクロージャーを映画的循環運動によって延命させる事ではない。エンクロージャーを延命させるのではなく、解体するのである。そのために、粒子化を行うのである。

粒子化とは、エンクロージャーの境界を透明にする事でも、半透明にする事でもない。即物的レベルで言えば、建築を透明にする事でも、半透明にする事でもない。表面のデザインや性能を変えても、建築の形式は変化しないからである。オブジェクトはオブジェクトのままであるし、エンクロージャーはエンクロージャーのままである。

表面を粒子化したとしても、同様である。表面の粒子化は、建築の外観を相対化する。すなわち主体と対象との関係性によって、様々に変化する「相対的」な外観が可能となる。ただし、表面がインタラクティブに変化したところで、オブジェクトという形式は、微動だにしない。そこで生起されるインタラクションは、用意されたレール上でのインタラクションでしかない。映画が用意されたレール上での主体と環境との循環運動であったように、そこでのインタラクションもまた、あらかじめ引かれたレールを逸脱する事はない。

問題は表面性状としての粒子化ではなく、形式としての粒子化というものがありえるかである。用意されたレール上での相互性（インタラクション）ではなく、レールそのものがインタラクティブに敷設可能かである。

オブジェクトを否定し、エンクロージャーを否定すれば、それらにかわるイメージとして想起されるのは庭園である。庭園は建築よりもはるかに開かれているからである。しかし、にもかかわらず庭園の作者はしばしば、庭園を閉じようと試みる。その内側に完結した、独自の世界を構築しようと試みる。なぜなら作者という存在が閉じた存在だからであり、表現という一方的な行為に固執しているからである。その時、庭園もまたエンクロージャーと化し、テーマパークと同じ途を辿るのである。そしていかなる自由な庭園においても、庭園には作者によって経路が用意されている。レールはすでに敷設され、作者は依然として人々を支配しようとする。

さらに開かれた空間を求めるならば、庭園を捨てて、荒野にいきつかなくてはならない。作者という存在自体が開かれなければ、荒野は出現しない。表現という思いを解体する事。自ら踏み出すのではなく、訪れる人々をひたすら待ち、彼らに対して完全に開かれる事。その時境界もなく、経路もない空間が出現する。表面的にはただ無秩序に瓦礫や草が散乱しているだけである。何の手も加えられていない、加工前の粒子の群れ。にもかかわらず、足を踏みいれたならば突然に無数の場が出現し、無数の関係性の網の目が出現する。この状態は、ネットワーク社会と呼ばれる、ヒエラルキーの欠如したフラットな網の目と相似である。境界はなく、エンクロージャーはない。レールもなく、定められた経路もない。にもかかわらず、それぞれの主体は世界に対して確実に接続される。点(透視図法、写真、建築)から線(動画、室内、エンクロージャー)へと到り、網(ネットワーク、荒野)へと辿り着こうとしているのである。にもかかわらず、建築という形式だけがいまだに残存し、オブジェクト(障害)として網を乱すのである。

伊勢神宮のお白石は、そのような荒野を再現したものである。(……)

(中略)

お白石は大きすぎても小さすぎてもいけないのである。どちらの場合もオブジェクトを生成し、粒子は失われる。その中間にあって、どちらにころぶ事も許されない。そのための特別の寸法を死守しなくてはいけない。(……)

(中略)

(……)彷徨うという自由で能動的な行為を通じる事によってはじめて、われわれは荒野という環境と接続される。伊勢においては、お白石の上を、彷徨う事はできない。われわれはただ、垣根の外側に立って、粒子を眺めているだけである。垣根もまたルーバーに他ならず、粒子に他ならない。伊勢の垣根は四重に配置され、それぞれのピッチは異なっている。粒子のサイズは、慎重に計算され、四重のレイヤーが構成される。伊勢においてはすべてが粒子であり、伊勢のデザイナーは粒子の寸法に対してすこぶる繊細であった。しかし、残念ながら、伊勢のレイヤーの間を彷徨う事はできず、立ち入れない事の欠落を補うために、伊勢は垣根の内側に建築というオブジェクトを屹立させなくてはならなかったのである。オブジェクトを建てて、荒野を放棄しなければならなかったのである。

彷徨うとは粒子を踏みしめる事であり、粒子の奏でる音に耳を傾ける事である。粒子を眺めていても、そこに音は聴こえてこない。身体が粒子をなぞった時に、そこに音が発生する。粒子のピッチを視覚をもって認識するのではなく、時間軸の中で、身体を使ってスキャニングしなくてはならないのである。そこにはじめて、音がうまれる。音もそして色も、振動数をもつものすべては時間に従属し、時間の中で物質をなぞった時にはじめて音を出し、発色するのである。それゆえ、荒野をデザインしようとしたならば、作曲するようにして空間をデザインしなくてはいけない。時間の中に身投げをして、荒野の粒子に音を奏でさせなければいけないのである。

（後略）

出典
隈研吾『反オブジェクト——建築を溶かし、砕く』筑摩書房、二〇〇〇年

隈研吾建築都市設計事務所「水／ガラス」1995年

2001

「原っぱ」と「遊園地」

青木 淳

解説

青木淳は、住宅、公共建築から商業施設まで、多方面で活躍する建築家であると同時に、固有名詞を列挙しつつ難解な言葉を使うタイプの議論はしないが、新しい設計概念の構築、もしくは建築やアートへの批評など、理論的な言説でも高い評価を得ている。

本論のタイトルにある「原っぱ」と「遊園地」は、青木によって対極的な空間のあり方として提示された。すなわち、遊園地とはあらかじめそこで行われることが想定され、すべてデザインされているのに対し、原っぱはそこで行為が起きることによって、その中身がつくられていくような場だ。彼が理想的な建築と考えるのは、後者である。

これはモダニズムの機能主義を批判する言説としても位置づけられるだろう。ルイス・サリヴァンが「形態は機能に従う」と述べたのに対し、ベルナール・チュミは「形態と機能は断絶している」と批判し、独特なプログラム論を展開した。遊園地は、至れり尽くせりのデザインであり、このように楽しみなさいという制度・規格化のうえに成り立つ。それは機能主義の徹底であり、見かけは楽しげだが、モダニズムと同じだ。現代都市もこれに大きく依存したままであると青木はとらえ、「原っぱ」が失われつつある現状を問題視する。なるほど、セキュリティ意識の高まりが後押しし、都市空間から定義されない場所がなくなっている。

注意しなくてはならないのは、「原っぱ」とは、空き地であり、更地ではないことだ。遮るものが何もなく、ただ無機質に広がっている空間とは違う。例えば、漫画の「ドラえもん」に登場する、土管が転がっている原っぱ。土管は本来そこに必要があって運び込まれたはずだが、何らかの理由でそのまま放置された。子どもはなぜそこに土管があるのかを知らないし、不思議にも思わず、遊び道具として利用する。つまり、原っぱとは、特定の行為がお膳立てされるわけではないものの、行為を生みだすための手がかりがちりばめられており、そこに集う人たちの新しい行為を誘発する場なのだ。

この論文の前に青木は「動線体」という概念も使っていた。これは動線がいくつかの目的地をつなぐのではなく、動線そのものが切り分けられない生活の場としてあるという考え方で、空間を区切らず、不均質なまま連続させるようなイメージである。目的地が先験的に与えられるのではなく、偶発性や自由度を重視しており、「原っぱ」と「遊園地」の考えにも通じる。二一世紀に入り、リノベーションが注目されているが、ある目的でつくられた建物を違う施設に転用・改造するデザインも、環境に対する「原っぱ」的な解読と言えるだろう。

（山口智子）

関連文献

青木淳『フラジャイル・コンセプト』NTT出版、二〇一八年
ベルナール・チュミ『建築と断絶』山形浩生訳、鹿島出版会、一九九六年

「原っぱ」と「遊園地」（抜粋）

青木 淳

美術館ではないものとしてつくられた美術館

廃校になった鉄筋コンクリート造の小学校で開かれている展覧会を覗いてきた。（……）

給食室には、数個の釜が床に据えられたまま、部屋の真ん中に行儀良く並んでいた。たとえば、そんな部屋が、中川絵梨に与えられている。壁に無数のステンレスの切板を張って、その上に筆を走らせる。部屋が最初からもっていた質は変わらない。そこになにかを上書きすることで、給食室という意味は消える。意味をもたない質だけが、ひそかに増長する。

（中略）

とてもいい展覧会だったし、また、とてもいい「美術館」だった。大体の美術館よりもずっといいんじゃないだろうか、とも思った。同じ日に横浜美術館で奈良美智の個展も見たけれど、ここでは床のタイル・カーペットが剝がされ、ボンドの刷毛むらだらけのモルタルが露出していて、そうでもしないとまともな部屋にならなかったのだろうな、と同情したくらい。（……）

どうして小学校としてつくられた建物のほうがいい美術館になってしまうのか。

理由のひとつは、作家と空間との関係にあると思う。牛込原町小学校では、多くの作家は与えられた空間にとても敏感である。その空間を前提にした展示を工夫している。（……）

つまり、ここでは作品の多くが、それが設置される空間との関係の中で成立しているのである。もちろん、これは美術にとって、しごく当然のことだ。だけれども、その間にいい関係が生まれるためには、与えられる空間が主導しすぎても、脇役にまわりすぎても駄目なのだ。どちらが主導するというのではなく、対等でなくてはならないのだ。そして、それは難しいことなのである。

自分を取り巻く環境を変えることができる

横浜美術館は、ぼくには、空間が作品に対して勝ちすぎているように思える。どういう作品がここに設置されるべきなのか、そしてそれがどういうふうに見られ、感じられるべきか、展示室の空間自体があらかじめそれを決めつけてしまっている、ということだ。（……）

（中略）

だから、奈良美智がカーペットを剥がしたのは、奇をてらったからでもなんでもない。単純に、そうでもしなければ、自分がなにかをつくるということに感じている、つまりもっとも根本的なところと齟齬をおこしてしまうからなのだ。このことは、展示室が一応ホワイトキューブをベースにしたニュートラルな空間であるかないか、ということとは別の次元のことだ。そういうことよりもっと溯ったところで、この美術館の空間は、そこでやられることを先立って規定しているのだ。

一方の牛込原町小学校は、単純な論理でつくられた、狭隘な敷地の都市部に建てられている、かつてどこにでもあった建物である。（……）

この小学校はいい加減な思いつきで構成された建築ではない。その逆に、非常に明快な筋が隅々まで一貫してつくられている。それを、機能主義の硬直、あるいは、本来は輻輳し不定形な求められる状況のうち、たまたま定量化できることだけを無批判に対象とすることが常識化したことの結果、と貶すのは簡単だけれど、しかし、だからこそ、その筋の通し方は確たるものなのだ。

その風景は、ぼくに、自然を思い出させる。野原に生える雑草は、偶然にそこに着床した種子が、気候と水の状況と合ったときに、種子にもともと内蔵されているアルゴリズム（計算手順）に従って、発芽し、茎を伸ばし、茎を分岐させ、葉をつけ、花を咲かせる。種子に内蔵されている固定したアルゴリズムが周辺環境というさまざまなパラメータ（媒介変数）を代入させながら、成長し野原をつくる。その論理のなかには、それを見る人がどう思うかという視点が、もちろん、含まれていない。機能主義の美点は、人間ができる自然のつくられ方のひとつの模倣だったところだ。

でも、機能主義建築の残念なところは、それが想定された使われ方で実際に使われてしまうところだ。そうなってしまうと、そこでの行為はやっぱり拘束される。牛込原町小学校のような校舎では、辿っていけば、軍隊式の教育像がどこかで想定されている。実際に使われだし、それが実体化する。そうなれば、もうだいぶ自然から遠ざかってしまう。

しかし、いつしか、その学校が、廃校になり、子供たちが消え、荷物が片づけられ、貼り紙が剥がされ、什器備品が運び出される。すると、その自然性、つまり、人にそれをどう感じさせようかという視点をもたない、明快な決定ルールの遂行が際立ってくる。それは、なにものでもない、しかし、確かに人の手によってつくられた環境になる。そうして、ぼくには、この瞬間が、人間にとって最良の環境なのではないか、と思われるのである。そういうところではじめて、人間はなにか自分の力でその環境を変えられる、つまりそれに拮抗できると感じられるのではないか、と思うのである。大きくいえば、ぼくは、建築とは、自分を取り巻く環境は自分次第である、そういう感覚のために行う行為だと考えている。

今日何が起きるかわからない原っぱの楽しみ

ともかく、廃校になった機能主義的小学校の空間は、ちょうど原っぱのように、人間にそれに対するかかわり方の自由を与える。原っぱとは、つまり空き地である。宅地が造成され区画される。これは人工的な営みである。塀が築かれ、土地の形がきちんと確定される。一度は土地が均（なら）され、雑草が刈り取られる。そこまで行って、なにかの理由で、放置される。時間が経過して、セイタカアワダチソウなどの雑草が、背丈ほど伸びてくる。そして、原っぱができ上がる。更地というだけでは、原っぱではない。放置後の、適切な度合いの自然の遂行を必要とする。

（中略）

こういう原っぱが、子供たちにとって、日常的な絶好の遊び場だったことは、とても意義深いことだ。（……）

子供たちは、いくらでも、原っぱを使った新しい遊びをそこから引き出すことができた。原っぱの楽しみは、その場所での遊び方を発明する楽しみであり、そこで今日何が起きることになるのかが、あらかじめわからないことの楽しみだった。

それが、人間の空間に対するかかわり方の自由ということとの意味だ。この自由は、別の意味で同じくらい楽しかった遊園地と対極にある。遊園地は演出されている。どういう楽しさを子供が得られるか、それが最初に決められ、そこから逆算してつくられている。それもまたとても楽しいことに違いないけれど、そこにはかかわり方の自由がきわめて少ない。ジェットコースターには、ジェットコースターとしての遊び方以外が許されていない。

「原っぱ」と「遊園地」というふたつの建築方法

かつての標準的小学校は、空間だけを取り出してみれば、ほとんど原っぱと同じ質を持っていた。後の小学校によくあるような、ぼくにはなぜそんなことが必要なのかがまるで理解できない、教室の境を曖昧にし、子供たちのいろいろな精神的欲求に対応して、あらかじめいろいろな場所を用意してあげようとしてつくられた、押しつけがましく、人の心にまで土足であがり込むような小学校のつくり方とは対極にある空間である。後者の小学校の質は遊園地に近い。一見自由に思えても、その自由は見えない檻のなかの自由だ。

（……）廃校になった牛込原町小学校は、原っぱと同じく、人間の感覚とは一度は切れた決定ルールによって生成し、しかしその決定ルールが根拠を失った空間だったのである。そうして、偶然に、そこで人がつくることと、与えられる空間の規定力の対等が実現されていたのである。

（中略）

ちょっと雑な気がするけれど、建築は、遊園地と原っぱの二種類のジャンルに分類できるのではないか、と思う。あらかじめそこで行われることがわかっている建築（「遊園地」）とそこで行われることでその中身がつくられていく建築（「原っぱ」）の二種類である。（……）

（中略）

空間が先回りして行為や感覚を拘束する

住宅が「原っぱ」であるというのは、そこが人の生活のなかで大きな位置を占める場所であり、実際にしょっちゅうつくり変えるかどうかを別としても、住む人と空間との関係に自由があることを感じとられたほうがいい。それがどんなに住む人の気持ちとぴったりと合っているとしても、それが住む人がその気持ちにとどまることを拘束するのであっては、怖すぎる。いつでも、この空間を別のあり方に変えることができる。そういう気持ちがあるようにつくられるべきではないか、と思う。

（中略）

普通には、「いたれりつくせり」は親切でいいことだと思われている。でも、それが住宅全体を決めていくときの論理になることで確実に失われるのは、「原っぱ」に見られるような住む人と空間の間の対等関係である。しかし、見渡してみれば、住宅を取り巻く状況は、すでに「遊園地」に見られるように、空間が先回りして住む人の行為や感覚を拘束するのをよしとする風潮だろう。

デザインとは「物の形を組織する」仕事なのか

こういう風潮が世を席巻するようになるのは、かなり根が深い。たとえば、クリストファー・アレグザンダーの最初の本『形の合成に関するノート』（稲葉武司訳、鹿島出版会、一九七八年）。アレグザンダーは、ここで、デザインに先立つものとして、無数の複雑に絡み合った要求群があることを前提に話を進めている。そして、その要求群に対して最適解を与えるには、どのようなアプローチをとればいいのかを論じている。

（中略）

ぼくは読んで、アレグザンダーの筋の組み立てには納得する。でも、ただ一点だけ、つまり、デザインとは、必要十分条件として、そうしたコンテクストにうまく適応するように形を導き出す作業だ、という彼の最初の前提だけが受け入れられないのである。アレグザンダーの前提をそのまま延長していけば、いつしか「遊園地」に行き当たる。ここには、そういう土壌を生むことになるひとつの萌芽がある（……）。

（中略）

使う人にとってのコンテクストを考える

（中略）

彼の論理の展開自体は正確である。しかし、だからこそ、ぼくたちは、二一項目に及ぶヤカンの要求項目を見て、その時点で、こう問うべきなのだ。この論が結局こういう要求項目に整理されるとすれば、話の前提そのものが間違っていなかったか、と。つくる人なら誰しも、こうした否定的な要求項目では、欠点のないものはできるかもしれないけれど、なにも面白みのないものしかつくることができないことを知っている。そして、それこそが最大の欠点だということも。

（中略）

今でも、彼の前提は覆されていない。覆されるかわりに、別の隘路（あいろ）を見つけようとする努力が続いている。つくる側がプログラムの提案をする、というのもそのひとつだ。プログラムとは、コンテクストのひとつの抽象化である。だから、これもまた、たとえばアレグザンダーがもっていた最初の前提の中にある。（……）使う人の中にも、固定観念がある。それをほぐし、より適切なプログラムを見つける。たしかに、これは否定形としての要求項目の列挙より、ずっと生産的だ。

しかし、そうしてマンネリ化したプログラムではなく、より求められるコンテクストにより相応しい（とみんなが思う）プログラムをつくることができたところで、それがなんだというのだろうか。そのプログラムに従って導き出された建築は、たしかに目新しく見えるかもしれない。たしかに、求められているコンテクストにより合っているかもしれない。

だけれど、横浜美術館にしても、少なくとも役所に求められているコンテクストにうまく適合しているのだ。その優劣を問うことは、実は、だから、役所にとってのコンテクストか、一般の人たちにとってのコンテクストか、あるいは作家にとってのコンテクストか、はたまた、キュレーターにとってのコンテクストか、というコンテクストの主体の問題である。それは、コンテクストと建築がうまく対応できているかどうかの優劣の問題でもない。そして、公共建築をつくるときに、役所とか管理者のコンテクストではなく、実際に使う人にとってのコンテクストを考えたほうがいいことは、ほとんど自明のことなのである。そういう中で、建築家が使う人の要求をよく聞いて、それらをうまく満たすべきプログラム／ダイアグラムを提案するのは、もう設計する人にとって、当たり前の義務にすぎない。

（中略）

空間と行為が対等になり得るとき

あらかじめそこで行われることを想定しないで、そこで実際に行われるときに、その空間と行為が対等になり得る、というのは、空間をフレキシブルにつくるとか、曖昧につくるということではない。機能主義の小学校がそうであるように、それは明確な決定ルールに基づき、そのオーバードライブ（暴走）が行われることで生成するものだ。決定ルールの根拠には、目標の共有化という以上の意味はそもそもない。

牛込原町小学校の場合、それが廃校になり、その決定ルールの根拠が背後に消えてしまったとき、その空間ははじめて、そこでのなんらかの行為と等価になったのである。廃墟の利用という場合でなく、新しい建物をつくるときに同じような「原っぱ」を求めるとすれば、ぼくたちは、決定ルールの根拠を信じてはいけない。そして、そのためには、その決定ルールには、その空間に対して人をどう感じさせようか、というような心理的要因を含んではいけない。それは、できる限り、幾何学的生成ルールであるべきなのだ。

このことは、求められるコンテクストを満たすことと齟齬をきたすことではない。ある決定ルールとそのオーバードライブによって生成するものを、ぼくたちは、図面なり模型なりに実現することができる。そして、そこに、想像の上で、求められるコンテクストを走らせてみることができる。あるものはうまく行かない。あるものは、ほぼうまく行く。ほぼうまく行くものを仮の形として、求められるコンテクストに合うように、それをパラメータとして、調整すればいい。決定のアルゴリズムそのものは変えない。大きな矛盾が生まれたら、もう一度、最初から決定ルールをつくり直す。

（中略）

アルゴリズムは、パラメータ群から導き出されるのではない。ステルス（レーダーによる探知を困難にした戦闘機）は、高速で飛ぶための条件を列挙し、それを構造化してつくられたのではない。形をつくるアルゴリズムが先につくられている。そして、そのアルゴリズムから出てくる形をかたっぱしからシミュレートして、もっとも諸要件を満たすものを選んだのだ。だから、ステルスは、早く飛べるようには「見えない」。アレグザンダーが知らなかったのは、このことである。時は、まだ線形理論の時代だったのだ。

出典
青木淳『原っぱと遊園地――建築にとってその場の質とは何か』王国社、二〇〇四年（初出：『新建築』二〇〇一年一二月号）

2006 パドックからカラオケへ

隈 研吾

解説

平成建築界の移り気なトレンドを追いかけたければ、隈研吾の足どりをたどればよい。「M2」(一九九一年)でポストモダニストとして認知されたあと、デジタル技術に関心を向け、やがて石や木などの自然素材の軽やかな操作に関心を持ち始める。まもなく縦ルーバーを外装に纏(まと)わせた作品を各地で産出し、現在は「新国立競技場」(二〇一九年)の設計者として時の人となった。レパートリーの幅広さは海外の建築メディアでも注目され、「クマ・カメレオン(=隈は気まぐれ)」なる見出しがつくほど。

本論考は住宅のアイデアコンペの課題文として発表されたものだが、建築家のキャリアプランに関わる業界構造の変化にまで触れており、若手への挑発的な問いとしても読める。かつて住宅を手掛けるということは、競馬の喩えでいうところのレース前に競争馬の姿を披露するパドック、すなわち鮮烈なデビューを果たす機会だと見なされていた。しかし今やそれは、クライアントとの永遠のカラオケをするのに等しい営為と化している——それが隈の見立てである。

住宅に携わる建築家への皮肉めいた口振りは、伊藤ていじ、磯崎新、川上秀光が連名で発表した「小住宅設計ばんざい」(一九五八年)の反復にすぎない。ただし、住宅は公共プロジェクトの仕事を得るための足がかりでしかないと腐した「ばんざい」論と異なり、「カラオケ」論は次のステップに進む回路が狭窄化した状況下での新しいデザインを訴求している。前者は住まいの産業化が進むなか、住宅から前衛性が失われたことを背景としていた。対して後者は情報環境の充実のもと、住宅が施主の自己実現欲求を満たす対象と化し、建築家の原作者性までも変質しつつあることを前提に据えている。生産から消費へ。その社会認識は限がデビュー以来多数の著作で披露してきた、芸能界や自由恋愛などの通俗的な比喩を介して建築／家を描写する文体にもよく表れている。ちなみに処女作『10宅論』（一九八六年）の発表と同じころ、建築ジャーナリズムの一角では大手組織設計事務所の建築家がアトリエ派の仕事を「牧歌的」と形容したことで小論争が勃発したが、この種の業界の二極化が長らく続いたこともカラオケ化の遠因だろう。

諦観的とも受けとれる限の見通しに準ずるかのように、近年では若手建築家らが「建築は競争ではない」と謳うまでに至った。が、その底流ではオルタナティブな生存戦略の可能性も胚胎しつつある。例えば「八戸市美術館」（二〇二一年）や「京都市立芸術大学」移転計画などに見られる、若手をふくむ複数のチームが設計共同体を組んでコンペに臨む動きもそのひとつ。イベントを起点にそのつど多様なメンバーが編成される協働スタイルは、一九五〇年代の集団設計論とも一九九〇年代のユニット派とも異なる。共通目的の有無や大小にかかわらず、各々が利を得ていけるノン・ゼロサム・ゲームとして奏功しうるかが、この柔らかい建築組織の動態を占うリトマス紙となる。

（菊地尊也）

関連文献

伊藤ていじ・磯崎新・川上秀光「小住宅設計ばんざい」『建築文化』一九五八年四月号（所収：八田利也『復刻版　現代建築愚策編』彰国社、二〇一一年）

薬袋公明「牧歌的建築家と組織建築家」『新建築』一九八五年一〇月号

パドックからカラオケへ（抜粋）

隈 研吾

（前略）

住宅の神格化と建築家選抜システム

この業界では「住宅は建築設計の原点である」という決めセリフがある。このセリフを信じたフリをしている人間を建築家だと定義してもいいほどに、このセリフは業界内でポピュラーである。大学では、今もこのセリフは健在で、この僕でさえしばしばこのセリフを口にする。学生を即席に「建築家」に仕立て、その幸か不幸かわからない途に深入りさせるために、彼ら自身を「建築家」だと錯覚させるために有効な決めセリフである。類似の言説として「いい住宅を設計できる人間は、どんなに巨大な超高層でさえも簡単に設計できる。しかし超高層を設計できるからといって、住宅を設計できるわけではない」というのもある。テキストとしては篠原一男の『住宅論』（一九七〇）あたりが聖典であろう。ちなみに僕の『10宅論』（一九八五）は『住宅論』の住宅至上主義、住宅絶対主義の転倒が目的であった。この一九七〇年という日付には注目していい。「設計者」と「建築家」とはどうも違うらしいと業界が気付き始めたのが、この日付の近辺なのである。社会の建築のボリュームゾーンを設計、建設するメインルートから、どうも「建築家」という頭でっかちの存在は、排除されているのではないかと人びとが感じ始めたのが、この七〇年近辺だったのである。篠原はその空気を「住宅論」というかたちで表現した。「丹下健三」が建築家の代名詞であった頃、人びとは「建築家＝メインルートの本流」という意識を持つことができた。しかし、一九七〇年の大阪万博で、丹下健三の自信なさげなフラットの大屋根を岡本太郎の「男根」がぶち破った頃に、業界の空気はすでに変化していたのである。

ところでこの手の「住宅の神格化」は、社会の中でいかなる機能を果たしたのだろうか。一言で言えば「パドックとしての住宅」というシステムが「住宅の神格化」を必要とした。このシステムは実に巧妙な「建築家選抜システム」であった。かつて国家が設立する唯一の正統的建築家養成機関（アカデミー）が健在なりし頃、その機関を卒業することが、すでに選抜済みを意味した。しかしそのような社会システムが消滅した後、ヒエラルキーがそれほど明確ではない各種教育機関から、毎年無数の設計者が輩出され続ける状況の中で、建築家はどのようにして、選抜されているのだろうか。あるいは、もっと端的に言えば、どのようにして、のし上っていくのだろうか。

ひとつにはコンペというシステムがある。しかしこのシステムが決して完璧なシステムと言い難いことは、皆が承知しているし、実際にも、若い優秀な建築家の選抜装置としては、コンペは限定的な役割しか果たしていない。駆け出しの建築家が実際どれほどの力量を持っているのか。どの建築家を引き上げ、チャンスを与えていけば、社会全体のプラスになるのか。それは住宅設計というひとつの共通の土俵（パドック）の上で試されるのである。今日の社会では、そのようにして住宅設計というフィールドが、本レースの前のパドックとして、機能してきたのである。

（中略）

パドックが遊び場へ

（中略）

本レースがあったからこそパドックがあり、パドックでの姿や歩きっぷりが重要視されたのである。しかし本レース自体が、どこかに消滅してしまったところに、今日の業界の本当の面白さはある。かつてはパドックで注目された馬に、小さな公共建築やデザイン重視の民間のプロジェクトといった次のステージが与えられ、そこで注目を集めた馬に、さらに大型の公共建築という場が与えられたのである。そのような確固としたヒエラルキーが、この業界を統制していた。しかし、今や公共建築のプロジェクト数もスケールも激減しつつある。登っていく先が消えてしまったのである。

さらに大きな要因は情報のグローバル化である。デザイナーの市場がグローバル化し、そのグローバルマーケットで適用する小数のブランド（建築家）に、世界中からラブコールが殺到する。数少ない公共プロジェクトが彼らに集中するだけでなく、民間プロジェクトも規模の如何を問わず、少数のビッグネームに集中する。結果として、建築家においても中間層が消滅の危機にある。（……）

建築界も「下流社会」

しかし、中には、その馬場から、突如、天上の世界に引き上げられる馬もいる。その回路は狭いけれども、閉ざされているわけではない。社会学者ならば、このような現象を「建築界の下流社会化」とでも呼ぶのかもしれないが、住宅というフィールドを「下流」と呼ぶのは、かつての業界を支配していたヒエラルキーを前提としている蔑称に聞こえて僕には好きになれない。

「建築界のカラオケ化」という呼び方がふさわしいと僕は感じるのである。カラオケ化は、建築家サイド、いわゆる業界内に限った現象ではない。実は住宅の設計というフィールドの全体が、玄人、素人を共に巻き込んで、カラオケ化しているのである。（……）

（中略）

プチ自己実現と設計界の三極化

住宅設計は素人による「プチ自己実現」となりつつある。その「自己表現」のためのインストラクターとして、プロの意見（「技」ではなく……「技」はITによって、すでに共有されている）が時として、求められる。建築会社の技術レベルが高い日本では、素人の自己実現はいよいよ簡単である。

本レースへとステップアップするルートを、ほぼ喪失し、結果として「終わりなきパドック」に閉じ込められたプロと、ＩＴと充実した雑誌情報（たとえば『CASA BRUTUS』）によって武装した素人との境界は、限りなく曖昧となりつつある。その終わりなき夜な夜なのカラオケワールドのはるか上の雲の彼方に「浜崎あゆみ」が君臨するという極端なほどに中間を喪失した構造なのである。正確に言えば、これは二極化ではなくて三極化と呼べるかもしれない。一極にカラオケワールドのプチ自己実現があり、もう一極に「浜崎あゆみ」のハイパー自己実現があり、三つ目の極には「浜崎あゆみ」をプロデュースしたり、そのアルバムを売ったり、応援したりすることで喰いぶちを得ようとする業界的、代理店的、批評家的な業界オヤジたちが存在するわけである。

（中略）

カラオケワールドとその先

（中略）

この「終わりなきカラオケワールド」は、いつまで続くのだろうか。なにしろパドックやカラオケワールドを支えていた「郊外」というフィールドも「近代家族」という単位も、そしてそれを経済的にサポートしていた安定した雇用形態もすでに変質しつつあるからである。ル・コルビュジエやミースの提出したコンクリートと鉄という大前提も、すでに危うい。われわれは、そのように終わっていながら、しかも終わりがないという奇妙な時代を生きている。

与件は変わってしまったのに、ゲームだけは続いている。正確に言えば、ゲームがせっかく楽しく続いているのだから、そもそもの与件が消滅したか否かはどうでもいいという時代なのである。

出典
『新建築』二〇〇六年四月号

2006

建築の四層構造

難波和彦

解説

難波和彦は、「箱の家」シリーズを手がけ、アルミニウムの実験住宅などを追求し、構法やテクノロジーへの深い関心を抱く建築家である。この文章は、歴史を含む人文学にも造詣がある彼の建築に対する考え方の集大成というべきものだ。彼は、冒頭で掲げたウィトルウィウスによる有名な建築の条件、すなわち強・用・美に対し、現代的なサステイナブルの視点からエネルギーを加え、建築の定義をバージョン・アップしている。四つの視点は、ハード（第一層　物理的なモノ／第二層　エネルギーの制御装置）とソフト（第三層　生活のための機能／第四層　意味をもった表現や記号）に分類されるが、興味深いのは、コンピュータをモデルに建築をとらえなおしたことだ。これを踏まえ、サステイナブル・デザインのためのマトリクスに整理し、各層ごとにリサイクル、省エネルギー、コンバージョン、リノベーションを位置づける。

四層構造は、それぞれ建築における構造学、環境工学、建築計画学、意匠学などに対応し、ばらばらになりがちな諸分野を再び縫合する思考モデルである。また建築史や建築批評にも、応用可能な議論の枠組を持つ。難波は、「デザインとは四層の要素すべてを関連づける行為」であると仮説を立てるが、四層構造のモデルそのものはデザインを分析したり、与条件を整理する方法としては有効としながら、統合的な設計論にはならないという。「デザインとは連続的な展開ではなく不連続な跳躍」だからである。やはり、コンピュータをモデルに新しい建築家像や設計論を提案する藤村龍至とは、ここが大きく異なる点だろう。

文化人類学者のレヴィ＝ストロースを引きながら、難波は「物体としての建築材料を、記号、すなわち建築形態や空間の域まで高めるという行為はデザインそのものである」と指摘する。そして自己完結していない「四層構造の開放性をもたらすのは、第四層の記号性である」という。なお、このテキストでは、ル・コルビュジエ、ジークフリート・ギーディオン、レイナー・バンハムらによる近代建築の考え方を振り返り、エネルギー的な視点が不充分だったことを指摘しつつ、四層構造という認識の有効性も確認していた。後に彼は同じ分析のフレームを用いながら、鉄材の展開に注目する著作『メタル建築史』（二〇一六年）を執筆し、ハイテック・スタイルは四層構造がそのまま表現を決定づけたと評価する。そして二一世紀は環境に配慮したエコテックのほか、開放系技術、動く建築などが重要になるという。

（五十嵐太郎）

関連文献

レイナー・バンハム『環境としての建築――建築デザインと環境技術』鹿島出版会、一九八一年／新装版、二〇一三年
難波和彦『メタル建築史――もうひとつの近代建築史』鹿島出版会、二〇一六年
小泉雅生『環境建築私論――近代建築の先へ』建築技術、二〇二一年

建築の四層構造（抜粋）

難波和彦

（前略）

サステイナブル・デザインの理論的な根拠について考えてみたい。そのために、まず建築を総合的にとらえるマトリクスを提案することから始めよう。

ローマ時代の建築家ウィトルウィウスは、建築を三つの条件によって定義している。『強・用・美』つまり「強さ、実用性、美しさ」の三要素である。ウィトルウィウスによる建築の定義は、そのまま近代建築に翻訳することができる。「強」は耐久性、「用」は機能性、「美」は形態である。さらにこれを建築用語に翻訳すれば、耐久性とは材料や建設などの技術、機能とは社会的用途やビルディング・タイプ（建物類型）、形態とは表現、広い意味では文化と言ってよい。私見では、サステイナブルな建築の条件として、この三条件にもうひとつの条件として「エネルギー」を加えねばならない。サステイナブルな建築は以上の四条件によって成立する。この四条件から、建築をつぎの四つの視点でとらえる以下のような仮説が導き出される。

1――建築は、物理的な存在である。
2――建築は、エネルギーの制御装置である。
3――建築は、生活のための機能をもっている。
4――建築は、意味をはらんだ記号である。

なぜこの四つの視点なのか。これ以外にいくらでも見方があるのではないかと思われるかもしれない。しかし私の考えでは、建築を総合的にとらえるにはこれで必要かつ十分である。

四つの視点は大きく二つに分けることができる。前二者は建築のハード面をとらえ、後二者はソフト面をとらえている。ハードウェアとソフトウェアと言ってもよい。ハードウェアとソフトウェアという定義から直ちに連想するのはコンピュータだろう。事実、この四つの視点はコンピュータをモデルにしている。

　四つの視点をコンピュータに当てはめると以下のようになる。

1――コンピュータは、まずなによりも物理的な存在である。

2――コンピュータは、電気エネルギーの制御によって駆動する。

3――コンピュータは、さまざまな内部機能のネットワークによって作動する。

4――コンピュータは、最終的に、記号を表現手段として意味を伝える。

　以上から建築とコンピュータを相似的にとらえることができることがわかる。

　建築をとらえるのに、なぜコンピュータ・モデルを用いるのか。その理由はコンピュータが現代のもっとも進んだ技術だからである。コンピュータをトータルにとらえることができないようなモデルは現代には通用しない。現代建築の様相を明らかにするには、コンピュータをモデルにするのがもっともふさわしいと考えられる。コンピュータは「考える機械」である。それは人間の脳をモデルとしてつくられている。したがって脳もこの四つの視点でとらえることができる。要するに建築を見る四つの視点を成立させているのは、脳をそなえた人間なのである。

　これを図式化すると以下のようになる。

1――脳は、特定の物理的構造をもった脳細胞のネットワークである。

2――脳は、脳細胞のネットワークを流れる電気・化学的エネルギーによって作動する。

3――脳は、それぞれ働きの異なる機能モジュールのネットワークによって成立している。

四つの層（建築学の領域）	視点（建築の様相）	プログラム（デザインの条件）	技術（問題解決の手段）	時間（歴史）	サステイナブル・デザインのプログラム
第1層：物理性（材料・構法・構造学）	物理的なモノとして見る	材料 部品 構造 構法	生産 運搬 組立 施行	メインテナンス 耐久性 風化	再利用 リサイクル 長寿命化
第2層：エネルギー性（環境工学）	エネルギーの制御装置として見る	環境 気候 エネルギー	気候制御装置 機械 電気 設備	設備更新 エントロピー	省エネルギー LCA 高性能化
第3層：機能性（計画学）	社会的な機能として見る	用途 目的 ビルディング・タイプ	平面計画 断面計画 組織化	機能変化 ライフサイクル	コンバージョン 生活様式の変化
第4層：記号性（歴史・意匠学）	意味を持った記号として見る	形態 空間 表象 記号	様式 幾何学 コード操作	街並 記憶 ゲニウス・ロキ	リノベーション 保存と再生

4――脳は、記号を操作し、意識現象を生み出す。

以上からもわかるように、四つの視点は建築、コンピュータ、人間を同じモデルでとらえることを可能にする。つまり四つの視点によれば、建築と人間の相互作用を相似的にとらえることができるのである。

以上の所見をマトリクスに整理すれば、表のようになる。

マトリクスの行（縦）は建築をとらえるさまざまな局面を表わし、列（横）は四つの視点から見た局面の層を表わしている。それぞれの視点（層）から見た建築の様相は、以下のようになる。

1――第一層は建築の物理的な側面である。この層は建築を物理的なモノとしてとらえる視点である。

2――第二層は建築のエネルギー的な側面である。

この層は、建築をエネルギーの制御装置としてとらえる視点である。エネルギー性は物理性とは独立して扱うことができる。

3――第三層は建築の機能的な側面である。この層は、建築を社会的な機能を果たす存在としてとらえる視点である。機能は人の流れ、部屋の広さ、用途といった人間活動に関係し、物理性やエネルギー性とは独立して扱うことができる。

4――第四層は建築の記号的な側面である。この層は、建築を文化的な意味や価値を担う記号としてとらえる視点である。建築の記号性は他の三層とは独立して扱うことができる。

それぞれの層に対応して、それを扱う専門的な学問分野が存在している。建築の物理性を扱うのは材料学、構法学、構造学、生産学であり、エネルギー性を扱うのは環境工学や設備工学であり、機能性を扱うのは建築計画学であり、記号性を扱うのは歴史学や意匠学である。各々は独立した学問領域を形成している。

四つの層は、それぞれデザインによって解決すべき問題、すなわちプログラムをもっている。デザインの条件は四層のプログラムに分解することができる。第一層は、材料、構造、構法などの物理的条件、第二層はエネルギーや温熱環境などにまつわる条件、第三層は建物種別（ビルディング・タイプ）や用途などの機能的条件、そして第四層は形や空間などの記号的・美学的条件である。

さらにそれぞれのプログラムに対応して、それを解決するための技術が存在している。建築の技術には、物理的存在としての建築をつくり上げるハードな技術だけでなく、平面計画、形態操作、解析技術、シミュレーション技術といったソフトな技術も存在している。現代の建築技術ではハードな技術とソフトな技術が緊密に結びついている。ハードな建設技術はソフトな管理技術に支えられているし、構造設計や環境設計はシミュレーション技術なしには成立しない。

これを整理すると以下のようになる。

1――物理的存在としての建築を成立させるのは、材料、構造、構法を制御する「生産技術」である。

2――エネルギー制御装置としての建築を成立させるのは、環境を制御する「設備・環境技術」である。

3――建築の社会的機能を成立させるのは、用途や平面を組織化する「計画技術」である。

4――建築を意味をもった記号として成立させるのは、形や空間を操作する「表現技術」である。

四つの技術は、それぞれ独立した領域を形成している。それぞれの技術は自律的なサブシステムである。しかし自律しているといっても互いに無関係なわけではない。建築がひとつの存在として成立している以上、四つの技術は緊密に結びついている。例えば、特定の材料と構法を使って建築をつくれば、それによってエネルギー的性能が決まり、空間のサイズも限定されるから、生活の機能も規定され、サイズやテクスチャーが決まるから空間の表現も決まる。しかしその決まり方はひと通りではない。同じ材料と構法を使っても、多様な性能、プラン、表現が可能である。デザインとは四つのプログラム・技術を特定の関係に結びつけることだと言ってよい。

四つの層には、それぞれ時間あるいは歴史が埋め込まれている。しかし近代建築には時間の視点が決定的に欠けていた。これに対して、現代のサステイナブル・デザインにおいては、時間と歴史を条件として取り込むことが重要な課題となる。それぞれの層において、時間と歴史がどのような様相を示すかを整理してみよう。

1――第一層の物理性においては、建築材料のリサイクルや再利用の問題となって出てくる。あるいは建築材料の耐久性やエイジング（熟成）／ウェザリング（風化）の問題もそうである。材料の風化はこれまでマイナスに考えられてきたが、時間を経て風化すると美しく見えるような材料も存在する。材料に時間を刻み込むことが建築の価値になるわけである。材料の風化が美しく見えることは、第一層である物理性が、第四層の文化性に結びつくことである。

2――第二層のエネルギー性においても同じようなことが言える。エネルギーを時間においてとらえることは、建設に必要なエネルギーだけでなく、完成後に、そこで生活が展開され、最終的に建築が寿命を終えて解体されるまでに費やされるエネルギーについて考えることである。このように建物の寿命とエネルギーの関係について考えることが、サステイナブル・デザインの重要な条件である。

3――第三層の機能性においては、時間は決定的な条件となる。例えば住宅として設計された建築が美術館に転用されるような場合がある。昔の建築で現在も残っているものは、用途が変わることによって生き延びている場合がほとんどである。サステイナブル・デザインにおいては、機能に直接対応した建築よりも、時間によって変化する機能を受け入れるような建築を考える必要がある。既存の建物のコンバージョン（用途変更）やリノベーション（増改築）も時間の重要な問題である。こうした建築の機能性は、家族のライフサイクルやコミュニティといった社会的な側面と結びついていることは言うまでもないだろう。

4――第四層の記号性には、人々の記憶に残る建築や街並の保存というテーマがある。建築や都市が持続する最終的な条件としては、それが文化的な財産として根づくかどうかが決定的である。例えば物理的な耐久性と機能的な用途転換によって生き延びる建築は多いが、たとえ物理的に脆弱であっても文化的価値が認められれば建築は持続するし、さらには伊勢神宮の式年造替のように物理的存在ではなく文化的記号（意味）だけが持続するような場合もある。

建物の寿命について論じるときには、物理的な耐久性が問題にされる場合が多い。しかし実際に建物の寿命を左右するのは主として耐久性よりも機能性である。つまり使いものにならなくなった建物は物理的に丈夫であっても壊されるのである。だからコンバージョン（用途変更）やリノベーション（改築）によって機能的な寿命を長くすることが重要になってくる。あるいは文化的価値が認められれば、その建物はさらに延命するだろう。例えば茶室は物理的には脆弱でも、文化的価値があるから保存されるわけである。住宅ならば、住人がそこに住み込み、家族の記憶が残っていれば、物理的な耐久性が限界であっても、それを壊そうとは思わないだろう。

このようになにがサステイナビリティを左右するかは複雑な問題であり、単純に物理的な長寿命と省エネルギーだけによって解決することはできない。そこには家族やコミュニティの問題、文化の問題がすべて絡み合っている。これらの問題はマトリクス下端の横列にリストアップされている。サステイナブル・デザインとは、これらの複雑な条件をデザインにどう反映させるかという問題であることが、このマトリクスから理解できるだろう。

（中略）

物体としての建築材料を、記号、すなわち建築形態や空間の域まで高めるという行為はデザインそのものである。このモデルによれば、建築のデザインとは、四つの層に同型の構造をつくり出すことにほかならない。人間が自然から文化を生み出したときに、あるいは芸術家が素材から作品をつくり出したときに物体と記号が同型となる。（……）進化論、経済学、文化人類学から引き出すことができる結論は、どうやら四つの要素は層を形成しているということだけのようである。

この仮説からどのようなデザインの方法論が提案できるだろうか。まず、デザインとは四層の要素すべてを関係づける行為だということである。どの要素を無視してもデザインは成立しない。さらに、要素のあいだには優先順位はない。通常、建築デザインは機能を決定する平面計画から始めることが多い。これに対して四層構造は、デザインはどの層から出発しても構わないと主張する。しかし最終的には、すべての層を関係づけねばならない。残念ながら四層構造から導き出せる方法論はここまでである。四層構造は分析の方法、あるいはデザインの与条件を整理する方法としてはきわめて有効である。しかし四層構造には統合の論理が欠けている。

とはいえ、四層構造が主張するように、複数の要素を統合することがデザインだとするなら、そもそも統合の論理など原理的に存在しないと言うべきである。もし統合の論理が存在するなら、デザインを前もって予測できることになり、新しいデザインは生み出されないことになるからである。デザインとは連続的な展開ではなく不連続な跳躍だと言わざるをえない。

（中略）

四層構造は明示知化されているとはいえ、閉じた構造ではない。それは歴史的に制約されている点で、開かれているだけでなく、論理的にも自己完結していない。四層構造の開放性をもたらすのは、第四層の記号性である。記号性は、あらゆる対象に潜んでいる。四層構造の他の層、物理性、エネルギー性、機能性でさえも、記号性のなかに取り込むことができる。四層構造は、記号性のなかに折りたたまれていると言ってもよい。四層構造自体が記号性の産物なのである。しかし記号性は、他の層なしには成立しない。このような自己言及性が四層構造をダイナミックに作動させる「可能性の中心」ではないかと考える。

出典
難波和彦『建築の四層構造――サステイナブル・デザインをめぐる思考』ＩＮＡＸ出版、二〇〇九年（初出：『10＋1』第四五号、二〇〇六年）

2008

原初的な未来の建築

藤本壮介

解説

藤本壮介、石上純也、平田晃久など、一九七〇年代生まれの建築家は、ユニット派と呼ばれる一九六〇年代生まれの世代がヒエラルキーを解体するスーパーフラット的な感性、あるいは敷地や条件から受動的に導かれるデザインを通じて日常性を重視したのとは対照的に、建築そのものの新しい原理を模索する。既存の枠組にとらわれず、根源から再度、建築を組み立てること。「オルタナティブ・モダン」とでもいうべき態度である。藤本が興味深いのは、相反する時間を示す二つのキーワード、「プリミティヴ（原初的）」と「フューチャー（未来）」を組み合わせ、人の活動の本質からこれからの建築を考えていることだ。これは、「未来都市は廃墟である」と述べた磯崎新のアイロニーと違い、ポジティブなマニフェストである。彼は、自作を混入させながら、神殿や大聖堂を含む、古今東西の名建築のシンプルな図式を並べた藤本マンダラというべき絵を作成したように、少し前の流行への相対的な新しさではなく、歴史と勝負する絶対的な価値を求めている。と同時に、ある種のユーモアをもつ。

その手がかりとして藤本は、人のいる場所としての建築の始まりを一〇のイメージによって提示した。すなわち、「巣ではなく洞窟のような」／「5線のない楽譜／新しい幾何学」／「離れていて同時に繋がっている」／「街であり、同時に家であるような」／「大きな樹のなかに住むような」／「あいまいな領域のなかに住む」／「ぐるぐる」／「庭」／「家と街と森が分かれる前へ」／「ものと空間が分かれる前へ」である。例えば、機能主義的な巣としてのル・コルビュジエのドミノ・システムに代わる、藤本の空間モデル「Primitive Future House」は、三五センチメートルの段差をもつ水平面を幾重にも積層することで、壁、床、天井、家具などの基本的な概念をいったんリセットし、人間にさまざまに働きかける洞窟としての建築をめざしたものだ。建築以前のイメージという意味では、メタボリズムやアール・ヌーボーも、生物のシステムや植物の形状を参照したが、石上と同様、藤本は「〜のような」という直喩を用いた言いまわしによるデザインの着想が特徴だろう。

起源に立ち返ることで、新しい建築を探求する考え方は、近代の始まりでも存在した。例えば、一八世紀のロージエの『建築試論』は、建築の起源として、ギリシアの古典主義よりもさらに遡って、自然の森で木々が組み合わされた想像上のプリミティヴ・ハット（原始の小屋）を提示している。これは柱と梁、破風など、形態的な類似性に依拠したものだが、藤本が重視するのは、むしろ人間が持つ本能的（あるいは動物的？）なふるまいだ。陸前高田市において伊東豊雄らと共同設計した「みんなの家」（二〇一二年）も、震災後の「原始の小屋」と言えるかもしれない。

（谷越 楓＋五十嵐太郎）

関連文献

五十嵐太郎「スーパーフラットの建築・都市をめざして」『終わりの建築／始まりの建築——ポスト・ラディカリズムの建築と言説』ＩＮＡＸ出版、二〇〇一年
『オルタナティブ・モダン——建築の自由をひらくもの』全五巻、ＴＮプローブ、二〇〇五年
伊東豊雄・乾久美子・藤本壮介・平田晃久・畠山直哉『ここに、建築は、可能か』ＴＯＴＯ出版、二〇一三年

原初的な未来の建築

藤本壮介

新しい建築、未来の建築を考えるということは、奇妙なことに、原初的な建築を考えるということと表裏ではないだろうか。なぜなら建築は、人がいる場所だから。そして建築の新しさの提案は、人のいる場所として根源的な新しさであってほしいから。

建築が建築になる以前にさかのぼる。そして建築の始まる瞬間に立ち返る。さかのぼるといっても、ローマ、ギリシアという歴史をさかのぼるのではない。人のいる場所のかすかな始まりに思いを馳せ、あいまいな、ぼんやりした場の起伏のなかから、建築がにじみ出てくる瞬間を想像する。

ここでは、一〇の建築の始まりが描かれている。建築の、というよりも、人のいる場所としての、圧倒的に未分化な状態にさかのぼる。それぞれの始まりからは無数の違った建築が生まれてくる。違っているけれども、それぞれは互いに関係しあっている。この始まりは予感である。ひとつの正しい始まりではなくて無数の始まりを許容する予感。

だから未来の建築を考えるということは原初的である。人がいる場所とはどんなものなのか、建築とはこんなものでもあったのかと想像する。原初的な未来は、そんな喜びにあふれている。

出典

藤本壮介・伊東豊雄・五十嵐太郎・藤森照信『現代建築家コンセプト・シリーズ1　藤本壮介　原初的な未来の建築』ＩＮＡＸ出版、二〇〇八年／新版、ＬＩＸＩＬ出版、二〇一四年

藤本壮介「プリミティヴ・フューチャー」ドローイング（出典：『建築文化』2003年8月号）

2009

グーグル的建築家像をめざして

——「批判的工学主義」の可能性

藤村龍至

解説

藤村龍至は、二〇〇七年からマニフェスト型のフリーペーパー『ROUNDABOUT JOURNAL』を制作し、同誌や『10+1』などで批判的工学主義を提唱したほか、それに関連するイベントや展覧会を企画したことによって、同世代を刺激しつつ、建築界の注目を集めた。このテキストは、批評誌『思想地図』vol.3の特集「アーキテクチャ」に掲載されたものである。彼は日本のインターネット元年にあたる一九九五年を重視し、情報化とグローバル化による社会の変容を受けて、従来とは異なる建築家像を確立すべきだという。藤村によれば、大規模プロジェクトでは、設計者の二層構造化が進行し、外装やインテリアなどの表層を担当する有名なアトリエ派の建築家と、構造や設備など深層の設計を行う組織・ゼネコン系の設計事務所に分離されている。こうした対立の図式は、一九七四年の巨大建築論争を継承した問題提起だろう。

技術依存が進む現代都市の建築のあり方を、藤村はデータベースにもとづく自動設計やふるまいの制御として定義する。これを図表で整理しながら、単純な工学主義（組織派）とそれに抵抗する反工学主義（アトリエ派）を位置づけた後、第三の立場として批判的工学主義の設計集団を掲げる。すなわち、工学主義を「新しい社会の原理として受け入れ、分析的、戦略的に再構成」する、「アトリエ化した組織もしくは、組織化したアトリエのような、新しい設計組織像」だ。例えば、データのリサーチとデザインが連動しつつ、商業主義にもコミットする、OMAやMVRDVである。また人間工学的な建築として、IKEAの空間にも言及した。なお、二層構造の認識は、批評家の東浩紀から影響を受けている。彼はコンピュータをモデルとしながら、表層に小さな物語が並ぶ「シミュラークルの層」と深層に設定や世界観を決める「データベースの層」に分かれている状況を指摘した。

批判的工学主義を実践するために、藤村は「与条件を深く読み込んだ建築としての複雑さを維持しつつ、スピードと両立する」、超線形設計プロセス論を独自に開発した。途中の履歴を残しながら、「ジャンプしない、枝分かれしない、後戻りしない」という三つの原則に基づく方法論である。それはみかんぐみが非作家性において提唱した多数のパラメーターを満たす考え方を具体化したようにも見えるだろう。彼がいうグーグル的な建築家とは、工学的・検索的な設計を行い、その作品は多様な文脈を回収し、強い場所性を帯びる。やはり、コンピュータのアルゴリズムを設計のモデルとしたものだ。3・11後、藤村は、建築家は協働作業、ヴィジョン創出、ボトムアップ型の意思決定、集合知的な設計手法がさらに求められるようになったと述べている。

（菊池奈々＋五十嵐太郎）

関連文献

藤村龍至『批判的工学主義の建築――ソーシャル・アーキテクチャをめざして』NTT出版、二〇一四年
東浩紀『動物化するポストモダン』講談社、二〇〇一年

グーグル的建築家像をめざして

――「批判的工学主義」の可能性（抜粋）

藤村龍至

1　一九九五年以後の都市・建築

二〇〇〇年代に入り、都市の風景は劇的に変化しつつある。林立するオフィスビルやタワーマンション、巨大ショッピングモールといった巨大建築物は、法規的な形態制限のなかで最大限の専有面積を確保し、マーケティング・リサーチに基づいたノウハウによって方法論が半ば固定され、あまりにも短期間のうちに設計されるので、あたかも特定のアルゴリズムに従って自動生成しているかのように見える。また、コンビニエンス・ストアやスーパーマーケットのインテリアは、ショッピングすることの楽しさが効果的に演出されつつも、什器や商品のレイアウトによって人々の動線や視線の動きをコントロールし、無意識のうちにそっと売り上げを伸ばす工夫がなされているので、あたかも人は流通する商品と同列の扱いのもと、即物的にコントロールされているかのように見える（図2）。

このように、経済のグローバル化と、情報環境の整備による情報化が進展した一九九〇年代、新しい空間の原理が生まれた。それは特に阪神・淡路大震災、オウム真理教事件によって既存の都市インフラの脆弱性が露呈し、「Windows95」が発売され、「インターネット元年」と呼ばれて新しい情報インフラの可能性が顕在化した一九九五年以後のことである。その原理は、とりわけ不動産開発とインテリアの分野に代表される商業建築で、商業的な効率を最大化するという意思とそこで培われた経験に基づき、法規、消費者の好み、コスト、技術的条件などの情報が蓄積されたデータベースを即物的に扱う社会工学的な方法論と、人々のふるまいを物理的にコントロールする人間工学的な方法論とが結びつくことで生まれている。

図2　人間工学に覆われた郊外型商業空間

（中略）

2　設計者の二層構造化

工学に覆われた現代の都市空間は、誰が、どのように「設計」しているのか。商業建築の設計者であれば、かつては「大阪そごう」「読売会館」の村野藤吾、「赤坂プリンスホテル」の丹下健三など、大型商業建築の設計者にいわゆる「建築家」がクレジットされていたが、「六本木ヒルズ」（二〇〇三）も「東京ミッドタウン」（二〇〇七）も、設計者として特定の「建築家」の名前を思い浮かべることは難しい。

「東京ミッドタウン・プロジェクト」の設計者欄を見てみると、「マスター・アーキテクト」としてアメリカ最大級の組織設計事務所である「SOM」が、「コア・アーキテクト」として日本最大級の組織設計事務所である「日建設計」が、それぞれクレジットされている。安藤忠雄、隈研吾、青木淳といった有名建築家の名前もクレジットされているが、彼らはデザイン・ミュージアム（安藤）、サントリー美術館（隈）、住宅棟外装デザイン（青木）といった各部分を担当しており、プロジェクト全体の構成に大きく関わる構造体の配置や構造スパン（柱の間隔）の設定、全体のヴォリューム（外形）などの深層部分は匿名的で大規模な組織設計事務所が設計し、表面の仕上げ材、照明の選定などの表層部分は顕名的で小規模なアトリエ建築家が、それぞれ分担して設計する、という二層構造になっている。東京都庁（一九九〇）の設計者として「丹下健三」が思い浮かべられることを考えると、いかにも複雑である。大型化、複雑化し、技術への依存が進む今日の建築は、土木構築物のように、匿名的に設計されており、建築家は外装や内装のデザイナーとして限定的に起用されている。

社会学者の宮台真司は、磯崎新との対談のなかで「建築家は表層の料理人に成り下がった」と挑発する。（……）

また、哲学者で批評家の東浩紀は北田暁大との対談書『東京から考える』[1]のなかで「タワーマンションや高速道路は自動的に設計される」と述べる。また同書で東は、建築家の塚本由晴による「建物が規範を描く道具として大いに活用されているケースは少なかった」というコメント[2]を引用し、「建築系・思想系都市論の都市社会学に対する敗北」と位置づける。確かに、タワーマンションや高速道路は有名なデザイナーというよりも匿名的な組織が設計するので、「自動的に」設計されているように見えるし、建築家らによる都市論が失効していると見られてもおかしくはない。

有名建築家が一般誌に取り上げられるようになった一方で、「建築家はアイディアの独創性において優れるが、量やスピードに対する追従能力、責任を担保する能力に劣る」「組織はマンパワーや責任能力に優れるが、アイディアに劣る」という認識は根強い。巨大プロジェクトから住宅に至るまで、表層を顕名的なアトリエ系の建築家が、深層を匿名的な組織系の設計事務所が分担するという設計者の二層構造は、独創性と効率性を同時に求める社会的な要請により、徐々に一般化しつつある。

(中略)

4 「工学主義」が迫る建築家の態度決定

(中略)

では、現代の都市空間における表層と深層の乖離(かいり)を乗り越える方法とは何か。ここでは、「工学」を軸に問題を捉え直してみよう。

東浩紀は、社会的インフラの整備による技術依存が進む私たちの社会環境の変化を「工学化」と呼び、整備された環境のもとで演出された多様性と戯れる消費者像の変化を「動物化」と呼んでいる。「工学化」は主に設計者側の問題、「動物化」は主に使用者側の問題であると捉えられるが、ふたつの変化が同時進行する状況をひとまず「工学主義」と名づけ、建築形態との関係から、以下のように定義したい。

1 建築の形態はデータベース(法規、消費者の好み、コスト、技術的条件)に従う
2 人々のふるまいは建築の形態によって即物的にコントロールされる
3 ゆえに、建築はデータベースと人々のふるまいの間に位置づけられる

「工学主義」は、建築家にどのような態度決定を迫るだろうか。「工学主義」に対応する技術革新として「情報化」を捉えるならば、二〇世紀初頭に起こった「機能主義」には「工業化」が対応すると捉えられる。「工業化」によって誘発された作家像を振り返ってみると、「工業化」は、大きくいって三つの選択肢から態度決定を迫った(表1)。第一の態度は、それを肯定し、「工業化」の原理である「機能主義」を無批判に適用する「純粋機能主義」なる主流的な立場である。大量

社会の変化	イデオロギー	社会の一般的反応 主流的立場	抵抗運動 反主流的立場	乗り換え運動 批評的立場
1920年代 工業化	機能主義	（純粋機能主義） 工場、労働者住宅、 学校、病院等	（反機能主義） アーツ・アンド・ クラフツ運動	（批判的機能主義） モダニズム ル・コルビュジエ
2000年代 情報化	工学主義	（純粋工学主義） 組織設計事務所	（反工学主義） アトリエ事務所	（批判的工学主義） 新しい設計集団

表1　社会の変化と建築家の動き

に設計された工場や労働者住宅、学校や病院などの施設がそれに当たる。第二の態度は、それを否定し、抵抗する「反機能主義」なる反主流的な立場である。ウィリアム・モリスによる「アーツ・アンド・クラフツ運動」がその例である。

一九二〇年代になって、新しい動きが生まれた。「機能主義」を新しい社会の原理として受け入れ、分析的、戦略的に再構成し、二〇世紀の新しい建築運動として提示したヴァルター・グロピウスや、ル・コルビュジエらの反応である。一般的には「モダニズム（近代主義）」と呼ばれるこの第三の批評的な立場をここでは、「批判的機能主義」と捉え直す。

これらのフレームを「情報化」に適用して現状を整理すると、まず考えられる第一の反応は「工学主義」を肯定し、適用する主流的な立場＝「純粋工学主義」である。独創性よりも効率性を優先する（と思われている）組織派の立場がこれに相当する。そして第二の反応は「工学主義」を否定し、抵抗する反主流的な立場＝「反工学主義」である。効率性よりも独創性を優先する（と思われている）アトリエ派の立場がその例となる。

それらに対してここに提起される批評的な立場は、「批判的工学主義」なる立場である。これは「工学主義」を無批判に肯定するのでも、ただ抵抗するのでもなく、新しい社会の原理として受け入れ、分析的、戦略的に再構成し、新しい建築運動として提示する第三の立場である。その姿は、アトリエ化した組織もしくは、組織化したアトリエのような、新しい設計組織像を提示する。[3]

（中略）

12　グーグル的（＝工学的・検索的）建築による新たな地域主義へ

（中略）

一九九〇年代以後注目されているコンピュータ・アルゴリズムによる設計手法は[4]、構造、環境条件の解析など、数値化しやすい領域では徐々に実務レベルでも応用が進んできているが、構造や設備設計を含む全体を統合する意匠設計の方法論としては、仮設構築物や平屋など、単純で小規模な建築物へ適用されるに留まっている。そのため、コンピュータ・アルゴリズムによる設計は、デザイナーが恣意的に設定した関数によって奇抜な形態を生成する一種のフォルマリズムであると見られてしまいがちであるが、本来のコンピュータ・アルゴリズムの可能性は、人間の能力を超えた演算によって、見えないコンテクストを可視化することにある。「超線形設計プロセス論」は、暗黙知化した既存の設計行為を形式知化することにより、機械言語への翻訳＝プログラミングがしやすくなるため、コンピュータ・アルゴリズムが全体を統合する設計の方法論として進化するための基礎的な準備となると筆者は考えている。[5]

今日の複雑化した都市で建築を設計する＝形態とコンテクストの不適合を取り除くためには、調査と設計が同時進行することとなる。それは、都市という複雑なコードの海から、建築言語を検索し、見えないコンテクストを可視化するような作業となる。近い将来、建築の設計行為は、膨大な情報から適切なデータ・マイニング＝順位づけを行う検索アルゴリズムの設計に限りなく近づくであろう。その精度が上がれば上がるほど、検索結果＝「形」はより正確すなわち「コンテクスチュアル」になり、意味の重層化した、より濃密な建築をその場所にもたらすだろう。そのような工学的、検索的な設計者は、「純粋工学主義者」すなわち多くの組織型建築家のように均質化、単純化、厳密化に甘んじることも、「反工学主義者」すなわち多くの作家型建築家のように社会的、経済的合理性を失うこともなく、多様で複雑で曖昧な現代の都市環境から、その場所に強く関わる建築形態を抽出する新たな地域主義者＝「批判的工学主義者」として、再び都市に回帰するだろう。一九九〇年代以後の最も重要な社会的変化である情報化と郊外化は、それらが同時進行するというよりも、情報化から得られた知見を用いて方法論を開発し、郊外化に抵抗するという積極的な姿勢によって、批判的に乗り越えられるのではないだろうか。

註

（1）東浩紀・北田暁大『東京から考える』NHKブックス、二〇〇七

（2）「トーキョー・サブディビジョン・ファイルズ」『10+1 No.29 特集＝新東京の地誌学 都市を発見するために』INAX出版、二〇〇二、塚本由晴・編

（3）「批判的工学主義」は、建築家の柄沢祐輔、藤村龍至、および社会学者の南後由和によって提唱されている。（後略）

（4）『10+1 No.48 特集 アルゴリズム的思考』（INAX出版、二〇〇七）では、磯崎新、伊東豊雄、藤本壮介のほか、筆者を含む四人の若手建築家（松川昌平、田中浩也、藤村龍至、柄沢祐輔）が取り上げられている。

（5）現状では「プログラミングに詳しいが、既存の設計手法による実施設計の経験に乏しい」か、「実施経験はあるが、プログラミングの経験に乏しい」人材がほとんどであるため、両者の架橋が実務レベルでも教育レベルでも課題となっているように思う。

出典

東浩紀・北田暁大編『思想地図 vol.3 特集・アーキテクチャ』NHK出版、二〇〇九年

＊編者註　紙幅の都合で、抜粋文に付随する註をいくつか省略した。

二〇一〇年代
変動する社会のなかで考える

東日本大震災とコロナウィルス。二つの災禍に挟まれたこの一〇年間は、建築を支える社会構造が不確かなものであるという事実を私たちにつきつけた。コミュニティやシェアなど、つくり手のみならず使い手にも向けた言説が波及し、地方への注目が集まる一方、新国立競技場問題で露呈したように、力強い形態を忌避する傾向は加速の一途を辿っている。ありうべき建築像とはどのようなものか。課題は次の年代へと引き継がれる。（菊地）

2010s

2010

地域社会圏

山本理顕

解説

「地域社会圏」は、住居と共同体の関係について長く思索と実践を継続した山本理顕の集大成というべきマニフェストである。これは単身者や家族連れなど、さまざまな世帯が、四〇〇人程度の規模でともに住まう新しい社会のモデルを提唱したものだ。その要綱として、以下の一〇項目があげられた。すなわち、家族を前提としないこと／住人の相互関係を中心原理とすること／周辺環境とともに計画されること／地域の内側で小さな経済圏が成り立つこと／エネルギー的に自立すること／公共交通と自家用車の中間的な交通インフラをもつこと／相互扶助的な保障をもつこと／賃貸を原則とすること／専有面積を減らし、共有面積を増やすこと／住まいを外に開くこと。これは現行の住宅政策を批判しており、特に攻撃の対象となるのが、公団の五一C型や夢のマイホームなど、ひとつの住宅にひとつの家族が暮らす「一住宅＝一家族」の形式である。もはや現代では制度疲労を起こしているからだ。

山本は東京大学生産技術研究所の原広司研究室で世界の集落調査に参加し、家族や住居の多様性を実感するとともに、彼の空間理論における重要な概念「閾」を構想した。閾とは、集落の構成を図式的にとらえたときに現れる、二つの領域間に存在する中間領域であり、家族がより大きな共同体の中に存在していることを意識させる。が、現代は閾が消失しつつあるという。この問題意識は実作に反映され、

「熊本県営保田窪第一団地」（一九九一年）では住戸、「岡山の住宅」（一九九二年）では個室が、それぞれ閾として外部と直結することで、都市と住宅の関係を再編した。しかし、社会学者の上野千鶴子は、空間によってすべてを解決しようとする山本を「空間帝国主義者」と呼び、使い手は必ずしも建築家の思い通りに動かないと批判した。

それでもなお、彼は空間の力を信じる。建築が社会や制度を変えることもだ。彼が初代校長を務めたY-GSAの教授陣による書籍において「建築をつくることは未来をつくること」と語ったように。学園紛争の体験にまでさかのぼる社会革命の信念は、ハンナ・アーレントの「物化」の概念とも共鳴する。建築という仕事は、経済原理によって流動的な消費物を生みだす労働ではなく、物の確かさによって世界に人の居場所をつくる「物化」であるべきなのだ。その具体的な提案が地域社会圏である。山本の思想は次世代にも受け継がれ、仲俊治のシェアオフィスを含む「食堂付きアパート」（二〇一四年）など、「一住宅＝一家族」を解体する試みは続く。

（一色智仁）

関連文献

ハンナ・アレント『人間の条件』ちくま学芸文庫、一九九四年
山本理顕『新編住居論』平凡社ライブラリー、二〇〇四年
鈴木成文ほか『「51C」家族を容れるハコの戦後と現在』平凡社、二〇〇四年
山本理顕・北山恒・飯田善彦・西沢立衛『建築をつくることは未来をつくることである』TOTO出版、二〇〇七年
山本理顕ほか『地域社会圏主義』LIXIL出版、二〇一二年
山本理顕『権力の空間／空間の権力 個人と国家の〈あいだ〉を設計せよ』講談社選書メチエ、二〇一五年
山本理顕・仲俊治『脱住宅――「小さな経済圏」を設計する』平凡社、二〇一八年

地域社会圏

山本理顕

もうとっくに分かっていることだけど、日本全体がピンチである。高齢化、少子化、たとえばいまの合計特殊出生率は一・三前後、人口を維持するためには二・一のレベルを保たなくてはならないわけだから一・三という数字は異常な数字である。だから二〇一五年には日本の高齢化率は二六パーセントになる［人口問題研究所資料より］。つまり四人に一人は六五歳以上の高齢者である。もはや私たちの環境は子供を産んで育てる環境ではなくなっているのだ。内需拡大って具体的にどうしたらいいのか。温室効果ガスの削減、二〇二〇年までに九〇年比二五％削減などという国際公約を日本はしてしまったけど、そんなこと本当に可能なのか。高層マンションが東京や地方都市の都心に、それまでの都市景観とは無関係につくられ続けているけど、こんな開発の仕方をしていていいのか。五〇年後は建物だけじゃなくて地域社会全体が廃墟のようになる。農村の人口は都市部よりももっと急激に減少している。激しく高齢化している。

こうした私たちの内側の、あるいは外側の大問題はそれぞれに断片的で相互に無関係に見えてどうしていいのか分からない。日本はまるで八方ふさがりの金縛り状態なのである。それを多くの人たちがひしひし実感として感じている。

そこで、秘策がある。こうした大問題を一気に解決する秘策である。一気には無理だけど。でも、相当の秘策である。それはどんな秘策かというと、住宅である。いま私たちが住んでいるこの住宅である。それを見直す。なんだ、そんなことかと言われそうだけど、いまの大問題の病巣の中心は実はそこなのである。病巣は住宅の内側にある。そして住宅とその住宅の外側との関係にある。私たちの日常はどのような場所なのか。私たちはいまどこに住んでいるのか。それを改めて見直すと分かる。根源的な問題が潜んでいることが分かるはずである。いま私たちが住んでいる住宅には実は致命的な欠陥があるのだ。あるいはその供給システムには致命的な欠陥がある。それが分かる。

いま私たちが住んでいる住宅のモデルはいつ頃できたかというと、第二次世界大戦後、圧倒的な住宅不足を補うために開発された戦後復興住宅がその起源である。そしていまでもこの住宅モデルが私たちの住宅に大きな影響を与えているのである。基本的にはこの戦後復興モデルといまの私たちの住宅とは地続きである。その考え方に大した差はない。

この最初の住宅モデルには、いまにして思えばだけど、致命的な欠陥があったのである。当時は誰も気がつかなかった。誰もが当然と思って気がつくはずもなかったのである（いまでも供給者側はその欠陥に気がついていない。あるいは気がつかないふりをしている）。その欠陥とは何だったかというと、「一つの住宅に一つの家族が住む」という住み方、それを理想モデルにして住宅を供給しようとしたことである。住宅は徹底して家族のための住宅として開発され、供給されたのである。そういう住宅が大量に供給された。日本住宅公団をはじめとする公共住宅の供給システムが「一住宅＝一家族」という住み方を前提にしたシステムだったのである。

ところで、である。ここで重要なのは、それが単に住宅の供給システムだけの問題ではなかったということなのである。住宅だけではない。日本という国家の運営システムそのものが「一住宅＝一家族」を理想モデルにすることによって組み立てられたのである。それはいまにいたるまでそのまま続いている。住宅は「一住宅＝一家族」を前提にして供給されている。そして国家の運営方法もまた、いまだに、「一住宅＝一家族」システムが前提になっている。その「一住宅＝一家族」そのものが破綻しようとしているのに、である。

住宅を考え直すということは、だから、単に住宅の間取りの問題でもないし、二〇〇〇年住宅などという高耐久建築の問題でもないし、高齢者用の住宅をつくろうという問題でもないし、バリアフリーの問題でもない。いまの国家の運営システムそのものを考え直すということなのである。「一住宅＝一家族」は既に理想モデルではありえないはずなのに、それでもまだ私たちの内なる「一住宅＝一家族」はしっかり私たちを呪縛している。この呪縛こそが、現在の日本の八方ふさがりの病巣なのである。

だからこそ、「一住宅＝一家族」に変わる新しい運営システムについて考える。

住宅の供給システム、エネルギーの供給システム、あるいはそれを前提とした交通システム、そういう都市インフラから介護や看護、医療、あるいは育児といった生活支援システムそのものが「一住宅＝一家族」を前提としてできている。それを考え直す。「一住宅＝一家族」ではなくて、もう少し大きな単位で居住のシステムを考えてみようというわけである。

仮想単位として四〇〇人程度の住人を想定する。別に三〇〇人でもいいし五〇〇人でもいい。その仮想単位がつくられる場所、例えば都心、あるいは郊外、あるいは農村、その場所の性格によっても違う。その仮想単位に対してどのようなインフラが考えられるのか。どのような生活支援システムが考えられるのか。あるいは少しでも自給自足、地産地消・地商などということが考えられるのか。四〇〇人は家族単位の集合ではない。一人あるいは二人、子供連れ、小グループ、もちろん家族でもいい。その構成メンバーはさまざまである。「一住宅＝一家族」に脅迫されない。その時、住宅はどのようなかたちになるのだろうか。そしてその住宅を支える施設はどのように組み込まれるのだろうか。仕事場・アトリエ充実住宅、作品や商品を売る店舗併用住宅、農園住宅、そこに防音スタジオ、ギャラリー、共同温泉、工作室さらに託児所やデイケア施設、小規模多機能施設などの生活支援施設はどう組み込まれるのか。エネルギーはどのように供給されるのか。あるいはそこで生産されるのか。どのような四〇〇人の地域社会になるのだろうか。その地域社会は周辺環境とどのような関係になるのだろうか。その周辺環境とも、その内側の小集団とも深く関係するような地域社会を考える。それもその場所性とともに考える。場所性とともに考えるということが極めて重要である。それはそのまま建築的なアイデアを要請するからである。

建築的なアイデアによって「一住宅＝一家族」を超えるどのような夢を描くことができるのか。

「一住宅＝一家族」は理想モデルだった。確かに夢だったのだ。そして、その夢の実現に果たした建築家の役割は決して小さくなかったのである。建築家の役割は、夢みたいなことを、いかにもそれが実現するかのように描くことである。

そして、それがしばしば社会を動かす大きな力になってきた。もしそうだとしたら、「一住宅＝一家族」に代わる建築的な提案がいまこそ求められている。求められていないけどそう考えることにした。地域社会をその場所性とともに考える。その場所性とともにある地域社会をとりあえず「地域社会圏」と呼ぶ。

その「地域社会圏」の提案である。

出典
山本理顕ほか『地域社会圏モデル――国家と個人のあいだを構想せよ（建築のちから）』ＩＮＡＸ出版、二〇一〇年

2010

People meet in Architecture

妹島和世

解説

このステートメントは、第一二回ヴェネツィア・ビエンナーレ国際建築展二〇一〇の総合ディレクターをつとめた妹島和世がテーマとして記したものである。一九八〇年に第一回が開催された同展は、建築の分野において最大規模の国際展だが、彼女はアジア人としても女性としても初のディレクターとなった。テーマはシンプルだが、妹島によれば、人が人に会う、人が建築に会う、人が何かに会う、建築が人に会うなど、自由にイメージしてもらっていいという。情報化社会になり、コミュニケーションが急激に変わった実体のない新世界だからこそ、建築は独特かつ重要な位置を占めると信じている。もっとも、モダニズムの時代と違い、一つのイデオロギーに集約されない。彼女は展覧会を通じて、多様な広がりを示すことをめざした。

もうひとつのポイントは建築展の実験である。美術展と違い、建築展はオリジナルを展示できない。ゆえに、説明ばかりで疲れる展示になりがちだ。そこで妹島は、同一空間に複数の建築家を展示せず、参加者ごとに一部屋を用意した。つまり、そこを敷地と考えてもらい、場所を生かしながら、建築家がつくった空間を体験できる作品展示が行われた。例えば、雲の中を歩くマティアス・シューラー＋近藤哲雄の「クラウドスケープ」や、石上純也が設計した、見えないほど極細の糸によって構造が成立する「空気のような建築」などである。また彼女は、建築家がエンジニアなど異なる職種の専門家と共同しつつ、議論しながら作品を実現させることを重視し、さらに来場者も大事な共同制作者だとみなした。空間は建築家だけによってデザインされるものではないからだ。妹島は、それぞれのインスタレーションに対し、来場者が異なる方法によって反応することを期待している。

展覧会では、現代社会における建築の可能性を再考することを掲げていたが、実は人と建築の関係は、SANAAの設計アプローチと近いテーマだった。もちろん、使いやすい建築をつくるという単純な意味ではない。妹島によれば、使うことも創造することだと考えるようになったのは、「金沢21世紀美術館」(二〇〇四年)の経験が大きい。建築は人間に大きな想像力を与え、使われていくプロセスにおいて、建築が発見される。妹島は、しばしば公園が新しい公共空間のモデルだと述べているが、その理由はいろんな人が一緒にいることができる場所だからだ。これは彼女が企画した展示でも、めざしていた会場のあり方だった。なお、二〇一〇年のビエンナーレは、故・篠原一男が特別記念金獅子賞、石上が金獅子賞を受賞し、世界における日本建築の勢いを示した。

(五十嵐太郎)

関連文献

妹島和世「新しい建築との出会い」『新建築』二〇一〇年一〇月号
妹島和世・鷲田めるろ「妹島和世インタビュー:新しい公共性について——二〇〇〇年以降の建築実践」『artscape』二〇一一年二月一五日号

This exhibition selection criterion has identified architects, artists and engineers, each of whom propose a different relationship between architecture and people. This is because "space" is not solely designed by architects but rather that built forms are realized through collaborations with other professionals. Likewise, the users of a building play a large role; they determine both the practicality of a building and have a chance to join in the creative process. Thus, in the Venice Biennale, visitors are important collaborators.

Matthias Schuler of Transsolar, in collaboration with Tetsuo Kondo, for example, has proposed a cloud. It is an installation that forces people into a new reading and experience of space. A small change in the room transforms the cloud and the environment. This installation illustrates the mutability of space.

raumlaborberlin has made a temporary space like a soft balloon. It is dynamic architecture that can re-shape itself in response to any condition. As well as being an exhibition object, it will also be an actual built form used as a lecture hall and a café. People can experience the co-existence of a surreal architectural place and ordinary everyday activities.

Smiljan Radic and Marcela Correa are exhibiting a large stone which has a space carved out big enough for just one person. This piece was created after the recent earthquake in Chile and is proposed as a prototype for an idealistic social space in the future-where individuals can find their own space of retreat.

R&Sie(n) have an installation that relates to human cycles through a lighting project, which speaks about how we perceive space.

We have also invited many other architects to study their own work in films that we will show in an attempt to explore how people within space make the space itself.

Visitors can react in very different ways towards each installation. The Palazzo delle Esposizioni and Arsenale are treated similarly, both opened up to natural light, but the work is very diverse, making it possible for everyone to find their own approach. We hope that people can compose their own relationship with architecture.
(後略)

出典

Kazuyo Sejima, ed., *People meet in Architecture: La Biennale di Venezia 12. International Architecture Exhibition, 2 voll*, Marsilio, 2010.

＊編者註　発表時の英文を転載。原著者の意向も踏まえ日本語訳は未掲載とした。

People meet in Architecture（抜粋）

Kazuyo Sejima

The 2010 edition of La Biennale is an exhibition about finding architecture; to reconsider the potential of architecture in contemporary society.

The twenty-first century has begun and many things have changed; people, cultures and economies have never been as connected as they are today. Due to advances in technology, we have started to connect with other people in a completely different way, forming relationships indirectly as through the internet. In this new intangible world I believe that architecture occupies a unique and important place.

Architecture has always been a reflection of the collective consciousness, a physical encapsulation of the evolving lifestyles. Our new perceptions of life arise from this changing society and develop according to which region, culture or city they are from. We believe that the existence of these impressions will become far more influential in our future.

This exhibition allows people to acknowledge various ideas from diverse backgrounds and will reflect the present, which in itself encapsulates future potential. We hope that this show will be an experience of architectural possibilities; about an architecture created by different approaches, expressing new ways of living.

An architecture exhibition is a challenging concept as actual buildings cannot be exhibited-models, drawings and other objects must take the place of buildings. As an architect, I feel it is part of our profession to use “space” as a medium to express our thoughts. Each participant is given his or her own space and acts as his or her own curator.

The Palazzo delle Esposizioni largely consists of white rooms with varying proportions. In the Arsenale, all rooms are quite distinct from each other. The sizes of the rooms vary, the wall textures are different due to erosions over time and some rooms have additional white walls. Each exhibition space is its own new site and each participant is making a new project within a unique architectural context. All of the participants show their understanding of and response to the theme, demonstrating their position through the mediation of space. In this way the atmosphere of the exhibition will be reached through multiple viewpoints rather than through a single orientation. It is a backdrop for people to relate to architecture, for architecture to relate to people, and for people to relate to themselves.

2011

建築とは〈からまりしろ〉をつくることである

平田晃久

解説

一九七〇年代生まれの建築家は、二〇〇〇年代のデビュー当初から個人の名前を事務所名に冠し、プレゼンでは抽象的なコンセプトモデルを用いるなど、いわば作家としてキャラ立ちした者が多い。数名のチームで活動を始めた先行世代のユニット派とは対照的な彼らの中でも、非凡な造形センスを示していたのが平田晃久である。その才は伊東豊雄建築設計事務所に勤務していたころから発揮され、「台中国家歌劇院」（二〇一六年）の原型となった「ゲント市文化フォーラムコンペ応募案」（二〇〇四年）の構造システムの元となったアイデアも平田の発案による。

「からまりしろ」とは、彼の手による幾何学形態の複雑さを表現する語としてまずは理解される。重要なのはそれが恣意的なものではなく、なんらかの原理に根ざしていることだ。例えば褶曲（しゅうきょく）した面を層状に折り重ねる「ひだの原理」のもと、インテリアから集合住宅までさまざまなスケールの形態群が萌芽する。それは一見すると一九九〇年代以降に欧米圏で取り組まれた、コンピュータにより形態を自動生成する手法に似ている。とはいえ、テクノロジーにすべてを委ねることなく、みずから新たな原理を発見したうえで人間の拠り所をつくることに、建築家としてのオリジナリティを見出している。

思考と実践の繰り返しのなかでそのつど問いを立て、下地となる理路を徐々につまびらかにしていく文体も平田らしい。その合間を縫うように提示されるのは、たんぱく質の構造や山脈といった数々のイメージ群である。自然物を参照する身振りは同世代の建築家たちや師である伊東豊雄、さらにはメタボリストにも共通しよう。ただし個性的な容貌を纏いつつ、自然物の造形をなぞらえることのみに終始するのではなく、周辺環境との断絶を引き起こさないあり方を標榜する点において平田建築は他と一線を画す。例えば「Tree-ness House」（二〇一七年）では海底の子持ち昆布から想を得た「階層構造」の原理のもと、鉄筋コンクリートのヴォリューム、鉄板によるひだ状の開口部、そして樹木をフラクタル状に組み込むことで、異質なものが独立しながらも共存できる余地を与えた。

このように「からまりしろ」論は当初、形態の成り立ちに理論的な肉付けを施し、二〇世紀から二一世紀への建築観の転換を図ろうとする趣旨が色濃かった。ところが宣言の約一カ月後、東日本大震災が発生。平田は伊東豊雄が音頭をとる「陸前高田の『みんなの家』」（二〇一二年）にかかわり、他の建築家とともに市民との合意を得ながら建築をつくる現場に立ち会う。この経験をふまえて「からまりしろ」の考えを設計プロセスにまで拡張したのが「太田市美術館・図書館」（二〇一七年）である。複数のボックスにスパイラル状のスロープをめぐらす空間を検討するにあたり、数回の住民参加型ワークショップを導入。他者たちの希望をすくいあげ、当初案よりも野性味を帯びた姿に結実した。

（菊地尊也）

関連文献

「特集：風景の解像力」『JA』七〇号、二〇〇八年
平田晃久「生態系としての公共のはじまり――多数の個を巻き込んで建築をつくる」『新建築』二〇一七年五月号

建築とは〈からまりしろ〉をつくることである（抜粋）

平田晃久

飛行機の窓からアルプスを見下ろしていたときだった。たくさんの雲が山ひだに沿うようにからみつき、強い光が差し込んで、美しい陰影の世界が拡がっていた。その光景は、それだけで感動的なものだったが、それが現代建築にある示唆を与えてくれるような気がしはじめたのだった。水蒸気を含んだ空気が山肌にぶつかって生まれる光景。小学校の教科書にも載っているような原理でできた光景だが、そういうからまり合う光景が生まれていること自体、じつは不思議なことである。それはそこに山肌があるからか。しかしその山肌はなぜそこにあるのか。それは地表面の活動があるからか。しかしその活動はなぜ生まれるのか……。問い始めれば宇宙の起源にまでさかのぼるような

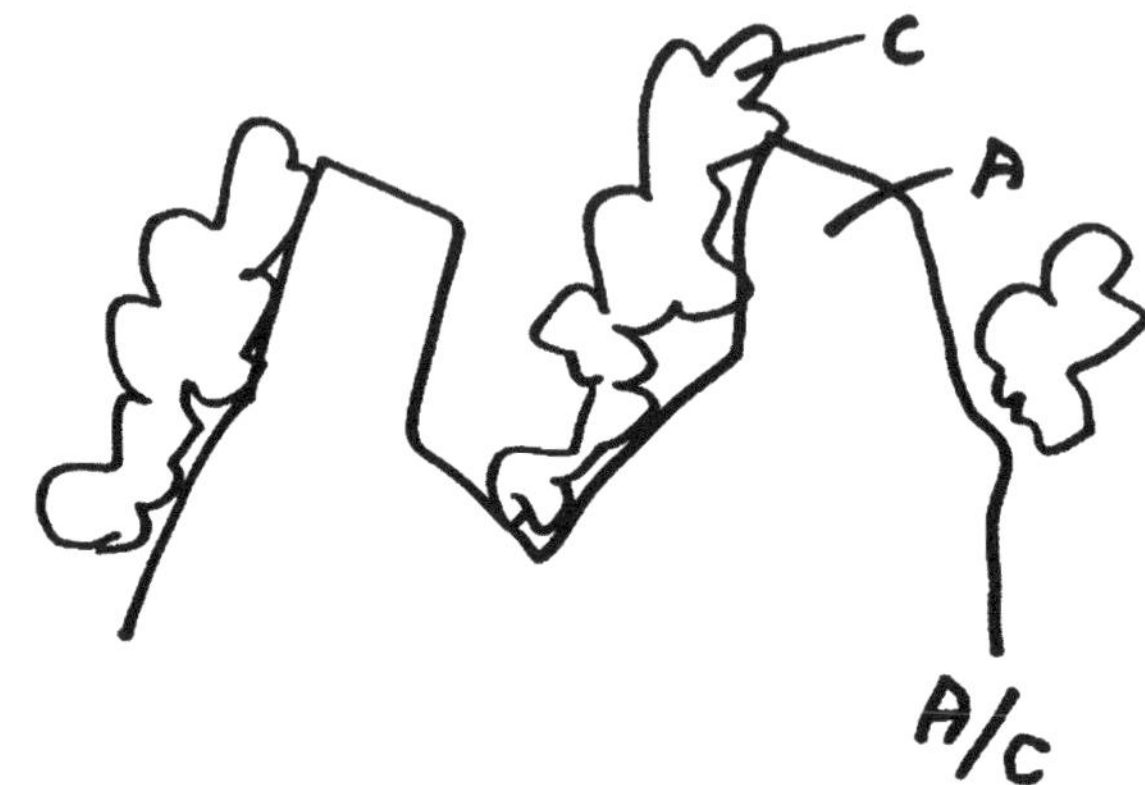

アルプス／雲

話だが、少なくともアルプスの様態は、そこにからみつく雲に対してある親和性を持っていることは確かだし、そこには両者がからまり合うことによってしか生まれないようなまとまりが生まれていることも確かなのだ。

それは建築が生きているものの世界に接続できる地平を表わしているように見えた。考えてみれば生きているものの世界は、たんぱく質のようなミクロの世界から、森のようなマクロな世界まで、からまり合い連鎖する秩序の織物なのだ。山肌が雲を引きよせるように、〝からまりしろ〟となるものが、そこにからみつくものを引きよせ、より高次のまとまりが形成されてゆく。それによって生物がいなくてもよかったかもしれない世界に、なぜかえもいえぬ複雑さを持った生命の光景が生まれ、そして更新されてゆく。

創発？　複雑系とか非線形といわれる現代科学の情報を経由した思考からは、そういう言葉が思い浮かぶ。しかしこの言葉もほかの多くの重要な言葉と同じように（少なくとも日本では）またたく間に使い古され、色あせ始めているように見える。とはいえこの言葉の持つ本当の広がりや知見はまだ、建築を通して私たちの生活像や価値観に持ち込まれてはいないのだ。それは単に、局所的な形の論理を組み合わせてコンピュータで生成する複雑な形態ということではない。それではたとえばシロアリの巣のような創発的過程で生まれた形態を模倣する表現にしかならないだろう。

もっと本質的なことが示唆されているはずだ。でも、もしかしたらそれはとてつもなく単純なことなのかもしれない。アルプスと雲がからまり合う光景は、そういうことを示唆していた。それは次のような言葉に集約することができる。

建築とは〝からまりしろ〟をつくることである。

海藻

もうすこし身近なところに話を引き戻してみよ

う。

たとえば子持ち昆布。おおよそ建築とは関係のないものに見えるこの海藻と魚の卵の組み合わせが、〝からまりしろ〟をめぐる建築的思考の助けとなるイメージを与えてくれる。海の中にある海藻を思い浮かべてみる。それは何もない海中に、ある表面積をつくりだしている。ニシンのようなある種の魚は、こうしたひだの多い〝からまりしろ〟の上に卵を産みつけるのだ。ここにはすでに［アルプス／雲］の関係がある。

それだけではない。卵にとっての〝からまりしろ〟である海藻はそれ自体、海底の岩や凹凸に根を下ろしている。つまり、海藻と海底の岩のあいだにも、［アルプス／雲］関係が存在するのだ。さらに考えるなら、海底の岩も、より深く海底面の基盤をなす層の上に宿っているはずだからここにもまた［アルプス／雲］がある。要約するなら、そこには順々により高次のまとまりを形成するような階層構造がある。

しかし、少し考えればわかることだが、同じような［アルプス／雲］の階層構造は私たちの身のまわり、生命が存在する場所のいたるところに見られる。

（中略）

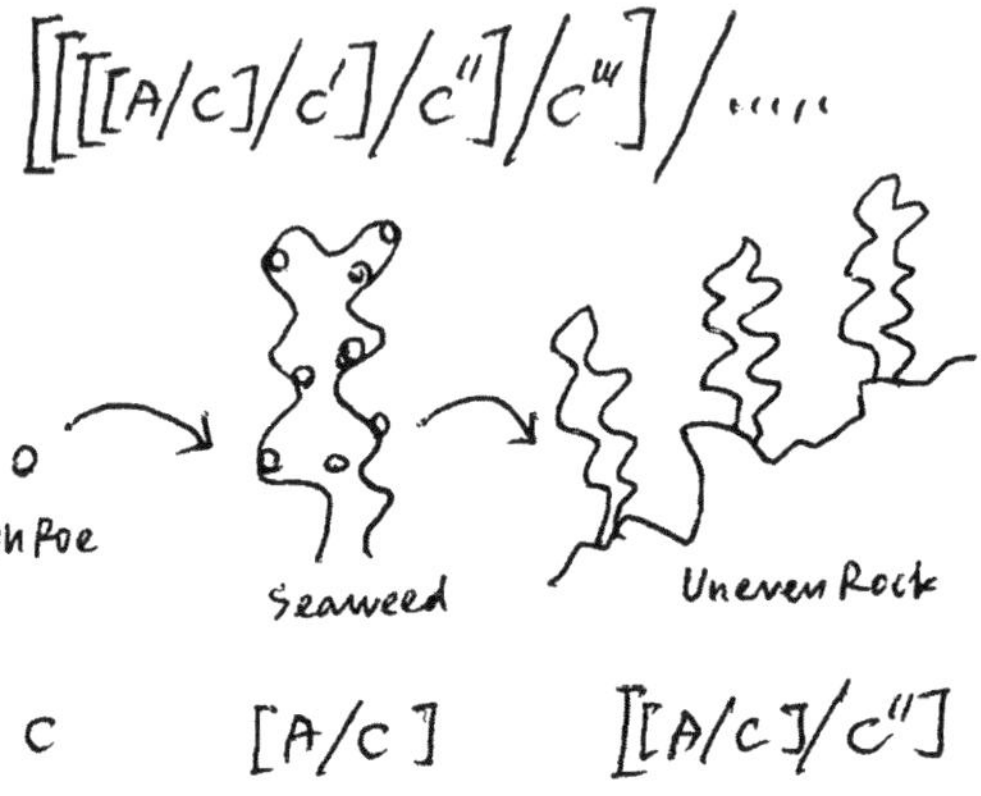

[[[[A/C]/C']/C'']/C''']/.....

Fish Roe
Seaweed
Uneven Rock
C
[A/C]
[[A/C]/C'']

あらわれ

近代建築は、生命の秩序から切り離された抽象的思考を選び取った。この抽象化は、あるはたらきがそのまま顕在化した形の原理を消そうとする。たとえば、屋根のことを考えてみるとわかりやすい。屋根の形は上空から見ると自然の地形のように見える。自然の地形は水が流れることによってできる形であり、屋根は水を流すためにできる形であって、これら両者に共通の生成原理を見出すことができるからだ。だから屋根の形は、水が流れるということの本性／自然が顕在化したものであると言える。これに対して近代建築は、この屋根の形を見えないものにし、あたかも積層された床と同質のもののように扱おうとする。しかし実際は、雨水を縦樋に流すために考えられた巧妙な地形が極小の勾配で設けられていることを、設計の実務を行なったことのある人なら知っている。ここでは高度なテクノロジーが、はたらきとしてのかたちを消去する方向で使われている。

しかし別の方向の抽象化もありうるはずなのだ。たとえば前述のように、屋根を自然物に近いものとして見ることもできる。そうするとあたかも洞窟や樹木といった自然物に寄り添って暮らしていた原始の住居と同じような仕方で、屋根のなかに住む住居というものを構想することも可能だろう。《イエノイエ》というプロジェクトはそんな発想からスタートした、屋根型を使った住居のプロトタイプである。個室はそれぞれに階段を持ったボックスであり、下階はベッドなどを置くクローズドな用途に、上階はオープンな用途に使う。特徴的なのは、開放的な上階同士が、屋根の谷線によってやわらかく仕切られていることである。自然の地形の中に住むような関係性が、現代的な個人の関係と重ね合わされているわけだ。

屋根というものが、水を流すはたらきが顕在化した「自然」として「抽象的」に扱われている。とはいえ、ここでの「抽象化」は、近代建築の抽象化、はたらきとしての外形を消去し、プライマルな図形に還元するような抽象化とは異なっている。「はたらき」としての「かたち」が同時にひとつの「あらわれ」でもある地平が垣間見える。

（中略）

巨木

樹齢数百年、時には数千年という巨木には、なぜか心をひかれる。そういう樹はたいてい奇妙な形をしている。樹木の生成原理がそのまま現われた形状をしていないのだ。一〇〇年前に落ちた雷の痕跡や、どういう経緯でそうなったか知る由もないようなねじ曲がった枝や、あちこちの樹皮やくぼみに巣くう別の植物や、そこに生きている（生きていた）さまざまな動物の営みなどが渾然一体となった全体像ができている。それは単なる混沌ではなく、ある説得力を持ったまとまりであって、巨大な樹木が経てきたさまざまなプロセスの痕跡がへばりついたひとつの世界なのだ。この本の文脈でいうならば、樹木の生成原理とそれにまつわるさまざまな他者が、まさにからまり合う秩序を形成しているわけである。樹木、あるいはその生成原理は、そういうまとまりが生まれるための〝からまりしろ〟なのだ。

巨木のような建築をつくることはできないだろうか。これはほとんど不可能な問いに思える。そもそも巨木のような存在は、建築をつくるときに必要なモデル化そのものを拒んでいるようにみえる。しかし、私たちがさまざまなからまり合いの結果生まれた複雑なまとまりそのものをモデル化できないとしても、そのために必要な〝からまりしろ〟を扱うことは可能かもしれないのだ。そもそも樹木の生成原理がないところに巨木の存在もない。

〝からまりしろ〟としての建築の生成原理を記述しようとすれば、ある種の幾何学が必要である。しかしこの幾何学そのものが目的なわけではない。私たちがつくりたいのは「からまりあう秩序」、建築がそれにまつわるさまざまな事物とある有機的なまとまりを形成しているひとつの世界なのであって、幾何学そのものではない。しかし、それは幾何学をめぐる新しい探求が重要でないことを少しも意味しない。〝からまりしろ〟をめぐる新しい価値観は、これまであまり省みられることのなかった種類の幾何学的方法を顕在化させるだろう。それは静止した幾何学だけのことではないし、手続きという意味で時間を内包したアルゴリズム的方法も含んでいる。また、多細胞生物の体が、成長の段階ごとに発現する遺伝子が異なり、別々の部分が有機的に連関しているのと同様の秩序も想定できるだろう。もう少し範囲を拡げれば、他者的なものを巻き込んだプロセスを経て出現する巨木のようなひとつの世界も、その延長にあるのかもしれない。（……）

（中略）

ひだ――表面積を増やすこと

煙草の煙のふるまいの面白さにはいつも魅了される。考えてみれば、煙のふるまいはそれがまわりの空気とからまり合うときのふるまいなのだ。それで常々、この煙の運動のようなものを幾何学としてとらえて建築に応用できないかと思っていた。あるとき、煙モデルをひとつの点のような源から輪のように拡がる線の運動としてとらえられないかと思い至った。輪が拡がる速度より輪が長くなる速度のほうが大きければ、輪は同一平面にはおさまりきらなくなり、ひだを形成し始める。このことは、図のように原理化できるのではないかと考えた。一本のひもが自分自身の上にフラクタルにひだを形成しながら次第に長くなるモデルである。煙のような形態は、たとえば球面上に巻きつけられたこのひもが、ひだの階層を深くしながら拡がっていくときの軌跡としてとらえられるのではないかと思ったのだ。球面上に巻きつけると、〇次のひだ（直線）は地球に対する赤道のようになり、一次のひだは野球ボールの縫い目のような形になる。これが二次、三次と次第に長く複雑になっていくのだが、いずれも球面を二分割する線であることは変わらない。そしてこれらをつないだ形は複雑な三次元的ひだになるのだが、これは煙だけでなく、限られた空間のなかで表面積を最大化しようとする自然物に共通してみられる形である。これをさしあたり「ひだの原理」と呼んでいる。（……）《csh》という椅子は、この原理を応用した最初のプロジェクトだったが、この原理が建築にも応用できることに気づくのに、さして時間はかからなかった。なぜなら建築もまた限られた敷地のなかに表面積を最大化する存在だからである。

（中略）

良いツリー——集合的知性に近づくため

建築を設計するということは、個としての設計者の知性でとらえられる内容を現実化しようと

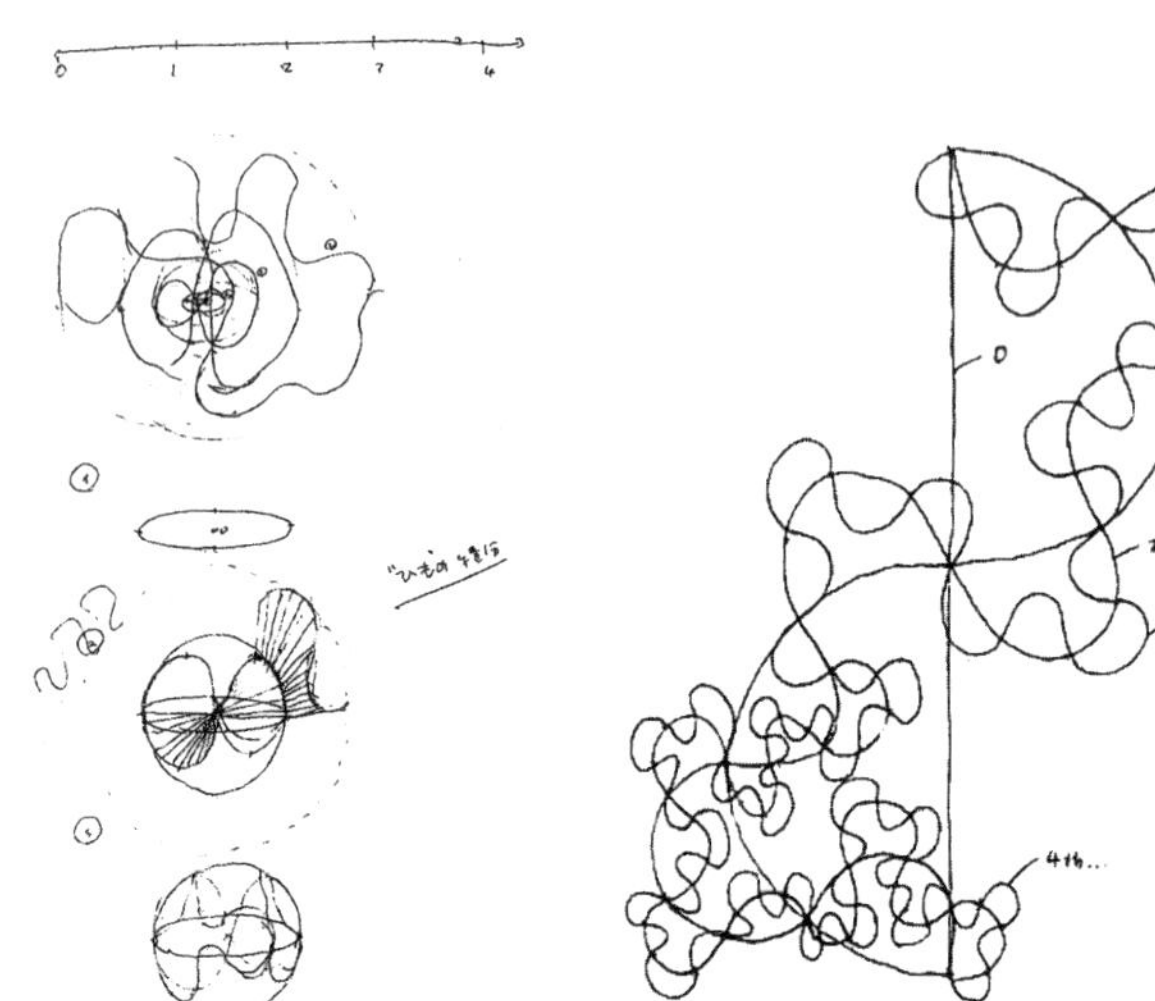

ひだの原理

することである。したがって生きている世界のからまりあう秩序、個よりも大きなまとまりが獲得する知性のようなものを、設計することなどできるのか、という疑問が直ちに生じる。これは、さまざまなかたちでこれまでも指摘されてきたことだ。クリストファー・アレグザンダーが、都市はツリーではなく、セミ・ラティスであると言うとき、集合としての都市は設計者が明晰な意識で把握できるような対象以上の豊かさを持つことを指している。

確かに原理上、セミ・ラティスのような状態、あるいは個別の知性で捉えられないような集合的知性を持った全体を設計することはできないのかもしれない。しかし私たちは、良いツリー、からまりあう秩序が息づくことのできる〝からまりしろ〟なら、設計することができるのではないだろうか。

そして、それができたとき、建築／都市／環境を別々に扱っている枠組みは変成することになる。建築は、明晰な意識だけでなく、私たちがはっきりとは意識していない動物的本能や無意識のようなものに開かれたものになるだろう。そのとき建築は、建築の歴史だけでなく、人類史あるいは生命の歴史のもつ広大な拡がりに接続できる地平を獲得することになるだろう。〝からまりしろ〟としての建築をめぐる考察は、この新しい地平、希望のようなものに向かっている。

出典
平田晃久『建築とは〝からまりしろ〟をつくることである』
ＩＮＡＸ出版、二〇一一年

2011

アーキエイドとは何か

アーキエイド

解説

アーキエイド（Archi+Aid）とは、二〇一一年三月一一日に発生した東日本大震災を契機として設立された「東日本大震災における建築家による復興支援ネットワーク」の略称である。阿部仁史や小野田泰明らが発起人となり、二〇一一年四月に設立され、同年九月に一般社団法人となった。建築家や研究者による復興支援をネットワーク化することで、支援を必要とする被災地と円滑につなぎ、「国際的なネットワークによる多面的な復興支援・地域復興プラットフォームの構築」「被災地の建築教育の再建／実践的復興教育サービスの開発」「震災知識の集積と啓蒙」という三点を目的に活動を行った。

アーキエイドには大学に研究室を持つ建築家が多く所属しており、被災地の「建築教育環境」の復旧も目的に掲げていたことから、建築学生も積極的に復興事業やワークショップに参加した。学生や若者が実務に近いレベルで復興支援に関わる機会を設けることで、東日本大震災の長期的な復興に応じつつ、再び災害が発生した際には建築家同士、あるいは建築家と地域の人々とのネットワーク形成に貢献できる新しい世代を育てるためである。これは設計者選定などのプロセスを踏む必要のある設計事務所とは異なるオルタナティブな支援の経路を生んだ。そして学生として被災地に入った世代が、建築家になり、複雑な環境をていねいに読みとる態度を身につけている（例えば、冨永美保）。

アーキエイドは発足当初より活動期間を五年と想定し、実際に二〇一六年に解散した。解散年に発行された『アーキエイド 5年間の記録』掲載の一覧表によれば、その支援・協力プロジェクトは優に一〇〇を超える。復興公営住宅計画や既存建築のリノベーション、あるいはワークショップや展覧会など、ハードからソフトまで、その復興活動は広範に渡る。

例えば、神戸大学の槻橋修研究室らによる「失われた街」模型復元プロジェクトは、岩手・宮城・福島県の被災地域を五〇〇分の一の模型で再現することで、記憶や風景の継承を目指すプロジェクトである。あるいは、筑波大学の貝島桃代研究室による「牡鹿漁師学校の実践」は、牡鹿半島の桃浦集落において行われた教育プロジェクト。漁業の後継者を育成するとともに、新たな浜の住み手を募集すべく、自然環境の調査や水産加工実習などのプログラムが組まれた。牡鹿半島では、東京大学の千葉学研究室やY-GSAの小嶋一浩スタジオ、東京工業大学の塚本由晴研究室、東洋大学の藤村龍至研究室など一五の大学が浜ごとに分かれて、その歴史や環境を丹念にリサーチのうえ、復興プランの提案が行われた。

アーキエイド以外にも、復興支援にはさまざまな建築家が参画した。伊東豊雄が中心となり、被災地に集会場をつくる「みんなの家」プロジェクトはその代表的なものとして挙げられよう。またコミュニティの問題に取り組む動向は、関係性の建築、すなわちリレーショナル・アーキテクチャーと呼べるかもしれない。

（菊池奈々）

関連文献

五十嵐太郎・山崎亮『3.11以後の建築――社会と建築家の新しい関係』学芸出版社、二〇一四年
伊東豊雄ほか『みんなの家、その先へ――HOME-FOR-ALL and Beyond』LIXIL出版、二〇一八年
山崎亮『コミュニティ・デザイン――人がつながるしくみをつくる』学芸出版社、二〇一一年

アーキエイドとは何か（抜粋）

アーキエイド

東日本大震災における建築家による復興支援ネットワーク［アーキエイド］は、東日本大震災からの復興にむけて、建築家による数々の支援活動を相互にネットワーク化し、支援を必要としている被災地に適切につないでいく事のできるプラットフォームの確立を目指して活動しています。

アーキエイドには次の三つの活動目標があります。

1　国際的なネットワークによる多面的な復興支援・地域振興プラットフォームの構築

被災地域の復興支援や地域振興に対して、国際的な建築家・大学とのネットワークを活用し学際的かつ領域横断的な人材供給を実現する創造的な人材プールを構築して、まちづくりから、復興デザインのコンサルティング、文化・教育的なコミュニティ・ケアなど、多面的な支援を行う。

2　被災地の建築教育の再建／実践的復興教育サービスの開発

復興支援・地域復興の継続的な取り組みを、文化的復興のプロセスとして位置づけ、建築家や専門家らの専門的な力と被災地域のニーズのマッチングを行い、そこで行われるプロセスに住民や学生の参画を促して実践的な復興教育サービスの開発を行うと共に、これからの地域を支える若い人材の育成に取り組む。

3　震災知識の集積と啓蒙

今回の大震災に関する学際的・領域横断的な研究や教育的活動をサポートし、震災に関する知見を広く次世代に受け継いでいけるように情報の集積と啓蒙に努める。

そして、これら活動目標の達成にむけて、以下のアクションを行ないます。

1　しまう
建築家による復興プロジェクトに関する情報の収集・整理・提供

2　交換する
建築家、被災地域、学生間のコミュニケーション支援

3　価値づける
復興プロジェクト、復興計画へのレビューとフィードバック

これらのアクションによって、アーキエイドは発足以降、建築家たちがその能力を最大限に発揮し、適切な場所で適切な対処を施すことができるように、数多くの実践的なプロジェクトを支援しています。

アーキエイドは、被災地の復興とあわせ、被災地の建築教育環境がいち早く復旧し、この特別な機会に建築を学ぶ若き学生たちが、長く続く地域の復興支援活動において責任ある役割を果たしていくことを期待しています。（……）

（……）二〇一一年四月に設置されたオフィシャルサイトを通じて、活動への寄付・募金の呼びかけを行うとともに、現地の情報やさまざまな建築関係者からの支援情報を収集・公開し、被災地における復興ニーズの発掘、建築家や専門家とのディスカッションや公開シンポジウム、展覧会などを開催しています。地域支援、教育再建、情報共有、これら三つの柱となる活動を確実に支え推進していくべく、二〇一一年九月には一般社団法人アーキエイドを設立、活動拠点として宮城県仙台市に事務局を開設しました。

（後略）

出典
『アーキエイド 5年間の記録――東日本大震災と建築家のボランタリーな復興活動』フリックスタジオ、二〇一六年（初出：「アーキエイド」ウェブサイト、二〇一一年四月一一日）

2011

「建屋」と瓦礫と――「テクノニヒリズム」以後

鈴木了二

解説

鈴木了二は「物質試行」のシリーズを横断的な分野で展開した建築家であると同時に、『建築零年』(二〇〇一年)などの著作で近代建築や自作を対象に、知的かつアクロバティックな論考を発表してきた。このテキストは、東日本大震災の後、メディアを通じた印象と現地を訪れた体験をもとに執筆された、彼としてはめずらしい時評である。だが、多くの建築家が被災の状況に驚愕しつつも、人助けをすべく、ヒューマニズムを発揮して、復興に向けてポジティブな姿勢を示したのに対し、鈴木は内省的な態度によって、「建築」そのものへの深い思索を行う。まず個別に問題があった建物が倒壊した阪神・淡路大震災のときとは違い、彼は「自分にも責任があったという加害者のような思い」を抱き、レヴィ＝ストロースが提唱したブリコラージュのレベルで、「技術者の身体感覚」を鍛えなおす覚悟を述べている。注目すべきは、建築がかわいそうだという感情である。とりわけ、福島第一原子力発電所が、風格をもった廃墟になれず、「行き場のない宙ぶらりんの情けなさを露呈している」という。しかも、「建築」とも「建物」とも呼ばれず、耳慣れない名前の「建屋」と呼ばれている。高い放射線量ゆえに、人が近づけない神殿や墓のような存在なのに、いい加減なデザインの姿で今後もずっと恥辱をさらし続ける存在なのだ。鈴木は、一九八九年に「テクノニヒリズム」の論考で、技術が反省なき前進運動であると指摘したが、その後日談こそが原発事故だったとみなす。また全方位的に広がる瓦礫の風景は、建築のデザインが「いかに小手先のもので慎ましいものにすぎないか」と思わせるような、想像を超えた破壊と変形を受けているという指摘も興味深い。

すぐに行動できる津波の被災地に比べて、立ち入りを困難にする放射線の影響ゆえに、建築界における原発事故への応答は多くない。みかんぐみの竹内昌義は、安全性とエネルギーの状況を調査し、再生可能エネルギーに注目した。また宮本佳明は、事故を起こした原発を荒ぶる神を鎮める神社に見立て、「福島第一原発神社」を構想している。鈴木は、人間中心のコミュニティ論に移行することなく、3・11を通じて、建築と技術の反省を試みた。なお、この文章を収録した著作の冒頭を飾る立原道造論では、彼の廃墟への関心に触れつつ、その作品を立つのではなく、「寝そべる建築」と評し、異なる歴史の方向性を示唆している。鈴木によれば、時代を超えて、立原の考え方は震災後の現代に届くものだという。

（山口智子＋五十嵐太郎）

関連文献
鈴木了二「テクノニヒリズム〈特集〉居住環境の創造とテクノロジー」『建築雑誌』一九八九年四月号
竹内昌義編著『原発と建築家——僕たちは何を設計できるのか。再生可能エネルギーの未来、新しい時代の建築を考えた。』学芸出版社、二〇一二年

「建屋」と瓦礫と

──「テクノニヒリズム」以後（抜粋）

鈴木了二

震災と津波の映像を見たのは、大渋滞のなか事務所のスタッフを途中まで送り、やっと自宅に着いた夜である。建物が津波に押し流され、まるで書き割りが舞台を退場するかのように、水の渦巻く広場のなかをゆっくりと移動してゆく。この非現実的な光景を見てまず感じたこと、それは技術者としての責任感のようなものであった。

（中略）

（……）震災後にまず建築家が問われたのは、今後の復旧や復興よりも先に、いままでの仕事についての反省ではなかろうか。そしてこの反省は自分の感覚の奥底にまで掘り下げ、身体の隅々にいつのまにか染みついた生ぬるさを一掃するほどのものでありたいと思う。

それは津波の高さの想定や地震の予想規模をも含めた全面的な、そしてより根源的な安全基準の見なおしを意味するだろう。しかもそれを実行するには、安全率を数値的にいじる程度の表面的な手なおしではなく、技術者の身体感覚を、もともとは技術の起源であったはずの手仕事の慎ましいブリコラージュのレベルへと差し戻し、もう一度鍛えなおすくらいの覚悟がいる。それを突き詰める前に、おいそれともとの日常に舞い戻るわけにはなかなかいかない。

＊

福島原発と地震津波は別々の問題であり、それぞれ別個に考えなければならないというのが一般的な趨勢のようである。しかし建築にたずさわってきた私としては、少なくともある一点においてはとても別のこととは思えないのだ。それは、建築があまりにもかわいそうだという感情のようなものである。

死者、行方不明者の数の甚大さ、そしてもし一命を取りとめたとしても、家や土地を失うような被災を引き受けたまま生きていかなければならない人たちの困難さの気の遠くなるような巨大さを前にすれば、まず人間の問題が前面化するのは至極当然の成り行きだろう。しかしほんの少しでもよいから、「人間」の側から「建築」の側に視点を移してみることがあってもよい。するとそこに見えてくるのは「建築」の哀れさと情けなさではなかろうか。

福島原発事故で私たちが目にするのは、三〇キロ圏外から望遠レンズでとらえられた映像だ。爆発によって剝き出しになったよれよれのみっともない構造材。クラックだらけと化し、だらしなく崩れたり膨らんだりしているコンクリートの外壁。青空をイメージしたのか、いやにハッピーな、だからなおさらそこで起きている悲惨への悪質なギャグのようにも見えかねない外壁の白と空色によるグラフィック。私はできることなら大急ぎでシートか仮囲いで覆ってあげたいような気がした。そしてその気持ちはいまも変わらない。

なぜそう思ったか。それは福島第一原子力発電所がいまだ廃墟になれず、かといってもはやもとにも戻れないという、どうにも行き場のない宙ぶらりんの情けなさを露呈しているからだ。

ふつうなら建築というものは、それがいかなるものであっても廃墟になると、ある風格をもつものである。なぜなら、それはルイス・カーンの指摘したように、廃墟になったときはじめて建築の建築性が純粋に立ちあがるからだ。カーンによれば廃墟とは、建築が人間に奉仕する苦役からやっと解放され、ついに見せてくれる建築本来の伸び伸びと安らいだ姿なのである。そしてそうなるために廃墟は、徹底的に生命性を蒸発させ、生臭さを消去して、化石のように乾燥している必要があるのだ。

では、福島第一原子力発電所はどうか。いうまでもなく、それは無残な崩壊を晒しつつ、しかしなお生きつづけるしかない建築だ。これまであてがわれてきた役割をはずされ、したがって建築としてはすでに追放されているのだが、しかしまだ死んではいない。いや死んでいないどころか、今後相当の長い期間にわたって、どうなろうと生きていかざるをえない情け容赦のない運命である。建築の生からは追放されていながら、しかし死して廃墟になることは許されず、そのうえ建築にとっては予想外の、奇怪な生命を預かったとしか思えない不気味な発熱さえ帯びているのだ。

　恥ずかしさのあまり、できることなら一挙に消えてしまいたいと、本人はどんなにか思っていることだろう。しかも、あきれたことにだれも「建築」と呼んでくれない。「建物」ですらない。そしてやっと呼ばれた名称が、なんと「建屋」なのであった。

　原子炉建屋、これは明らかに差別用語だ。ポンプ室や工場などで使う名称であるとはいえ、これほど巨大で危険な施設に適用すること自体がなおさら差別的である。手持ちの建築辞典には「建物」はあっても「建屋」は出ていない。明治以降建物の全体を指すにすぎなかった「建家」がいつの段階で「建屋」と名を変えて、おもに土木工事の周辺部へと追い込まれていったのか。業界以外にはどうでもよい境界線のうえで、建屋にはいつのまにか原子力に隷属する場所があてがわれていた、まあそんなところなのだ。

　考えようによっては、あれほどの規模とコストが許されていたのだから、建築としてきわめておもしろいものができる物件であったはずなのに、原発のどれもこれもがろくなデザインではないことはだれの目にも明らかだろう。原発ばかりではない。高速増殖炉「もんじゅ」など、文殊菩薩を騙(かた)るデザインとしてだれが図面を描いたのか顔を見たいような気もする。これらの原子力関係の「建屋」の設計にたずさわった建築家がだれであるかは知らないが、その完璧なデザインの手抜きぶりは見上げたものである。

（中略）

三月二十日（二〇一一年）の朝日新聞の天声人語に「福島の原発では、四つの原子炉が悪さを競うように日替わりで暴れている」と書かれてあった。日本の経済に奉仕しつづけてきた優良息子が想定外の津波のおかげで急に暴れ出し、放蕩息子と化して「悪さ」を繰り広げているというイメージである。そのありようを象徴的に見せているのが建屋の無様な姿だ。人々は原子炉の問題にかかりきりで、行き場のないかわいそうな建築のことなど眼中にないのである。

そのくせ、それほど原発の建築を低く見ていながら、強力な放射線量のために簡単に人は寄りつくことができない。人間の入ることのできない建築とは、いままでの常識からすれば神殿か墓ではないか。その意味でこの建築は、神域にも似たある種の神々しさ、崇高ささえ備えているともいえるだろう。

ほとんど崩壊しながらも本質的なレベルで廃墟になりきれないという宙ぶらりんの恥辱が、神々の宿る神域にも似たその場所に剝き出しになっている状態、それが福島第一原発という建築の存在形式にほかならない。しかも弔うことさえままならぬその恥辱を今後も延々と生きつづけなければならないのだ。建築の新たな存在形式の誕生であることは間違いない。

二十年ほど前に、私は技術について「テクノニヒリズム」というエッセイを書いた（「建築雑誌」一九八九年四月号、『建築零年』筑摩書房、所収）。そのなかで「技術」には人間外からやってきた得体の知れないウィルスのようなものが混入しているのではないかと考えた。技術というものが生理的に有しているとどまるところを知らない前進運動の正体がどうしてもわからないからである。なぜかを問いつめても埒が明かないので、まるごと地球外に問題を放り投げたようなものだ。

そのウィルスの不気味さとは、人間を空間的にも時間的にも遮二無二解放してしまおうとする前向きの欲動が備わっていることだ。いったいだれがそこまで望んでいるのか。それはもうだれにもわからない。二十世紀の総力戦の悲惨さこそ技術の産物であったのに、技術そのものはなんの反省もしていない。反省しないどころか、さらなる前進運動へと加速した。そしてこの「テクノニヒリズム」の後日談こそが、私にとってまさに今回の原発事故ということになったのだ。いままさにじわじわと得体の知れないウィルスが、計測可能な放射線量という数値を授けられて、やっとその正体をあらわしつつあるかのようだ。

（中略）

＊

建築がかわいそうだという思いは、津波あとの光景を見たときにも起こった。

震災後しばらくしてから、親戚の見舞いも兼ねて東北に行った。石巻に行った日は恐ろしく強い風の吹きつける日で、空は異様な青さで晴れあがり、視界はあまりに透明で距離の感覚がうまく働かないような気がした。人間の生活がすべて消え去ると、空気はこれほどまでに透き通るのか、そう思わせるほど容赦のない暴力的ともいえる透明さであった。

そんな透明さのなかを、瓦礫が視界のさえぎられることのないままにどこまでも広がっていた。建築はほとんど姿をとどめていなかったが、しかし影も形もすっかり消え失せていたのでもない。それはまったく別の何ものか、すなわち瓦礫へと変貌をとげ、ひたすら重なっていたのである。

もちろん、その惨状は場所によって異なるだろう。それに私はほんのその一端をおずおずと盗むように一瞬見ただけにすぎないが、そこでなにより驚かされたのは瓦礫パーツのあまりの多種多様ぶりであった。

これを破壊というにはあまりに念が入りすぎてはいないだろうか。どう見ても、ただ壊しただけでは気の済まない人のやることとである。壊すだけならただ倒せばよいものを、左に捻り、右に折り返し、湾曲させ、過剰な装飾のようにギザギザをつけ、引き裂き、そのうえでやっと投げ捨てるのであるが、その距離もまたわれわれには思いもつかないほどの遠方であり、また方向なのだ。

（中略）

瓦礫のひとつひとつが、けっして共通の破壊方式によるのではなく、どうやっても想像力にまで到達できないレベルの驚くべき変形と圧縮と引っ張りと切断を受けていた。これらの瓦礫が途切れることなく、はるか無限遠点にまで無数に克明に見えている光景。そして瓦礫のパーツがおそろしく多様であることがそれらの連なりの無限感をさらに強めるのか、そこには果てがないように思われた。

目の前の光景は、絵面的には新聞や雑誌などの写真で目にしてきたのとほとんど変わりはなかったが、ただ、唯一現場で気がついたことがあった。それは瓦礫の、全方位的広がりであった。

瓦礫は自分の前方に広がっているだけではない。背後にもまた同様の広がりが、手を抜かない多様さのまま無限に存在していた。恐ろしいのは破壊の光景というよりも、背後にも同様の無限が容赦なく広がっていることであり、逃げ場なく一元化された世界を示す、背中から突き刺されるかのような全方位性だ。

あたりは強圧的ともいいたいような静けさが支配していたが、しかしけっして無音であったわけではない。それどころか、その日に吹き荒れていた強風が建築の残骸を揺すぶり、ぶつけあわす音が喧しいほどのざわめきとなって、それこそ全方位から間断なく鳴りつづけていた。この破壊の全方位感こそ、原爆や大空襲の跡をイメージしようにも写真でしか知る手立てのないわれわれには感じることのできなかった何ものかであったのかもしれない。

＊

震災後に書かれた文章は、ほとんどが人間の喪失のほうに目がいってしまい、建築の喪失についてはなかなか言葉が差し向けられなかった。（……）

（中略）

建築の喪失についての話がないというと、あるいは建築家が発言していないように思われるかもしれないが、しかしけっしてそうではない。沈黙どころか反対に、にぎやかなほど震災の後から次々と有力な建築家の発言が続いている。今回の震災が建築を直撃していることのあらわれだろう。にもかかわらず、こちらに届く言葉になかなか出会わない。

（中略）

そんななか、建築家の発言として例外的にみえたのは乾久美子氏のものだ。

ニュースで出会った「防災から減災へ」という言葉から、事態の巨大さがもたらす過剰反応、すなわちこれを克服しようとする完璧さの希求とその反動としての幻滅のあいだで「白黒を性急に求める未熟な議論を超えていこうとする気持ちが「減災」に表れている」ことを指摘したあとに次のように述べる。

「「減災」議論に重要なのは、各要素技術のそれぞれの弱点と、最悪のケース、つまり「死」という可能性を含んだシナリオであることの周知です。このような難しい問題と共に生きるような新しい日常を、この度の震災はつくり出したのかと感じています」（「これからの日常」、「新建築」二〇一一年六月臨時増刊）

「減災」自体にはとりたてて目新しさはない。しかしそれに接続されていく一群の言葉にはどこかで帳尻の合わない、もどかしいような割り切れなさがある。わかりやすすぎて手応えの感じられない建築方面の言説のなかで、このような割り切れ

福島第一原発石棺化計画、筆者によるエスキース（出典：『みすず』2011年8月号）

なさに出会ったことは、震災後に関するかぎりなかったような気がする。職業柄か「難しい」と言い放してしまう建築家は、いまではめずらしいのだ。

（中略）

いいかえると、ここでいう「難しさ」とは、スーパーサイズ化した技術、つまりプロフェッショナルとして確立されたと思われていた技術、そのくせ思いのほか脆弱さを露呈している技術にたいして、恐れることなく、しょぼいといえばしょぼい、高貴といえば高貴な、レヴィ＝ストロースが定式化した神話的思考、すなわち「雑多な要素からなり、かつたくさんあるといってもやはり限度のある材料を用いて自分の考えを表現する」（『野生の思考』）ことをもって立ち向かうことではないか。

（後略）

出典

鈴木了二『寝そべる建築』みすず書房、二〇一四年（初出：『みすず』二〇一一年八月号）

2012

漂うモダニズム

槇 文彦

解説

槇文彦は一九六〇年代から半世紀にわたって活躍し、二〇一〇年代も、大きな反響を呼んだ新国立競技場のコンペへの批判などの言説によって強い存在感を示した。本論「漂うモダニズム」は、彼自身の体験を交え、大きな視点からグローバル資本主義の時代の建築の状況と行方を分析している。モダニズムは、誕生からおよそ一〇〇年の時を経て別物へと変化したという認識が出発点だ。「五十年前のモダニズムは、誰もが乗っている大きな船であった」。が、「現在のモダニズムは最早船ではない。大海原なのだ」。かつてモダニズムは未来への大きな指針を示したが、今や建築家は船から投げ出され、海の中で行く先もわからないまま漂う存在である。

この論考では、まず地域限定の「母語」と、ラテン語のように広域に通用する「普遍語」の関係を、「ローカルな建築」と「様式建築」になぞらえ、建築の歴史を整理する。そして音声に対応するカナ（感性的）と、図像にもとづく漢字（理性的）を併用する日本語の特殊なハイブリッド構造が、近代以降の建築に影響を与えたという。彼によれば、日本独特の理性と感性のバランスの豊かさが、坂倉準三の「パリ万博日本館」（一九三七年）や丹下健三の「国立代々木競技場」（一九六四年）などの傑作をもたらした。モダニズムという建築の普遍語を用いることで、より一層日本の建築文化の特徴が明瞭に現れたと指摘する。

しかし、七〇年代になると、モダニズムに内在していた共通の使命感と思想が失われ、異なる考えが混在し、互いの価値の共有が不可能となった。いわゆるポストモダンの時代である。一九八九年のベルリンの壁の崩壊から始まるグローバリゼーションや情報技術の発達は、その傾向に拍車をかけた。槇によれば、建築と同様、言葉の世界でも、普遍語としての進化が止まったEnglishが誰でもおおよそ理解可能な道具としてのGlobishに劣化している。以前、彼は新しい時代を生き抜く自由な建築家を「野武士」と命名したが、その数は今なお増えているという。

大海原は不安定で、今後どのように変貌していくかはわからない。が、本論は、現状を悲観せず、何でもありの状態だからこそ、ゼロからうねりをつくり上げていくことが可能な時代だとメッセージを送る。また西欧中心のモダニズムが消失するとき、アフリカ、中近東、アジア、南米などのエリアから現代のル・コルビュジエが出現するかもしれないと述べたのも興味深い。現に二一世紀を迎え、プリツカー賞ではアメリカが勢いを失い、日本人、中国人、インド人の受賞が相次いだり、中東やアフリカ出身の建築家も世界的に活躍するなど、状況は大きく変わった。なお、槇の考えを受けて、建築家や批評家らがそれぞれに現状と未来を論じたアンサー本『応答 漂うモダニズム』も刊行されている。

（奥山晃平）

関連文献
槇文彦「平和な時代の野武士たち」『新建築』一九七九年一〇月号
槇文彦・真壁智治編著『応答 漂うモダニズム』左右社、二〇一五年
槇文彦「新国立競技場案を神宮外苑の歴史的文脈の中で考える」『JIA MAGAZINE』二九五号、二〇一三年八月号

漂うモダニズム（抜粋）

槇　文彦

Ⅰ　言語と建築

　古代からこの地球には様々な種族が生息していた。その中にはゆっくりと時間をかけて移動していったものも少なくないが、多くはある地域に棲息し、生存し続けた。当然ながら限定された種族同士のコミュニケーションとして彼等自身にのみ理解出来る語り言葉が出現し、今これを母語とよぶ。しかしやがて交易、戦争の拡大等によって異なった地域、種族との接触が増大すると共に新しいコミュニケーションの手段も必要となった。もちろん母語同士の同化現象も少なくなかったと思う。

　ここで注目すべきは、母語に対する普遍語の出現であった。より広大な地域におけるコミュニケーションを可能にすると共に、文字の発明がその伝播、浸透力をより強力なものにした。帝国、一神教の出現とも深くかかわりあいがある普遍語の特徴は、母語と異なってその語彙の拡大、表現の洗練、豊穣さを目指す努力を怠らなかったところにある。何故ならば、普遍語を通じて様々な種族の人間に対して、啓蒙、説得、恫喝等のメッセージをより効果的に伝達し得る必要性があったからである。当初は社会の特権階級の使用語であったことも、このことを明らかにしている。こうしてラテン語、アラビア語、サンスクリット語、漢語等の普遍語と、無数の母語の存在が永く地球上の社会のコミュニケーション・ネットワークを形成してきた。

　一方、建築の世界はどうであったか。結論からいえば、言葉の母語に相当するのがローカルな建築であり、普遍語に対しては様式建築を対応させることが出来るのではないか。ヴァナキュラーといわれる建築は、主として住居を中心にその地域の気候、地勢、入手しうる素材、生活様式を基盤に、長い年月を経て集団の知恵と工夫と経験がつくりあげた建築であり、今日でいう特定の建築家の所産でもなければ、またつくり手の強い自意識も存在しなかった。そしてその変化は常に緩慢で、漸次的であった。一方、こうした地域性を超えたより普遍的な建築タイプとして最初に寺院、教会、モスク、そして後に王宮、タウンホール、劇場、図書館、競技場等が出現する。

もちろん、原始社会においても、地域特有の形式を有した同種施設を発見することはさほど困難でない。しかし、明確にしなければならないことは、ここで述べている普遍的建築とは地域を超えて受容されているものを指していることなのである。いかにしてこうした普遍的建築が誕生するに到ったかという命題自体、歴史的にも極めて興味のある研究対象であるが、ここで私が指摘しておきたいことは、ちょうど普遍語がそうであったように、普遍的建築とは、より広い社会に対して、言葉ではなく形態／空間を通じて他者に感動、畏怖を与える、別な表現をするならば、非日常的体験を与えるものから出発したということである。そして普遍語が絶えず言葉の洗練化、語彙の豊穣化をはかったのと同様に、ある枠の中での同種の建築との「競合」、あるいは己れの「進化」を目指すことによって、様式建築が成立し、そこにかかわりあうことでプロフェッショナルな建築家の誕生があった。そしてその競合、進化のDNAがそのまま現在の建築家にも継承されている。私が特に強調したいことは、普遍語であれ、普遍的建築であれ、それは他者に対する己れの力、あるいは考え方の伝達の端的なコミュニケーションの手段であったのであり、それによって己れのアイデンティティを確立しようとする姿勢は、今日においてもあまり変わらない。これは教会やモスクのような信仰を対象とした建築では容易に理解し得るが、王宮、図書館等の建築においても権力の誇示はデザインのライトモチーフであった。

しかしここで留意しなければならないことは、一度普遍性を獲得した様式建築には、様々な建築家の手によって、また長期に使用される過程で、当然その中での質的差が存在し始めることであった。そしてやがて総体としての劣化、衰退によって新しい様式の台頭をうながすという歴史的現象が継続的に存在してきた点である。言語の世界でそうした変化は建築のそれよりも遥かに緩慢であったが、後に述べるようにEnglish→Globishという普遍語自体の劣化現象は興味ある事実である。

しかし社会の進行が比較的緩慢な時代にあっては、この土着建築と普遍的建築の安定した二項対立的関係が地球規模で持続されたのである。

周知のように産業革命、ネーションステートの台頭、新しい輸送、交信システムの発達は、極めて短い期間の間にこの安定した建築秩序を崩壊に導いていった。それは近代都市の成立、そして様々な〈かた〉の建築を生み出した。特に国家・ネーションステートの成立は、国家間の戦争も含めた競争、植民地の拡大、そこから得た富の集積による都市美の構成を可能にした。

過去二世紀間に様々な多くの国家が成立し、国語が誕生した。その成立過程に多くの差異性が認められても、国語とは叡智を求める人々が〈普遍語〉を翻訳することによって〈母語〉が〈普遍語〉の滋養を吸収した言葉と定義出来るだろう。

それでは建築ではどうであったか。果たして、国民建築は国家と共に誕生したのであろうか。

国民意識の高揚、反映としての建築は、わずかな例を除いては誕生しなかったといえる。しかし十九世紀の国語としての日本語の確立は日本人の意識構造——それが意識的であれ、無意識的であれ、重要な発見を別なかたちで建築にもたらしたのである。

二〇〇八年、作家水村美苗は『日本語が亡びるとき』[1]のエッセイを通して、文学界のみならず多くの識者に新鮮な刺激を与えた。

彼女が「日本語が亡びるとき」といったその言葉は、亡びさせてはならない程、近代に成立した日本語は日本人にとって重要であることの指摘であったのだ。十九世紀の中頃、近代日本語は当時世界にも誇る識字率と相俟って短期間のうちに成立した。外来として西欧から入ってきた新しい概念、物象を的確に漢字化すると共に、漢字の音声化から生まれた二つの仮名をそのまま併用するという独特のハイブリッドの国語が誕生した。

その特色を内田樹は『日本辺境論』[2]の中で、日本人の脳は文字を視覚的に入力しながら、漢字を図像対応部位で、カナを音声対応部位で、記号入力を二ヶ所に振り分けて並行処理していると指摘している。つまり、言語記号の表意性を物質的、身体的なものとして脳のある部位で経験し、一方をその表音性を概念的、音声的なものとして別の脳内部位で経験すると述べている。そして日本のマンガ、アニメが国際的に優位性を保持しているのはこうした日本語の特殊性に帰するところが多いのではないかといっている。

それではこうした特殊な日本語構造は現代のわれわれの建築に何か影響を与えるものがあったのだろうか。私はあると思う。先に述べたideogram（表意文字）を理性の世界が、そしてphonogram（表音文字）を感性の世界が強く支配するものとしてみよう。周知のように建築のデザインの過程は一人の建築家の頭脳の中でも理性の世界と感性の世界の間断なきキャッチボールによって生まれてくる。そして日本の近代以降の建築を見るとき、日本独特の理性と感性のバランスの上にたった優れた作品を多く発見することが出来る。（……）

（中略）

Ⅱ　モダニズム建築の現在

私は国語に相当する国民建築は誕生しなかったといった。しかし、われわれをとりまく言語や自然の情景が無意識のうちにわれわれの感性、思想を育んでいったことは否定しないし、その存在がわれわれの建築を豊かにすることは建築文化の生成という観点からみれば極めて歓迎すべきことなのである。そしてそれはまた建築における伝統を解釈するうえで新しい視点をわれわれに提供してくれているからである。

そこにあることが存在理由であったヴァナキュラーの建築、それがあることに存在理由があった普遍的建築がつくり出した秩序が次第に崩壊したことは既に述べた。そこにある必然性は環境の外的変化の中で次第に失われてしまったし、生活の多様性はそれ自身の存在を限りなく拡張し、稀薄化しつつあったからである。

モダニズムが現在、建築の普遍語となったことに異論をはさむ者はないであろう。（……）

（……）それでは半世紀前に私がもっていたモダニズムと現在のそれは何が異なっているのだろうか。ひと言でいうならば五十年前のモダニズムは、誰もが乗っている大きな船であったといえる。そして現在のモダニズムは最早船ではない。大海原なのだ。もちろん、五十年前でも船の行き先はわからなかったが、少なくとも、船の後尾の白い航跡だけは確かなものだった。そうした中で、何か変化の予兆としてきこえてくるかすかな遠雷に気づいていた者ももちろんいたのだが。

（中略）

一九八九年のベルリンの壁の崩壊とソヴィエト連邦の消失は、資本、情報そして欲望の流動化をかつてない速度と広がりで促進した。併せてＩＴ技術の発達はモダニズムの内容を根本から変えてしまった。上に述べてきた半世紀にわたって時に現われ、また消えていったムーヴメント（運動）、マニフェスト（宣言）、そしてマニュアル的教本等は船と共に消失してしまったのである。モダニズムを言語でいうならば、明らかにそれは今日世界的な普遍語となった。今日言葉の世界では数多くの母語、国語の上に英語が普遍語の地位を獲得しつつあることは、ほとんど誰もが認めるところである。しかしこうした英語はかつて登場したラテン語、漢語のような洗練と成熟を目指す言葉ではなくなっているのだ。誰にでもおおよそ理解し得るコミュニケーションの道具としてのGlobishなる言葉に変容しつつあるのだ。(……)

先に述べた資本主義＝情報化社会の登場はそれまでの緩慢な流れとしてのモダニズムの進展を許さなかった。そしてモダニズムは次第に様々なアイディアの撹拌器と化していった。スープでいえば、中にどのような素材が入っているかがわかるブイヤベースやケンチン汁でなく、食材が正体不明のポタージュ化しつつあるといってよい。それが最初に私がたとえた大海原でもあるのだ。貨幣の出し入れのための銀行、知識（本）のための図書館、情報のためのサーヴァーのように、モダニズムはあらゆる建築の知識、情報の出し入れをなし得る巨大な媒体と化してきたのである。お金の出し入れの額や時期はそれぞれの建築家の個人的な判断にまかせられる。かつての師匠から弟子への伝承、アカデミー（たとえばエコール・デ・ボザール）が律した規範、近代における様々なマニフェストも消失した今、誰もが自由であり、なんでもありの時代に到来したのだ。約三十年前、私は「平和な時代の野武士達」[3]という小論で、師をもたず戦場をかけめぐる野武士の像を描いた。その野武士の数はその後も確実に増えつつある。

（中略）

Ⅳ　大海原の中で

それではわれわれは今どこにいるのだろうか。われわれの数限りないアクティヴィティはどのような表層を大海原の中で形成されているのだろうか。まずわれわれが浮遊する大海原はフラットではない。フラットであれば、お互いの可視化は困難になる。おそらく様々の大きさの小波、時にうねりが発生し、そして互いに干渉し合い、時に消滅していく。そんな様態が容易に想像され得るのだ。もしもモダニズムの特徴が時間（プログレス）にあったとするならば、大海原はより空間的、即ち個々の位置関係、力関係に関心が集まる。

　チャールズ・ジェンクスが建築におけるポスト・モダニズムの到来を宣言してからほぼ半世紀たつ。その影響はそれを受け止めた地域、建築家によって様々であった。そして現在、日本のポスト・モダニズムの中で、特に建築に関する言説は少なくなった。かつてモダニティは時間を強調したが、それに対してグローバルな空間関係を強調するポスト・モダニティの世界にわれわれがいることには間違いない。（……）

（中略）

（……）一人一人の建築家はそれぞれが独白の思想、使命感をもっている。あるいは一人の建築家の周辺で何人か同じ意見をもっているかもしれない。しかしその何人かが新しい建築文化をグローバルなレベルで押しすすめるのは極めて困難である。それはすべての意見、論説が相対化しつつあるからである。

　母語に相当するヴァナキュラーの建築、普遍語に相当する様式建築が長く一つの建築秩序を維持してきたことは、既にこのエッセイの冒頭で述べた。二十世紀に入って出現したモダニズムも当初は「何故モダニズムか」という使命感と思想をもっていた。実現したものだけでなく、多くのアンビルトの建築の中にも。既に指摘したように、「なんでもあり」の時代に突入し、モダニズムが巨大なインフォメーションのプールと化すと共に、思想もスタイルも姿を消す。使命も時に一緒に。

（中略）

再び大海原の中で

（中略）

　Globishが必ずしもEnglishの洗練性を意味するのではなく、むしろその劣化を促すことは既に指摘した。モダニズムもまた、得体の知れないポタージュ化すればする程、知らないうちに建築文化総体としては劣化現象が既に始まっているのかもしれない。百年後の建築史家、文明史家が今日のモダニズムの様態をどのように見るかは極めて興味のあることである。しかし同時に現在に生きる者として、あらためて建築の永続的な価値（もしもそれがあるとすれば）とは何か、或いはモダニズムのある局面では更なる深化が可能なのか、あるとすればどの様相においてか等々……大海原の状態であるからこそ、そうしたゼロからの発想と討議が可能になってくる、現代は極めてエキサイティングな時代なのだ。ここでも新しい建築評論のあり方が問われているのだ。大海原には多様な価値軸、時間軸が浮遊している。比較文化人類学者のまなざしが求められているのかもしれない。

（後略）

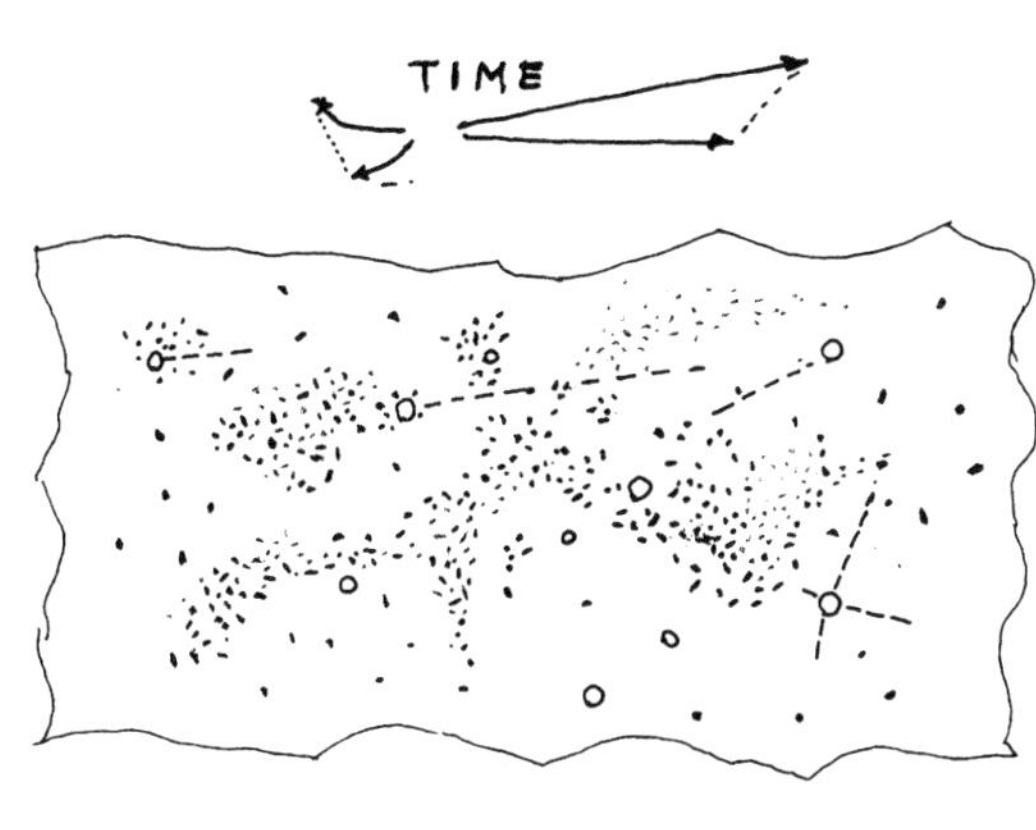

モダニズム建築が漂う大海原

註

（1）水村美苗『日本語が亡びるとき　英語の世紀の中で』筑摩書房、二〇〇八年。
（2）内田樹『日本辺境論』新潮新書、二〇〇九年。
（3）槇文彦「平和な時代の野武士達」『新建築』一九七九年一〇月号。

出典

槇文彦『漂うモダニズム』左右社、二〇一三年（初出：『新建築』二〇一二年九月号）

2016

ザハ、無念

磯崎 新

解説

二〇一六年三月三一日、ザハ・ハディドが心臓発作のため亡くなった。まだ六五歳という早過ぎる死を受けて、四月六日、磯崎新は、彼女の事務所のほか、建築の関係者に、日英のテキストによって手記を送付している。これはSNSでも拡散され、注目を集めたが、その書き出しはショッキングな言葉だった。「〈建築〉が暗殺された」である。同じ言葉は、最後にもう一度、繰り返され、「あらためて、私は憤っている」という強い思いを表明し、追悼文を結ぶ。

磯崎は審査員として話題作や問題作を選ぶことでも知られるが、一九八三年、「香港ピーク」のコンペでは、落選案に振り分けられていた無名だった彼女を拾いあげ、最優秀賞に押し上げた。いわば「建築を蘇生させる救い主」の発見者である。磯崎は、ハディドのドローイングに対し、論理や言葉を介さない、しかも従来の建築の描法を超えたイマージュだけが浮遊しながら、「建築」が出現していたことに衝撃を受けたという。

長い間、建築は白人男性が牛耳る世界だった。そこに一撃を与えたのが、ハディドの登場である。「彼女は建築家にとってはハンディキャップになる二つの宿命——異文化と女性——を背負っていたのに、それを逆に跳躍台として、張力の漲るイメージを創りだした」。二一世紀に入り、非西洋圏の出身や女性の建築家も活躍するようになったが、彼女は先駆的な存在だった。またグローバリズム化する社会とコンピュータによる設計という新しい波にも、完全に乗っており、さらにデザインは進化していたはずである。しかし、ハディドによる新国立競技場の最優秀案は、メディアが徹底的に攻撃したために、あとは着工を待つだけの状態だったにもかかわらず、二〇一五年七月、首相の「英断」により白紙撤回となった。この決定は、日本の建築家とデザインをめぐる状況を悪化させ、将来、大きな禍根を残すかもしれない。

ちなみに、ハディドの排除を決定したのは、国会で安保法制の強行採決が行われた直後であり、彼女の死の直前、先制攻撃も可能になる安保法制の関連法案が発効した。前者はメディアの目を逸らす意図が濃厚に疑われるが、後者の付合について磯崎は「戦争犠牲者第一号ではないかという陰謀論的推論」に触れている（『瓦礫の未来』）。彼の短文は、当時の安倍政権をはっきりと批判しているが、気になるのは「巧妙に操作された世論の排外主義」だ。二一世紀に入り、建築家は国境を超えた活動が当たり前になったが、今後、日本は閉じてしまうのだろうか。

（五十嵐太郎）

関連文献

磯崎新『偶有性操縦法――何が新国立競技場問題を迷走させたのか』青土社、二〇一六年
五十嵐太郎監修『インポッシブル・アーキテクチャー』平凡社、二〇一九年

ザハ、無念（抜粋）

磯崎 新

（前略）

ザハ・ハディドへ

ザハ・ハディドの悲報を聞いて、私は憤っている。〈建築〉が暗殺された。

三〇年昔、世界の建築界に彼女が登場したとき、瀕死状態にある建築を蘇生させる救い主があらわれたように思った。

彼女は建築家にとってはハンディキャップになる二つの宿命――異文化と女性――を背負っていたのに、それを逆に跳躍台として、張力の漲（みなぎ）るイメージを創りだした。ドラクロワの描いた三色旗にかわり、〈建築〉の旗をもかかげて先導するミューズのような姿であった。その姿が消えた、とは信じられない。彼女のキャリアは始まったばかりだったではないか。デザインのイメージの創出が天賦の才能であったとするならば、その建築的実現が次の仕事であり、それがいまはじまったばかりなのに、不意の中断が訪れた。

彼女の内部にひそむ可能性として体現されていた〈建築〉の姿が消えたのだ。はかり知れない損失である。

そのイメージの片鱗が、あと数年で極東の島国に実現する予定であった。ところがあらたに戦争を準備しているこの国の政府は、ザハ・ハディドのイメージを五輪誘致の切り札に利用しながら、プロジェクトの制御に失敗し、巧妙に操作された世論の排外主義を頼んで廃案にしてしまった。その迷走劇に巻き込まれたザハ本人はプロフェッショナルな建築家として、一貫した姿勢を崩さなかった。だがその心労の程ははかり知れない。

〈建築〉が暗殺されたのだ。

あらためて、私は憤っている。

（後略）

出典

磯崎新『瓦礫の未来』青土社、二〇一九年（初出：ザハ・ハディドへの追悼文、二〇一六年四月六日）

おわりに

この本の概要については、巻頭で主編著者の五十嵐太郎がすべて解題している。五〇の論文と同様に書籍自体への解説が付されたことで選集としての体裁は万全に整った。その開放系の出口となるべく、ここでは本書のアクチュアリティに関して手短に補足したい。

メタボリズム宣言と「暗殺」への弔文で挟まれた目次構成を一瞥して、本書を輝かしかった時代への手向け草として把握する方がいるかもしれない。然らば選集（＝anthology）の語源が花（＝antho）の束（＝logy）であることも、この見解を促す侘しげな符牒に思えてくる。が、各人の拠って立つ文脈の些細な差異が諍いの呼び水となるポスト・トゥルースの時代にあって、そのような短絡はやや拙速であると言わざるをえないだろう。

ここで振り返りたいのが、本書版元の彰国社がかつて刊行していた雑誌『建築文化』の空気感、とりわけ五十嵐太郎が頻繁に登場していた一九九〇年代のそれである。多彩な切り口を見せる特集主義のもとで開花した、思考の共鳴と不協和音が入り乱れるカーニヴァル的言説空間。それは八〇年代以前の同誌に見られる、戦後建築運動史の血流を汲む集団制作的な構えから漂う粘度の高い熱気とは明らかに種を異にする。プレSNS的とも形容できる流動的なざわめきのなか、五十嵐は一九九〇年九月号のブックレビューを皮切りに（公での最初の文筆となる）、阪神・淡路大震災以後には複数の論考や連載を手がけ始めている。なかでも野心に満ちているのが初期の「都市＝テクスト論から都市テクスト＝論へ」

（一九九六年二月号）である。

都市にまつわる諸言説の総括を標榜するこの論考は、「テクストの快楽」（ロラン・バルト）の引用に明らかな通り、書物と作者と読者のヒエラルキーを解除し、テクスト間の接続を目論み、新たな意味を生成することに重きをおいている。併せて誌面には言説の相関図が掲載されているが、その錯綜的様態は当時の『建築文化』そのものの似姿にも見えよう。もっとも、建築言説の場がウェブに移行して久しい現在にあってなお耳に残るのは、文中の以下のフレーズである――「もはや物理的な形象としての都市が消滅してしまった後は、それぞれが自らの地図をつくるしかない」。

それから四半世紀後に誕生した本書の設計思想を、この一文は図らずも言い当てている。今回の論文選出にあたっては、打ち合わせの度に候補の差し替えを繰り返し行い、徐々に全体像を確かめていくという九十九折（つづらお）りのプロセスを辿った。身も蓋もなく言えば「果てしのない引き延ばし」（フランツ・カフカ）が続いたわけだが、おかげで選出から漏れてしまったテクストを他の解説文に接合するという予期せぬ場面にも何度か遭遇した。

畢竟（ひっきょう）、本書には時代の終点ではなく、現在との接点がいたるところに組み込まれる恰好と相なった。散策のルートは幾筋も考えられる。その一つひとつに、普通名詞としての建築文化への新たな萌芽が宿っている。

二〇二二年　初春

菊地尊也

編者・解説執筆者略歴

五十嵐太郎（いがらし・たろう）／**建築史・理論研究**
一九六七年、パリ生まれ。東京大学大学院修了。博士（工学）。現在、東北大学大学院教授。第六四回芸術選奨文部科学大臣新人賞、二〇一八年日本建築学会教育賞。ヴェネツィア・ビエンナーレ国際建築展二〇〇八日本館コミッショナー、あいちトリエンナーレ二〇一三芸術監督。「戦後日本住宅伝説」展、「Quand La Forme Parles」展、「Windowology」展などを監修・キュレーション。著書＝『建築の東京』（みすず書房）、『装飾をひもとく』（青幻舎）、『モダニズム崩壊後の建築』（青土社）、『新宗教と巨大建築　増補新版』（青土社）、『建築と音楽』（NTT出版）ほか多数。

菊地尊也（きくち・たつや）／**建築表現論・展示研究**
一九八六年、岩手県生まれ。二〇〇九年、東北大学工学部建築・社会環境工学科卒業。二〇一三年、同大学大学院修士課程修了。二〇二二年、同大学大学院博士課程満期修了退学。著書＝『窓から建築を考える』（共著、彰国社）。論考＝「プレゼンテーションの力学」（10+1 website）。展示協力＝「インポッシブル・アーキテクチャー」展（埼玉県立近代美術館ほか三館、研究協力）、「百貨店展」（髙島屋史料館TOKYO、共同監修）。

市川紘司（いちかわ・こうじ）／**アジア建築史・建築論**
一九八五年、東京都生まれ。東北大学大学院工学研究科都市・建築学専攻博士後期課程修了。東京藝術大学美術学部建築科教育研究助手、明治大学理工学部建築学科助教を経て、現在、東北大学大学院工学研究科都市・建築学専攻助教。著書＝『天安門広場――中国国民広場の空間史』（筑摩書房）ほか。訳書＝王澍『家をつくる』（共訳、みすず書房）。

柳井良文（やない・よしぶみ）／**建築史・建築理論・建築情報学**
一九八四年、東京都生まれ。二〇一五年、東京大学大学院博士課程修了。博士（工学）。二〇一九年、東北大学大学院都市・建築学専攻助教。現在、隈研吾建築都市設計事務所勤務。訳書＝『小さなリズム――人類学者による「隈研吾」論』（共訳、鹿島出版会）。著書＝『窓と建築の格言学』（共著、フィルムアート社）、『建築の際――東京大学情報学環連続シンポジウムの記録』（共著、平凡社）ほか。

矢野英裕（やの・ひでひろ）／**建築家**
一九六七年、山形県生まれ。一九九一年、東京大学工学部建築学科卒業。安藤忠雄建築研究所勤務を経て、二〇一五年、空間芸術研究所設立。二〇一六年より東北公益文科大学特任准教授。作品＝六日町の町屋（二〇一七）、山形県税理士会館＋歴史的水路「御殿堰」の再生（二〇一七・二二）、山形霞城どうぶつ医療センター（二〇二一）ほか。

米島一朗（よねしま・いちろう）／**一級建築士、インテリアプランナー**
一九七一年、北海道生まれ。一九九九年、東京工芸大学大学院工学部建築学科修士課程修了。現在、土屋ホームトピア仙台支店 課長。二〇一六年より、東北大学大学院博士課程（社会人枠）。

一色智仁（いっしき・ともひと）／**山地の建築研究**
一九九七年、兵庫県生まれ。二〇二二年より、東北大学大学院博士課程。

中谷圭佑（なかや・けいすけ）／**キュレーター**
一九九六年、愛知県生まれ。二〇一九年、東北大学工学部建築・社会環境工学科卒業。二〇二二年、東京藝術大学大学院国際芸術創造研究科修了。現在、京都芸術センターアートコーディネーター。

奥山晃平 日経BP社
谷越楓 建築設計業
山口智子 学芸出版社
大和佳希 建築設計業
渡邉航介 鹿島建設
石田大起
菊池奈々
福岡咲紀
（以上、原稿執筆時、東北大学五十嵐太郎研究室所属）

写真クレジット

赤瀬川原平 231
伊東豊雄建築設計事務所 257
大橋富夫 23上左
川澄明男 23上右・33
彰国社写真部 23下・90・135・165・247・285・337
藤塚光政 275
藤村龍至 371

現代建築宣言文集［1960-2020］

2022年2月10日　第1版 発　行
2023年5月10日　第1版 第2刷

著作権者との協定により検印省略

編　者　五十嵐太郎＋菊地尊也
発行者　下出雅徳
発行所　株式会社 **彰国社**

162-0067 東京都新宿区富久町8-21
電話　03-3359-3231（大代表）
振替口座　00160-2-173401

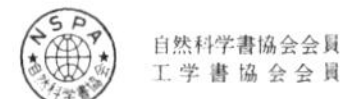

Printed in Japan

印刷：壮光舎印刷　製本：中尾製本

ISBN 978-4-395-32173-5　C 3052　https://www.shokokusha.co.jp